国家社科基金项目"马克思唯物史观视阈下的乡村社会治理现代化研究"（编号：16BKS027）

山东省泰山学者工程专项经费资助项目"马克思主义与中国传统文化"（编号：TS201712038）

唯物史观视域下的
乡村社会治理现代化研究

孙迪亮 著

中国社会科学出版社

图书在版编目（CIP）数据

唯物史观视域下的乡村社会治理现代化研究 / 孙迪亮著 . —北京：中国社会科学出版社，2022.10
ISBN 978-7-5227-0486-9

Ⅰ.①唯… Ⅱ.①孙… Ⅲ.①乡村—社会管理—现代化管理—研究—中国 Ⅳ.①D638

中国版本图书馆 CIP 数据核字（2022）第 125010 号

出 版 人	赵剑英
责任编辑	刘　艳
责任校对	陈　晨
责任印制	戴　宽

出　　版	中国社会科学出版社
社　　址	北京鼓楼西大街甲 158 号
邮　　编	100720
网　　址	http://www.csspw.cn
发 行 部	010-84083685
门 市 部	010-84029450
经　　销	新华书店及其他书店

印　　刷	北京明恒达印务有限公司
装　　订	廊坊市广阳区广增装订厂
版　　次	2022 年 10 月第 1 版
印　　次	2022 年 10 月第 1 次印刷

开　　本	710×1000　1/16
印　　张	19.75
插　　页	2
字　　数	306 千字
定　　价	108.00 元

凡购买中国社会科学出版社图书，如有质量问题请与本社营销中心联系调换
电话：010-84083683
版权所有　侵权必究

目　录

绪　论 …………………………………………………………（1）
 一　选题缘由与研究意义 ……………………………………（1）
 二　学术研究综述 ……………………………………………（5）
 三　研究思路与方法 …………………………………………（15）
 四　创新之处 …………………………………………………（17）

第一章　马克思人民主体思想视域下的乡村社会治理
    理念科学化 …………………………………………（19）
 一　历史主体之思：乡村社会治理应坚持以农民为中心的
   价值取向 …………………………………………………（20）
 二　实践主体之思：乡村社会治理应重视发挥农民的
   主体作用 …………………………………………………（29）
 三　利益主体之思：乡村社会治理应以增进农民根本利益
   为根本归宿 ………………………………………………（37）
 四　落实农民治理主体地位的重要组织载体：合作社 ………（44）

第二章　马克思国家与社会关系理论视域下的乡村社会
    治理主体协同化 ……………………………………（75）
 一　马克思社会决定国家理论视域下的乡村社会力量参与 ……（77）
 二　马克思国家反作用社会理论视域下的县乡政府负责 ………（92）
 三　马克思国家与社会统一论视域下的政社互动 ……………（104）
 四　"国家—社会"治理格局中的个体参与 ……………………（115）

第三章　马克思社会有机体理论视域下的乡村社会治理目标系统化 （134）

一　马克思的社会有机体内涵论与乡村社会治理目标的系统性设定 （135）

二　马克思的社会有机体结构论与乡村社会治理目标的整体性实现 （143）

三　马克思的社会有机体前提论与乡村社会治理目标的关联性支撑 （176）

第四章　马克思历史发展动力理论视域下的乡村社会治理方式复合化 （190）

一　马克思历史发展动力理论探要 （192）

二　马克思法律作用观视域下乡村社会的法律治理 （203）

三　马克思道德作用观视域下乡村社会的道德治理 （223）

第五章　马克思社会形态演进理论视域下的乡村社会治理道路合宜化 （247）

一　马克思对社会形态演进一般规律的科学揭示 （248）

二　马克思社会形态演进理论视域下的新时代中国特色社会主义 （258）

三　中国特色社会主义新时代的乡村社会治理道路选择 （273）

结　语 （295）

参考文献 （299）

后　记 （312）

绪 论

一 选题缘由与研究意义

（一）选题缘由

党的十八届三中全会提出的实现国家治理体系和治理能力现代化的目标，是我国继农业、工业、国防、科技"四个现代化"目标之后的又一个现代化建设目标。而按照党的十九届四中全会的规划设计，这一目标到2035年就要全面实现。从国家治理的具体内涵来看，它具有多层性与多维性，可以从多种角度予以界分：从横向来看，可分为经济治理、政治治理、社会治理、文化治理、生态治理、政党治理等；从纵向来看，可分为基层社会治理、地方国家治理、全国性国家治理、国家参与区域治理和全球治理等。[①] 易言之，国家治理包括了经济治理、政治治理、社会治理、文化治理、生态治理、政党治理等多个领域，以及基层、地方、全国、区域与全球治理中的国家参与等多个层次。[②] 党的十九届四中全会明确提出，"社会治理是国家治理的重要方面，必须加强和创新社会治理"。可见，国家治理和社会治理是不可分割、密切相联的。社会治理内含于国家治理之中，是国家治理的重要组成部分，它与政府治理和市场治理一道构成了现代国家治理体系中三个最重要的层级体系。"国家治理不仅包含社会治理，而且规定和引领社会治理，而社

[①] 何增科：《国家治理及其现代化探微》，《国家行政学院学报》2014年第4期。
[②] 江必新：《国家治理现代化基本问题研究》，《中南大学学报》（社会科学版）2014年第3期。

会治理则在社会领域实现国家治理要求和价值取向，体现国家治理的状况和水平。"① 所谓社会治理，是指政府、社会组织、企事业单位、社区以及个人等多元主体在一个既定的空间范围内，运用各自权威对社会行为、社会事务和社会生活的规范、协调和服务的过程，其目的是满足社会需求，维持社会秩序。② 社会治理作为国家治理的重要层面，日益成为党和国家谋求创新发展、人民实现美好生活的关键领域。没有社会治理为支撑的国家治理是难以为继的，甚至是不可想象的。

实现国家治理现代化是一项系统而复杂的战略工程，而社会治理现代化无疑是其重要内容和重要基石。政学两界都认为，国家治理现代化内含着社会治理现代化，要实现国家治理现代化，一个重要内容和基本要求就是不断创新和优化社会治理，并在此基础上实现社会治理现代化。党的十八届三中全会通过的《中共中央关于全面深化改革若干重大问题的决定》明确指出：创新社会治理体制是国家治理体系和治理能力现代化的重要内容。没有社会治理的现代化，就没有国家治理的现代化。特别是因为我国长期存在"强国家、弱社会"之弊病，社会的"塌陷"已成为严重制约国家治理现代化的现实因素，在此情势之下，尤其要重视加强和优化社会治理，尽快补齐社会建设和社会治理这一短板，进而以社会治理的现代化助推整个国家治理的现代化。而在社会治理中，城乡基层社会治理的地位更为重要和特殊。俗话讲：基础不牢，地动山摇。城乡基层社会作为全国社会的根基，是贯彻国家大政方针的基本依托。2015年6月，习近平总书记在贵州农村考察时强调指出："党的工作最坚实的力量支撑在基层，经济社会发展和民生最突出的矛盾和问题也在基层，必须把抓基层打基础作为长远之计和固本之策，丝毫不能放松。"③ 2016年"两会"期间，习近平总书记到上海代表团参加审议时又强调，"基层是一切工作的落脚点，社会治理的重心必须落

---

① 王浦劬：《国家治理、政府治理和社会治理的含义及其相互关系》，《国家行政学院学报》2014年第3期。
② 何增科：《做社会治理和社会善治的先行者》，《学术探索》2013年第12期。
③ 看清形势适应趋势发挥优势 善于运用辩证思维谋划发展》，《人民日报》2015年6月19日第1版。

实到城乡、社区"①。缺失了城乡基层社会治理这一环节，国家与社会治理现代化也就成了空中楼阁。

由于我国是一个农业大国、乡村人口占比巨大，这就决定了乡村社会治理在整个社会治理和国家治理中的特殊重要地位。正如 2014 年 3 月 7 日习近平总书记在全国"两会"期间参加贵州代表团审议时指出的："不了解农村，不了解贫困地区，不了解农民尤其是贫困农民，就不会真正了解中国，就不能真正懂得中国，更不可能治理好中国。"②这一论点虽然是直接针对农村扶贫工作而提出的，但同时也显示出乡村社会治理在国家社会治理中的极端重要性。从空间维度而论，社会治理包括城市社会治理和乡村社会治理两个基本层面。由于我国乡村分布较为分散且远离国家政治权力中心，乡村内部的组织化程度较低、内聚力较弱，经济社会发展相对滞后，公共服务供给严重不足，近年来又积累起内部空心化、人口老龄化等诸多难题，因此，较之于城市社会治理而言，乡村社会治理的任务更重、短板更多、难度更大，因而无疑成为全国社会治理的关键与难点所在。随着党的十九大作出实施乡村振兴战略的重大决策部署并提出"健全自治、法治、德治相结合的乡村治理体系"的明确要求，乡村基层社会必然成为当下乃至未来一段时期党和国家的重点建设领域。在此背景下，更须重视乡村社会治理及其现代化。如果没有乡村社会治理的现代化，即便实现了城市社会治理现代化，也难以称其为全国社会治理现代化的真正实现。

实现乡村社会治理现代化，既需要缜密合理的实践设计，也需要科学有力的理论指导，特别是需要到马克思主义理论宝库中汲取智慧、寻求指导。唯物史观作为马克思的一个伟大理论发现和马克思主义理论体系的一个重要理论基石，与乡村社会治理现代化具有较强的逻辑契合性，能够为乡村社会治理现代化实践提供有益的理论指导。然而，对于乡村社会治理现代化的理论研究与实践研究，目前尚未引起马克思主义

---

① 《习近平：社会治理的重心必须落实到城乡、社区》，《人民日报》2016 年 3 月 5 日第 1 版。

② 中共中央党史和文献研究院：《习近平关于"三农"工作论述摘编》，中央文献出版社 2019 年版，第 157 页。

理论学界的足够重视，更缺少对马克思唯物史观视域下乡村社会治理现代化的专门研究成果。鉴于此，本书拟基于马克思唯物史观的理论指导和具体运用，着眼于乡村社会的和谐发展与农民利益诉求的及时回应，针对乡村社会治理现代化进程中存在的现实问题，就推进乡村社会治理现代化提出富有可操作性的具体对策与政策建议。

（二）研究意义

1. 理论意义

本书研究的理论意义在于：第一，本书坚持理论联系实际，将马克思唯物史观具体运用于乡村社会治理研究，能够彰显马克思唯物史观在当下中国的解释力与现实价值，从而拓新马克思唯物史观的研究视界与应用空间。第二，乡村社会治理现代化是国家治理现代化的重要组成部分，在推进国家治理现代化的新形势下，本书从理论上厘清乡村社会治理现代化的目标内涵和实现路径，有助于国家治理现代化理论研究的具体化、精细化。第三，本书在坚守马克思主义基本立场和原理的基础上，以唯物史观观照和指导乡村社会治理现代化的具体实践，能够为乡村社会治理现代化研究提供更具可操作性的理论分析框架。

2. 实践意义

本书研究的实践意义在于：第一，创新乡村社会治理、推进乡村社会治理现代化，不仅关系着乡村振兴和广大农民福祉，而且关系着城乡协调和全国经济社会高质量发展。本书基于马克思唯物史观的指导与运用，深入探索乡村社会治理现代化的目标内涵、内在规律和实现策略，有助于推进乡村社会治理现代化的实践进程，进而助推乡村振兴战略落实和城乡一体化发展。第二，虽然我国目前已在包括乡村在内的中华大地上全面建成了小康社会，乡村经济社会发展达到了前所未有的历史水平，但乡村仍是全国发展的短板、乡村社会治理仍是基层社会治理的难点。社会治理现代化作为国家治理现代化的一个重要层级，其关键和难点也在于乡村社会的治理现代化。因此，本书研究乡村社会治理现代化的具体实现，有助于推动包括国家治理现代化在内的国家整体发展战略在基层社会的贯彻落实。

二 学术研究综述

乡村社会治理研究,是一个历久弥新的学术话题。基于本书的研究主题,主要从以下几方面进行学术梳理。

(一) 乡村社会治理的一般性研究

乡村社会治理现代化研究作为乡村社会治理研究的学术延伸,其基础是乡村社会治理研究。乡村社会治理是学术界长期关注的热门话题,概其研究内容,主要集中在以下三个方面。

1. 国家与社会关系视角下的乡村社会治理模式研究

乡村社会治理必然涉及如何处理国家与社会的关系,因而国家与社会关系成为国内外学术界研究乡村社会治理模式的重要视角和切入点。国内学者孙立平通过"过程—事件分析"的研究策略发现,国家与社会之间是一个动态的、流动的过程,乡镇、村庄、农民三者之间存在着微妙关系[1];项继权通过对农村社区及共同体的分析,指出在乡村社会治理中应改变"政经不分""政社不分"的局面[2];程又中等对城乡基层治理研究的六大领域进行了集中梳理与评析,其中一个领域即为国家与社会关系[3];燕继荣以国家与社会关系为研究视角,强调"协同治理"是公共治理和社会管理创新的方向,认为国家与社会的关系是国家治理水平的重要反映[4];还有学者认为,应从国家的视角看待乡村社会,采取"自下而上"研究与"自上而下"研究相结合的方法解决乡村社会治理问题[5];从国家与社会互动共生的视角研究乡村社会治理有

---

[1] 孙立平:《"过程—事件分析"与当代中国国家—农民关系的实践形态》,载《清华社会学评论(特辑)》,鹭江出版社 2000 年版,第 1—20 页。

[2] 项继权:《中国农村社区及共同体的转型与重建》,《华中师范大学学报》(人文社会科学版)2009 年第 3 期。

[3] 程又中、张勇:《城乡基层治理研究述评》,《当代世界与社会主义》2010 年第 5 期。

[4] 燕继荣:《协同治理:社会管理创新之道——基于国家与社会关系的理论思考》,《中国行政管理》2013 年第 2 期。

[5] 徐勇:《当前中国农村研究方法论问题的反思》,《河北学刊》2006 年第 2 期。

着重要意义，乡村社会治理模式创新有助于实现乡村社会善治①。

在西方国家，也有学者较早从国家与社会关系视角研究中国乡村社会治理问题。如马克斯·韦伯认为传统中国长期以来形成了"皇权不下县"的实际社情，即县以下的乡村实行自治，国家对乡村只在宏观上加以督导，可见，他已经开始注重从国家视角探究中国乡村社会治理问题②；黄宗智以"国家—社会"这一宏观视角为基础，通过对中国乡村社会的考察发现国家与社会之间还存在着第三域，因而提出了"第三领域"概念③；Suzanne Ogden 则认为，在儒教传统观念的影响下，人们普遍受国家、宗族、教廷等方面的控制和束缚，这导致独立于国家之外的社会组织在中国乡村难以得到顺利发展④。总而言之，无论是国内学者还是国外学者，都注重从国家与社会关系的视角对中国乡村社会治理模式进行深入研究，这为当下研究乡村社会治理现代化问题奠定了学理基础。

2. 当代中国乡村社会治理的历史变迁研究

第一，国外学者多基于社会学、人类学等学科视角，研究中国乡村社会治理的历史变迁，研究内容涉及乡村精英参与、农民组织化以及县乡政府、乡村干部和农民的互动等问题。在乡村精英参与方面，赵文词探讨了乡村精英对农村道德权威和政治秩序的作用，认为在中国乡村由传统向现代转型的进程中逐渐产生出两种类型的"新乡村精英"⑤；人类学家肖凤霞通过对广东新会县的多年田野调查研究发现，中国乡村经历了从传统社区向现代社区的转变，并以乡村干部为主要研究对象，探

---

① 朱凤霞、陈俊天：《国家与社会关系视角下的农村社会治理转型》，《科学社会主义》2021 年第 1 期。

② ［德］马克斯·韦伯：《儒教与道教》，王容芬译，商务印书馆 1995 年版，第 145—150 页。

③ ［美］黄宗智：《中国的"公共领域"与"市民社会"？——国家与社会间的第三领域》，载邓正来、［英］J. 亚历山大编《国家与社会：一种社会理论的研究路径》，中央编译出版社 1999 年版，第 421—443 页。

④ Suzanne Ogden, *Inklings of Democracy in China*, Cambridge: Harvard University Asia Center, 2002, pp. 279 – 280.

⑤ 转引自张要杰《国外学者的中国农村社会研究成果述评》，《湖南农业大学学报》（社会科学版）2010 年第 6 期。

讨了乡村统治精英的转变对中华人民共和国成立前后乡村社区权力结构变迁的影响[①]；帕特南利用"社会资本"理论关注了社会信任、关系网络等在社会治理中的作用，认为加强乡村精英的引导与管理对乡村治理影响甚大[②]。在农民组织化方面，Kevin J. O'Brien 研究了农民群体在表达政治权利时的"公开上访"和"依法抗争"问题，认为这体现了农民公民权利意识的觉醒和民主法治意识的增强。在县乡政府、乡村干部和农民的互动方面，David Zweig 认为中国乡村改革既不是由自上而下的国家权威决定，也不是由自下而上的农民群众决定，而是国家、地方、基层干部和农民之间互动作用的结果[③]；Scott Rozelle 则以村庄领导人与农户之间的经济社会联系为背景，描述了农村经济的决策过程，并梳理了村庄领导人与土地权利构成的关系。

第二，国内学者则侧重于梳理、比较当代中国乡村社会治理体制的演变历程及经验启示：肖唐镖梳理了我国乡村体制变迁的曲折历程，并分析了国家权力主导乡制变迁的缺陷及其影响[④]；马良灿通过对我国乡村社会治理的四次转型的探讨，认为破解乡村治理困境的重要思路是把保障农民社会权利作为乡村治理的核心，重建农民主体地位，通过社区组织能力建设实现国家治权与乡村治权的协商共治[⑤]；陈文胜从治理目标、治理模式、治理理念三个维度考察了我国乡村社会治理的历史演进，从中揭示了乡村社会治理秩序的变迁逻辑[⑥]；袁礼辉则详细阐述了中华人民共和国成立以来乡村治理模式的三次重大变迁，认为未来的乡

[①] 转引自李增元《乡村社区治理研究：分析范式、分析方法及研究视角的述评》，《甘肃行政学院学报》2012 年第 4 期。

[②] ［美］罗伯特·D. 帕特南：《使民主运转起来》，王列译，江西人民出版社 2001 年版，第 190—217 页。

[③] David Zweig, *Freeing China's Farmers: Rural Restructuring in the Reform Era*, New York: M. E. Sharpe, 1997, pp. 12 – 19.

[④] 肖唐镖：《中国乡村社会的治理与乡制变迁》，《中共宁波市委党校学报》2002 年第 5 期。

[⑤] 马良灿：《中国乡村社会治理的四次转型》，《学习与探索》2014 年第 9 期。

[⑥] 陈文胜：《城镇化进程中乡村治理秩序的变迁》，《浙江学刊》2020 年第 5 期。

村社会治理模式必定是自治、法治、德治相结合的新型模式①。

3. 当前中国乡村社会治理的问题与对策研究

第一，针对中国乡村社会治理中出现的问题，提出了相应对策和实践路径：针对乡村社会治理中的"选择性治理危机"，应建立民众参与制度和巩固需求有效表达机制，强化对乡村社会治理的全面而科学的设计②；针对社会转型期存在的问题，在乡村社会治理中应依法整合乡村关系，实现"乡政村治"的良性互动，协调好"两委"关系③；针对乡村社会治理面临的治理手段和治理方式单一化等困境与挑战，应实现由单一主体治理向多元治理主体的转变④；针对乡村社会治理过程中遇到的"治理创新的无序化"难题，应重视创新手段的运用及其扩散，通过手段创新、方式创新、技术创新而优化社会治理效果⑤；孙小萍则在综合前人研究的基础上，详细总结了乡村社会治理过程中面临的各种挑战，并据此提出了解决乡村治理问题的有效办法⑥。

第二，基于"整体性治理"视角，就如何优化乡村社会治理提出了理论见解：埃莉诺·奥斯特罗姆通过对公共池塘等资源的分配与使用问题的研究发现，公共事务的治理过程可能涉及多个主体，而并非只有单一的政府主体；登哈特夫妇通过对传统公共行政和新公共管理的比较分析，从七个方面系统地阐述了新公共服务的基本理论内涵，虽然作者并未就乡村治理改革提出直接的对策措施，但其核心理念对我国优化乡村社会治理具有重要启发意义⑦。国内学者也认为，运用整体性治理理论和协同治理理论等分析工具，能够正确认识和解决乡村社会治理中的

---

① 袁礼辉：《我国乡村社会治理模式的变迁及发展趋势》，《遵义师范学院学报》2021年第2期。

② 吴理财：《用"参与"消解基层"选择性治理"》，《南风窗》2009年第2期。

③ 郭泽保：《构建中国现代农村社会管理体制的路径选择——基于社会转型期存在的问题》，《福建行政学院学报》2009年第3期。

④ 孙艳华、刘湘辉：《当前农村社会治理的四大挑战》，《光明日报》2014年8月20日第13版。

⑤ 卢福营：《论农村基层社会治理创新的扩散》，《学习与探索》2014年第1期。

⑥ 孙小萍：《当前乡村社会治理面临的挑战及应对策略》，《人民论坛》2018年第20期。

⑦ [美]珍妮特·V. 登哈特、罗伯特·B. 登哈特：《新公共服务：服务，而不是掌舵》，丁煌译，中国人民大学出版社2004年版，第39—51页。

结构性碎片化或部门治理碎片化问题①，助推整体型政府的构建和基层社会的有效治理②。

第三，主张对乡村社会由单一型治理转向"政府有限主导—多方合作共治"的复合型治理：针对中国长期存在的"强国家、弱社会"弊端和社会公共治理中公众参与不足等问题，燕继荣强调公共治理要实现治理主体多元化，如政府、企业、社会公众、非营利组织等可以共同参与社会治理③；于水等通过分析"乡政村治"模式的困境，认为乡村社会治理可以采用"有限主导—合作共治"的新模式，从而推动政府与社会的协同治理④；郁建兴等主张在包括乡村社会建设在内的中国社会建设中引入协同治理，并为此提供了一个富有理论解释力和实践操作性的理论分析框架⑤。

第四，重视正式制度与非正式制度、民间组织、乡村精英等在乡村社会治理中的作用：有学者提出，应注意在城市化进程中把乡村治理转化为城市治理，而保障农民工权益则是改善乡村社会治理和实现城市化的必然举措⑥；应注意发挥农民合作社对于乡村社会治理的积极作用，农民合作社既是乡村社会治理的直接主体，又是农民参与乡村社会治理的组织载体⑦。除了制度和民间组织，乡村精英对乡村社会治理具有重要作用。乡村精英作为担任村干部的主要代表，他们对乡村社会治理的

---

① 吴新叶：《农村社会管理何去何从：整体性治理视角的尝试性解读》，《理论探讨》2013年第2期。
② 李炳毅、陈翱：《浅议协同治理理论与基层社会治理实践》，《湖南行政学院学报》2014年第5期。
③ 燕继荣：《协同治理：社会管理创新之道——基于国家与社会关系的理论思考》，《中国行政管理》2013年第2期。
④ 于水、杨萍：《"有限主导—合作共治"：未来农村社会治理模式的构想》，《江海学刊》2013年第3期。
⑤ 郁建兴、任泽涛：《当代中国社会建设中的协同治理——一个分析框架》，《学术月刊》2012年第8期。
⑥ 党国英：《中国城市化背景下的农民权益保护》，《学习与探索》2012年第6期。
⑦ 王进、赵秋倩：《合作社嵌入乡村社会治理：实践检视、合法性基础及现实启示》，《西北农林科技大学学报》（社会科学版）2017年第5期。

影响不可轻视①；新乡贤参与乡村社会治理，具有充分的历史依据、政策依据和实践依据，对此不应质疑或指责，而是要积极创造条件促成新乡贤对乡村社会治理的有效参与②；正确认识乡村精英对于乡村社会治理的特殊意义，既要承认精英的存在对节约交易成本的积极作用，又要通过孕育内部机制以制衡精英俘获的趋势③；新乡贤具有多种类型，他们参与乡村社会治理存在许多可供选择的现实方式，其中"能人型乡村治理精英"与"嵌入型乡村治理精英"的长期合作，有助于巩固脱贫攻坚成果、推动乡村振兴战略落实④。

（二）国家治理现代化背景下的乡村社会治理现代化研究

1. 国家治理现代化背景下的社会治理现代化研究

第一，国家治理现代化与社会治理现代化的关系研究。学术界普遍认为，国家治理离不开社会建设和社会治理的有效支撑，国家治理现代化内含着社会治理现代化，社会治理现代化是国家治理现代化的重要组成部分：国家治理体系建设有赖于基层社会的强大，它涵盖社会领域的社会治理和基层群众自治⑤；国家治理与社会治理相辅相成，建设国家治理体系必须正确看待和处理国家与社会的关系，把国家建设与社会建设统一起来⑥；加强和创新社会治理是国家治理现代化的必要基础，国家治理现代化包括经济、政治、文化、社会、生态和党建等各个领域的

---

① 贺雪峰、董磊明：《中国乡村治理：结构与类型》，《经济社会体制比较》2005年第3期。

② 孙迪亮、宋晓蓓：《新乡贤参与乡村社会治理的理据分析》，《科学社会主义》2018年第1期。

③ 温铁军、杨帅：《中国农村社会结构变化背景下的乡村治理与农村发展》，《理论探讨》2012年第6期。

④ 郭苏建、王鹏翔：《中国乡村治理精英与乡村振兴》，《南开学报》（哲学社会科学版）2019年第4期。

⑤ 许耀桐：《习近平的国家治理现代化思想论析》，《上海行政学院学报》2014年第4期。

⑥ 俞可平：《让国家回归社会——马克思主义关于国家与社会的观点》，《理论视野》2013年第9期。

现代化①，必然涉及经济体制、政治体制、社会体制、文化体制、生态体制及执政党自身的体制等方面的革新，推进社会体制改革是实现国家治理现代化的必然要求和重要动力②；社会治理现代化是国家治理现代化的重要内容和重要体现，在国家治理现代化中占据基础性地位③；应将社会治理现代化寓于国家治理现代化之中，在加强国家治理体系现代化建设的同时推进社会治理现代化④。

第二，社会治理现代化的科学内涵及实现路径研究。推进社会治理现代化，首先需要准确把握社会治理现代化的科学内涵、价值取向和基本路径，实现社会治理体系的制度化、科学化、规范化、程序化、精细化⑤；与国家治理体系和治理能力现代化的时代要求相适应，社会治理现代化的内涵应主要表现为社会治理主体、手段、过程、基础与路径的现代化，治理基础的现代化有赖于科技与信息化作用的充分发挥⑥；法治是社会治理的基本方式，社会治理现代化的本质要求是良法善治，良法善治是推进社会治理现代化的重要路径⑦；在加强和完善体制内的社会组织建设的同时，实现体制外的社会组织的制度化、规范化、法治化，并在此基础上建立起公共权力与公民之间的良性互动关系，是社会治理现代化的必然诉求和关键所在⑧，而推进"德治、法治、自治"建设是基层社会治理现代化的有效途径⑨；姜晓萍则针对社会治理中存在

---

① 江必新：《推进国家治理体系和治理能力现代化》，《光明日报》2013年11月15日第1版。
② 何增科：《国家治理及其现代化探微》，《国家行政学院学报》2014年第4期。
③ 蔡潇彬：《新时代社会治理现代化：治理类型、框架建构与政策理路》，《宏观经济研究》2021年第6期。
④ 唐皇凤：《中国国家治理体系现代化的路径选择》，《福建论坛》（人文社会科学版）2014年第2期。
⑤ 徐猛：《社会治理现代化的科学内涵、价值取向及实现路径》，《学术探索》2014年第5期。
⑥ 童星：《论社会治理现代化》，《贵州民族大学学报》（哲学社会科学版）2014年第5期。
⑦ 伍治良：《良法善治：推进社会治理现代化的重要途径》，《学习月刊》2014年第9期。
⑧ 周庆智：《社会治理体制创新与现代化建设》，《南京大学学报》（哲学·人文科学·社会科学）2014年第4期。
⑨ 周天勇、卢跃东：《构建"德治、法治、自治"的基层社会治理体系》，《光明日报》2014年8月31日第7版。

的诸多误区,从构建公民权利保障体系、强化社会组织培育体系等八个方面提出了国家和社会治理现代化的实施策略①。

2. 乡村社会治理现代化研究

第一,关于乡村社会治理现代化的必然性研究。学术界普遍认为,在国家与社会治理现代化背景下,乡村社会治理必然应该由传统化转向现代化,实现乡村社会治理现代化是落实乡村振兴战略的必然要求,是大势所趋、民心所向:我国乡村社会正在经历着由传统治理向现代治理的转变,而乡村治理现代化是这个转变的长远目标和必然要求②;应通过扩大协同治理的参与主体、注重城乡整体性治理、实现城乡公共服务一体化等措施,推动乡村治理从传统化向现代化的演变③。

第二,关于乡村社会治理现代化的重要地位及实现路径研究。多数学者认为,中国作为一个农业大国和农民大国的特殊国情,决定了乡村社会治理现代化是国家治理现代化的基础与关键:乡村社会治理是国家治理的社会基础,直接影响到国家治理体系和治理能力的现代化建设,其现代化是国家治理现代化的重要组成部分④;乡村社会治理体系和治理结构应该适应国家治理现代化发展的需要,尽快实现向现代化的转型,这是推进国家治理现代化的关键所在⑤。推进乡村社会治理现代化,应促使县乡政府角色的重新定位和政府职能的转变优化,尤其是加强乡村社会组织、农村社区、村(居)委会、新乡贤等多元主体的协同参与⑥。此外,还应落实以人民为中心的发展思想,推动治理观念、

---

① 姜晓萍:《国家治理现代化进程中的社会治理体制创新》,《中国行政管理》2014年第2期。

② 肖立辉:《乡村治理现代化的由来与出路》,《观察与思考》2015年第2期。

③ 张新文、张国磊:《农村治理如何从传统化向现代化演变——中共十八届三中全会〈决定〉到十二届全国人大二次会议政府工作报告》,《北京社会科学》2014年第3期。

④ 吴莹:《现代化进程中乡村社会治理模式的困境与出路》,《北方论丛》2017年第2期。

⑤ 刘守英:《农村治理是推进国家治理体系和治理能力现代化的关键》,《农村工作通讯》2014年第1期。

⑥ 孙迪亮、宋晓蓓:《新乡贤参与乡村社会治理的理据分析》,《科学社会主义》2018年第1期。

治理体制和治理方式等方面的现代化转型①。

第三，关于乡村社会治理现代化的地方实践研究。随着近年来国内有些地区乡村社会治理现代化实践探索的深入，学术界展开了对乡村社会治理现代化的实践研究和个案分析：甄小英通过考察武义县后陈村的治理道路，认为"后陈经验"代表着乡村社会治理现代化的新方向②；王国勤结合浙江省乡村治理的实践，探讨了乡村社会治理现代化的现实意义与路径选择③；杨新荣等以广东乡村社会治理问题为个案，分析了创新乡村社会治理的模式与路径④；周国忠等以浙江顾渚等四个典型村为例，论证了乡村旅游与乡村社会治理现代化的关系，认为乡村旅游发展为实现乡村社会治理现代化提供了实践基础和动力源泉⑤。

（三）马克思唯物史观视域下的社会治理问题研究

2013年12月4日，习近平总书记在中央政治局就唯物史观基本原理和方法论进行第十一次集体学习时发表了重要讲话，学界随后愈益重视马克思唯物史观对于社会治理问题研究的指导意义与具体运用。有学者认为，创新社会治理离不开唯物史观的指导，只有利用唯物史观的方法和思维把复杂的问题简单化、条理化，才能有效破解社会治理难题⑥；正确认识国家与社会的关系是打开"唯物史观大厦"的钥匙，马克思主义国家与社会关系理论对国家和社会治理具有重要指导意义，这

---

① 周少来：《基层治理的难点怎么解——从"微信'吐槽'被拘"看基层治理现代化》，《人民论坛》2019年第1期。
② 甄小英：《探索乡村治理现代化的新方向》，《人民论坛》2014年第22期。
③ 王国勤：《走向公共性的农村治理现代化——以浙江省为例》，《科学社会主义》2014年第5期。
④ 杨新荣、杨勇军、黄大乾：《乡村社会治理的框架、模式与路径研究——以广东省为例》，《农业经济问题》2019年第8期。
⑤ 周国忠、姚海琴：《旅游发展与乡村社会治理现代化——以浙江顾渚等四个典型村为例》，《浙江学刊》2019年第6期。
⑥ 黄磊、谢志强：《唯物史观视域下创新社会治理的几点思考》，《中国工商管理研究》2014年第11期。

一理论启示我们在创新社会治理中要实现"国家—社会"的合作治理①；马克思主义国家理论的重要启示在于，推进国家和社会治理现代化需要实现从政府单一主体向多元复合主体的转变、实现从政治统治向社会治理的转变②。此外，高惠珠等从辩证的历史决定论、群众史观和社会有机体理论三个方面探讨了唯物史观与社会治理的内在联系，认为唯物史观对推进社会治理体系与治理能力现代化具有重要指导作用③；杨承训基于对社会基本矛盾的解析，揭示了社会主义社会治理现代化的规律性④；马东景论证了马克思市民社会理论对社会治理创新的方法论意义，并对社会治理创新中如何发挥社会组织的作用进行了探讨⑤。

基于上述学术梳理可见，目前学术界对乡村社会治理的研究已较为深入，并基于国家治理现代化的通盘考虑，开始意识到实现乡村社会治理现代化的必然性和特殊重要性。同时，学界也高度认同以马克思唯物史观作为研究社会治理问题的理论与方法论基础，并已基于社会基本矛盾理论、国家与社会关系理论、市民社会理论等视角展开研究。但现有的研究也有不足之处：一是总体上仍偏重于对乡村社会治理的历程考察和对现存问题及对策的分析，对乡村社会治理现代化趋向的重视与研究相对不足；二是对乡村社会治理现代化的目标内涵尚不够明晰，对实现乡村社会治理现代化的动态过程和具体对策的研究相对匮乏，亦未发现专门从马克思唯物史观的视角对此予以系统探讨者；三是虽然已经开始将社会治理问题置于马克思唯物史观视域之下进行研究，但主要是基于马克思唯物史观某一内容的"单向度"研究，而非基于马克思唯物史

---

① 郭凤英：《"国家－社会"视野中的社会治理体制创新研究》，《社会主义研究》2013年第6期。

② 刘军：《从马克思主义国家理论看中国国家治理现代化》，《中国特色社会主义研究》2014年第5期。

③ 高惠珠、徐文越：《论唯物史观视域中的社会治理》，《思想理论教育》2015年第5期。

④ 杨承训：《治理现代化：马克思主义新篇章——学习习近平同志关于"国家治理"的论述》，《河南社会科学》2014年第6期。

⑤ 马东景：《马克思市民社会理论及其对我国创新社会治理的启示》，《郑州轻工业学院学报》（社会科学版）2014年第4期。

观多维视角的"复合式"研究。鉴于此，本书旨在通过对马克思唯物史观的多维解读与具体运用，着重探讨我国乡村社会治理现代化的目标内涵与实现过程，以期为创新基层社会治理和落实国家治理现代化的宏观战略提供有益参考。

三 研究思路与方法

(一) 研究思路

本书坚持问题导向、理论与实际相结合之原则，在马克思唯物史观的观照下，以"乡村社会治理现代化"为主要研究对象。鉴于目前学术界已经较为认同实现乡村社会治理现代化的必然性和重要性（"为什么"），本书拟基于对乡村社会治理现存问题的考察与反思，重点研究包括治理理念科学化、治理主体协同化、治理目标系统化、治理方式复合化、治理路径合宜化等要素的乡村社会治理现代化"五化一体"的目标内涵与实现策略，以具体应答乡村社会治理现代化"是什么"和"怎么办"的问题。在"五化"之中，治理理念科学化，应答的是"因何进行治理"的问题；治理主体协同化，应答的是"由谁进行治理"的问题；治理目标系统化，应答的是"治理为了什么"的问题；治理方式复合化，应答的是"怎样进行治理"的问题；治理路径合宜化，应答的是"治理应走何路"的问题。这"五化"环环相扣、相辅相成，涵涉乡村社会治理现代化的五大层面，构成了乡村社会治理现代化的较为完整的理论体系和实践体系。

马克思唯物史观的内容丰富，人民主体思想、国家与社会关系理论、社会有机体理论、历史发展动力理论、社会形态演进理论无疑都属于其重要维度和内容。本书无意于对马克思唯物史观的面面俱到，而是基于对这五大理论内容的文本回溯、深入解读、观点提炼与现实运用，依次对接乡村社会治理现代化的"五化一体"目标内涵，由此形成了本书研究的主体内容：马克思人民主体思想视域下的乡村社会治理理念科学化→马克思国家与社会关系理论视域下的乡村社会治理主体协同化→马克思社会有机体理论视域下的乡村社会治理目标系统化→马克思历史发展动力理论视域下的乡村社会治理方式复合化→马克思社会形态演进理论视域下的乡村社会治理路径合宜化。这五部分，也正是本书的核心与主体内容。

（二）主要研究方法

1. 文献研究法

本书通过深入研读马克思唯物史观相关文献，特别是马克思关于人民主体地位的文献著述、关于国家与社会关系的文献著述、关于社会有机体的文献著述、关于历史发展动力的文献著述、关于社会形态演进的文献著述，厘清了马克思唯物史观的基本理论观点；同时，系统梳理了学术界关于乡村社会治理的学术研究资料和理论成果，提炼出其中的核心观点。这两方面的文献研究，为本书进行"马克思唯物史观＋乡村社会治理现代化"的融合研究提供了坚实的学理支撑。

2. 实证研究法

本书坚持理论联系实际、坚持问题导向，注重用马克思唯物史观去透视和解析乡村社会治理现代化的实践问题。为了准确了解这些问题，比如农民依托合作社进行自我管理和服务的问题、乡村社会组织参与供给乡村公共服务的问题、乡村社会治理过程中县乡政府与乡村社会组织如何互动的问题、新乡贤参与乡村社会治理的问题，课题组选取了若干典型农村地区，采用问卷、访谈、座谈、实地考察等社会调查方法，对乡村社会治理现代化的现状与问题进行了较为细致的实证研究，获得了大量的数据和资料，从而增强了本书研究内容和理论观点的可靠性与可信度。

3. 个案研究法

鉴于乡村社会治理现代化的理论内涵和实践内涵都非常丰富，由此导致本书的研究视域和研究内容也十分广泛。因此，本书在研究马克思唯物史观视域下乡村社会治理的优化策略时，为实现研究的精细化、具体化，坚持"大视域、小切口、以小见大"，适时引入和采用了个案研究法。比如，在研究合作社落实农民治理主体地位的现实表现时，以合作社参与供给公共服务为个案进行了详细分析；在研究马克思个人作用观视域下乡村社会治理的个体参与时，以新乡贤为个案进行了详细分析；在研究马克思法律作用观视域下乡村社会的法律治理时，以乡村公共服务协同供给为个案进行了详细分析；在研究马克思道德作用观视域下乡村社会的道德治理时，以农村高额彩礼治理为个案进行了详细分析。

4. 比较研究法

马克思唯物史观虽然冠名以"马克思"，但它是由马克思和恩格斯二人共同创立的，并在马克思去世后由恩格斯进行了坚守和完善。因此，本书在提炼唯物史观的核心内容、研读马克思的相关著述时，必然会涉及恩格斯的观点和著述，并对二人的理论观点进行了比较研究，以凸显恩格斯对马克思唯物史观的坚守和完善。此外，鉴于乡村社会治理是国际社会普遍面临的重要任务，西方后现代国家在实现乡村社会治理现代化问题上也积累了一些成功做法与有益经验，因此，本书基于国际比较和借鉴，在探讨乡村社会治理现代化的实施策略时适当吸收了国际经验。

四　创新之处

本书可能的创新之处，主要体现在以下两个方面。

（一）选题立意的创新

如前所述，学术界对马克思唯物史观的研究成果十分丰厚，对乡村社会治理的研究也由来已久，但将二者结合起来、将乡村社会治理置于马克思唯物史观视域之下进行研究的，尚显薄弱且更不系统。从这个意义上说，本书基于马克思唯物史观的多维解读与现实观照，研究我国的乡村社会治理现代化问题，这不仅有助于实现对马克思唯物史观的新运用、彰显马克思唯物史观的理论活力和实践价值，而且不失为乡村社会治理研究的新视角、新内容，从而能够促进马克思主义经典理论与当今中国现实问题的有机结合。

(二) 理论观点的创新

本书提出了如下可能具有创新意义的理论观点。

第一，乡村社会治理现代化是一个"过程论"命题，它是治理主体在预设的目标与理念指引下，借助一定的方式和手段、依循一定的路径而作用于治理客体的动态向善过程。研究中国乡村社会治理现代化，需要秉持马克思唯物史观的立场、原理与方法，确立一个能够体认乡村社会治理现代化动态变迁、具有中国特色的"过程论"分析框架。马克思唯物史观中所内含的诸多理论观点，确与乡村社会治理现代化具有理论契合性和实践关联性。

第二，乡村社会治理现代化作为一项系统工程，是治理理念科学化、治理主体协同化、治理目标系统化、治理方式复合化、治理路径合宜化的有机统一。其中，理念是乡村社会治理的思想遵循和趋向指引；主体是乡村社会治理的组织者和开展者；目标是乡村社会治理希冀达到的理想目的；方式是乡村社会治理需要借助的手段与方法；路径是乡村社会治理的路向选择与特色彰显。乡村社会治理主体如果没有科学的思想理念为遵循、没有适当的方式路径为依托，就难以实现乡村社会治理的预期目标。

第三，推进乡村社会治理现代化，应以尊重农民主体地位为前提，以落实党的领导为保障，以实现农民公共利益最大化为导向，以"五治"即"共治、自治、法治、德治、智治"为依托，以促成乡村社会"善治"和建成"社会主义新乡村"为目标。

第一章　马克思人民主体思想视域下的乡村社会治理理念科学化

　　思想是行动的先导。实现乡村社会治理现代化的逻辑前提和首要保障是要确立起与国家和社会治理现代化相适应的科学理念,即确保乡村社会治理理念科学化：表现在理念核心上,就是要坚持农民的主体性；表现在理念目标上,就是要实现社会治理的农民共建共享。① 这一理念,是保障乡村社会治理现代化的根本前提和"定海神针"。无论何时何地,农民作为乡村社会的"现实的人"和天然的主人,始终是乡村社会发展的最基本、最主要的主体。从这个意义上说,乡村社会治理归根结底应该是农民群众自己的事业,它应该依靠农民、为了农民,始终坚持以农民为中心,断不可把农民视为游离于乡村社会治理之外的"局外人"或"被治理者"。

　　人民主体思想是马克思唯物史观的重要内容,也是整个马克思主义理论体系的重要基点。尽管马克思一生经历了多个思想转变期和发展期,但无论在哪一时期,马克思都始终主张重视人民在社会历史发展中的主体地位,人民主体思想成为贯穿马克思全部思想的鲜明主线。而在建设中国特色社会主义的理论体系与道路选择中,坚持人民主体地位亦极具必要性和重要性,它既是我国宪法规定的国家根本政治制度的集中体现,也是中国共产党坚持全心全意为人民服务这一根本宗旨的题中应有之义,更是维系和推进新时代中国特色社会主义建设的必然选择。党

---

　　① 杨宜勇、曾志敏：《社会治理现代化的政策设计：着眼"十三五"》,《改革》2016年第8期。

的十九大报告中把"坚持以人民为中心"提升为新时代坚持和发展中国特色社会主义的基本方略,并特别强调"人民是历史的创造者,是决定党和国家前途命运的根本力量","必须坚持人民主体地位"。当然,践行马克思人民主体思想、坚持人民主体地位,不应停留在口头上、理念中,而必须付诸行动,体现和落实在社会主义改革、建设和发展的各个领域,其中无疑包括乡村社会治理领域。在乡村社会治理领域践行马克思人民主体思想、坚持人民主体地位,无疑就是要恪守以农民为中心的治理理念、落实农民的治理主体地位。目前,学术界关于马克思人民主体思想和乡村社会治理的单项研究虽然已较为深入,但以马克思人民主体思想去观照乡村社会治理理念的融合性研究,则尚不多见。鉴于此,笔者拟从历史主体、实践主体、利益主体三个维度,探究马克思人民主体思想对于实现乡村社会治理理念科学化的现实价值,以达到既彰显马克思人民主体思想的理论活力,又助推乡村社会治理现代化之目的。

一 历史主体之思:乡村社会治理应坚持以农民为中心的价值取向

(一)人民是历史主体:马克思对唯心史观的矫正

在马克思唯物史观产生之前,长期在人们思想领域占统治地位的是唯心主义历史观:一种是客观唯心主义历史观,认为"绝对精神"是世界的本原,社会历史的发展方向由"绝对精神"安排规定,人民群众皆服从于"绝对精神"而不可能有任何主动性和创造性;另一种是主观唯心主义历史观,认为世界是在少数的"杰出人物"或"英雄人物"的主导下创造的,"英雄人物"或"杰出人物"的思想和活动决定社会历史的发展,而人民群众只能是被历史推动着前进的群氓。无论客观唯心主义还是主观唯心主义,它们的根本缺陷都在于忽视和否认人民群众在社会历史发展中的主体地位和重要作用,因而未能认清社会历史发展的真正推动者。而马克思唯物史观揭示并批判了以往唯心主义历史观的这一缺陷,创造性地提出"现实的个人"是社会存在的前提、人民群众是社会历史发展的主体这一科学论断。

1. "现实的个人"是社会历史的逻辑起点

将"现实的个人"视为社会历史发展的起点、将人民群众视为社会历史发展的主体,是马克思唯物史观的基本观点。是否承认和尊重人民群众在社会历史发展中的主体地位,是马克思唯物史观同一切唯心史观的重要分水岭。早在《神圣家族》中,马克思、恩格斯就以"精神"和"群众"为切入点,批判了布鲁诺·鲍威尔主张的"在历史活动中重要的不是行动着的群众,不是经验的活动"① 而是"一种思想"② 的唯心史观,认为"历史什么事情也没有做,它'不拥有任何惊人的丰富性',它'没有进行任何战斗'!其实,正是人,现实的、活生生的人在创造这一切,拥有这一切并且进行战斗。并不是'历史'把人当做手段来达到自己——仿佛历史是一个独具魅力的人——的目的。历史不过是追求着自己目的的人的活动而已"③。至于人民群众与历史的关系,马克思、恩格斯给出的结论是:"历史的活动和思想就是'群众'的思想和活动"④,"随着历史活动的深入,必将是群众队伍的扩大"⑤。通过对青年黑格尔派的唯心主义思想的彻底清算,马克思批判了青年黑格尔派的唯心史观,肯定了人民群众在社会历史发展中的决定作用,明确了人民群众的历史主体地位。在《德意志意识形态》中,马克思在谈到意识和历史的产生时又特别指出:"我们开始要谈的前提不是任意提出的,不是教条,而是一些只有在臆想中才能撇开的现实前提。这是一些现实的个人,是他们的活动和他们的物质生活条件,包括他们已有的和由他们自己的活动创造出来的物质生活条件。"⑥ 无疑,马克思的历史观具有鲜明的唯物性、人民性,他不仅主张从现实的个人出发去考察社会历史的产生与发展,强调"全部人类历史的第一个前提无疑是

---

① 《马克思恩格斯文集》第1卷,人民出版社2009年版,第287页。
② 《马克思恩格斯文集》第1卷,人民出版社2009年版,第287页。
③ 《马克思恩格斯文集》第1卷,人民出版社2009年版,第295页。
④ 《马克思恩格斯文集》第1卷,人民出版社2009年版,第286页。
⑤ 《马克思恩格斯文集》第1卷,人民出版社2009年版,第287页。
⑥ 《马克思恩格斯选集》第1卷,人民出版社2012年版,第146页。

有生命的个人的存在"①,而且始终尊重人民在社会历史发展中的主体地位。在社会历史的产生、存在、发展的每一个阶段,都离不开人民群众的力量与智慧。人民是社会历史的"剧作者"兼"剧中人",社会历史因为人民而产生、为了人民而存在。没有现实的个人的存在和人民主体作用的发挥,历史必然无从谈起,人民的历史主体地位是任何时代、任何人都不可否认和抹杀的。当然,在马克思人民主体思想中,"人民"具有特定的质的规定性,是指具有主体意识、能够积极地认识和改造世界、推动社会历史向前发展的人。

2. 马克思历史主体思想的当代彰显

马克思的上述思想,在其后的社会主义建设实践中得到了彰显和践行。列宁在领导苏俄社会主义建设的过程中,深刻认识到人民群众对于社会主义建设的极端重要性,他把人民群众比作大海,认为"在人民群众中,我们毕竟是沧海一粟,只有我们正确地表达人民的想法,我们才能管理"②。对人民主体地位的尊重与推崇,可以说是列宁对在一个经济文化落后的国家如何建设社会主义的深切感悟。中国共产党作为马克思主义政党,强调坚持马克思唯物史观的指导,自然也高度认同人民的主体地位、牢固坚持人民立场。习近平总书记指出:"我国是工人阶级领导的、以工农联盟为基础的人民民主专政的社会主义国家,国家一切权力属于人民。我们必须始终坚持人民立场,坚持人民主体地位。"③"人民立场是中国共产党的根本政治立场,是马克思主义政党区别于其他政党的显著标志。"④ 早在民主革命时期,毛泽东就格外关注人民的地位与作用,强调只有人民群众才是创造世界历史的真正动力,认为群众才是真正的英雄,只要我们能做到相信群众、依靠群众,就具有了一种强大的力量,就不会被任何困难和敌人打倒。邓小平人民观的基本立场也是"相信群众、依靠群众",强调我们党必须始终坚持"全心全意

---

① 《马克思恩格斯选集》第1卷,人民出版社2012年版,第146页。
② 《列宁全集》第43卷,人民出版社1987年版,第109页。
③ 《新时代属于每一个人 习近平在十三届全国人大一次会议闭幕会的讲话》,《新民周刊》2018年第11期。
④ 《习近平谈治国理政》第2卷,外文出版社2017年版,第40页。

为人民服务"的根本宗旨和"从群众中来，到群众中去"的根本工作方法；而江泽民提出的"始终代表最广大人民群众的根本利益"的重要思想和胡锦涛提出的以人为本的科学发展观，也都彰显了人民群众在党和国家发展中的重要位置，要求我们党必须真正做到执政为民、以民为本，坚持发展为了人民、发展依靠人民、发展成果由人民共享，始终把实现好、维护好、发展好最广大人民的根本利益作为党和国家一切工作的出发点和落脚点。习近平总书记在党的十九大报告中进一步指出：人民是历史的创造者，是决定党和国家前途命运的根本力量。由上可见，中国共产党在革命、建设和改革的进程中，始终坚守了"人民是历史主体"这一唯物史观的基本要义。

（二）乡村社会治理应坚持以农民为中心的价值取向

按照马克思唯物史观的上述观点，"现实的个人"是社会历史产生的前提，人民是社会历史存续与发展的主体，未来社会即共产主义社会是真正为了人、以人为中心的理想型社会，其实质是人的本质的真正实现，是人向自身即社会的人的复归和对自己本质的真正占有。中国共产党既然一直以马克思主义作为自身的指导思想，自然应把这一观点深深熔铸于党的执政理念之中，牢固恪守人民至上的根本政治立场。中国革命、建设和改革的历史雄辩地证明，始终坚持人民至上、切实尊重人民群众的主体地位是党的事业得以成功的基本保证和根本经验。马克思关于人民是历史主体的思想和党的历史经验都启示我们，在我国推进社会主义各项事业发展、实现中华民族复兴的历史进程中，固然需要重视"关键少数"的关键作用，但更不可忽视广大人民的主体地位及其作用。在开展一切工作包括社会治理工作时，应顺应人民意愿要求、尊重人民主体地位、谋求人民根本利益，把以人民为中心的理念贯彻体现到工作的各方面、全过程。我国的社会主义性质、共产党全心全意为人民服务的根本宗旨，更要求我们必须如此。邓小平在总结我国革命和建设的经验时指出："我们党提出的各项重大任务，没有一项不是依靠广大人民的艰苦努力来完成的。"① 习近平总书记也强调:"以人民为中心的发展思想,不是一个抽象的、玄奥的概念,不能只停留在口头上、止步于思想环节,而要体现在经济社会发展各个环节。"② 党的十九大报告再次重申:必须坚持人民主体地位,"把党的群众路线贯彻到治国理政全部活动之中",依靠人民创造历史伟业。

"经济社会发展各个环节"和"治国理政全部活动",自然也包括党领导下的社会治理工作。治理作为有别于管理的一个新的概念和理念,其酝酿与提出,本身即意味着对群众参与的认可与吸纳。社会治理工作就其本义来看,本身就是一项面向广大人民、依靠广大人民、造福广大人民的群众性工作,更要落实以人民为中心的思想、践行党的群众路线、发挥人民的主体作用。质言之,社会良性治理的本质特征就在于政府与公民对公共生活的合作管理,即以民众为中心的治理。③ 早在2011年2月中共中央党校举办的省部级主要领导干部社会管理及其创新专题研讨班上,习近平总书记就强调指出:加强和创新社会管理,要同做好群众工作紧密结合起来,把群众工作贯穿到社会管理各个方面、各个环节,"社会管理主要是对人的服务和管理,说到底是做群众的工作。一切社会管理部门都是为群众服务的部门,一切社会管理工作都是为群众谋利益的工作,一切社会管理过程都是做群众工作的过程。从这个意义上说,群众工作是社会管理的基础性、经常性、根本性工作"④。习近平总书记还指出:"加强和创新社会治理,关键在体制创新,核心是人。"⑤ 党的十九届四中全会提出的"建设人人有责、人人尽责、人人享有的社会治理共同体"的要求,进一步彰显了社会治理中人民至上的价值取向。坚持以人民为中心、落实人民的主体地位,是中国特色

---

① 《邓小平文选》第3卷,人民出版社1993年版,第4页。
② 习近平:《在省部级主要领导干部学习贯彻党的十八届五中全会精神专题研讨班上的讲话》,《人民日报》2016年5月10日第2版。
③ 俞可平:《治理和善治引论》,《马克思主义与现实》1999年第5期。
④ 《习近平在省部级主要领导干部专题研讨班结业式上强调 群众工作是社会管理基础性经常性根本性工作》,《党建》2011年第3期。
⑤ 《推进中国上海自由贸易试验区建设 加强和创新特大城市社会治理》,《人民日报》2014年3月6日第1版。

社会主义社会治理的根本立场和基本原则。

既然社会治理须遵循"共建共治共享"之原则，社会治理共同体须实现"人人有责、人人尽责、人人享有"之目标，那么，具体到乡村社会治理中，坚持以人民为中心、落实人民的主体地位，就是要坚持以农民为中心，牢固树立和真正践行以农民为治理主体、以农民为受益对象、以农民为依靠力量的治理理念。农民作为乡村社会发展的主体，在乡村社会治理中断不可"缺位""离位"，而必须"有责""尽责"。乡村社会治理只有通过广大农民的广泛参与，才能具备坚实的群众基础和社会基础。农民参与的范围越广阔、渠道越顺畅，乡村社会治理的效果也就越理想。离开了对广大农民主体地位的尊重与落实，乡村社会治理必然是低效乃至无效的。

但反观我国的乡村社会治理，长期以来并未真正做到以农民为中心：从政府方面来看，自改革开放以来的几十年时间里，县乡政府倾向于坚持"以我为主"的单中心管制思维，且主要充当着"经济人"的角色，致力于完成既定经济指标及上级任务，注重短期经济发展而轻视长期社会福利建设，而农民往往沦为被管理的对象，很少有缘参与社会治理，其内心意愿与利益诉求得不到来自政府的应有重视与满足；从乡村社会层面来看，基层民主往往流于形式，比如"民主选举"环节中的贿选暴选、暗箱操作，"民主决策"环节中的少数人独断专行，"民主管理"环节中的农民被无视或虚化，"民主监督"环节中的农民被屏蔽或排斥，这些问题均反映出农民中心地位的缺失。当前，在践行"以人民为中心"执政理念的情势之下，应坚持相信农民、尊重农民、引导农民的基本理路，牢固树立和真正落实以农民为乡村社会治理主体的理念，切实推动以农民为中心的乡村社会治理进程。

1. 要相信农民，充分认同农民进行自我治理的愿望与能力

乡村社会治理归根结底是以农民为中心的事业，必须充分动员农民群众，放开农民手脚，最大限度地发挥农民的首创精神。改革开放以来的农村发展史证明，农民是富有智慧和创造力的，土地的家庭承包经营、乡镇企业、村民自治、土地流转等引致农村经济社会深刻变革的新事物，均最早发端于农民的创造，后由党和政府认可总结后上升为国家

政策。正如邓小平所言:"农村搞家庭联产承包,这个发明权是农民的。农村改革中的好多东西,都是基层创造出来,我们把它拿来加工提高作为全国的指导。"① 因此,绝不能借口农民的文化素质相对较低、经营管理能力不强、居住较分散等客观因素,认为农民"不愿治理""不会治理",否认农民对乡村社会进行自我治理的愿望和能力,更不能把农民排斥在乡村社会治理体系之外。无论何时何地,农民都是乡村社会的天然主人和发展主力,也是乡村社会治理的基本依靠力量。不论乡村社会治理如何创新,都应恪守"农民在场"之根本原则,把农民视为乡村社会治理的重要主体,坚持和巩固村民自治在乡村治理体系中的基础性地位和根本性作用,"赋予乡村治理终端主体即村民自主治理空间,最大限度地激活村民参与乡村治理的主动性和创造性"②。要切记乡村社会治理是农民自己的事业,离不开广大农民的主动参与和聪明智慧。从根本上讲,乡村社会治理应该是一个坚持以农民为中心,基于农民主体、顺应农民意愿、组织农民参与、满足农民利益的历史实践过程,而非农民之外的"局外人"或"精英分子"所能把控和代劳的。正如有学者很早就指出的:"农民是今天农村的主人,只有农民,才清楚农村的现状是怎样的;只有农民,作为明天农村的主人,才知道自己想要的是什么样的新农村。"③ 回首20世纪的中国,梁漱溟的乡村建设运动和晏阳初的平民教育试验尽管起初轰轰烈烈,但最终皆难以奏效、归于失败,其共同教训在于未重视农民在乡村建设与治理中的主体地位,甚至导致了农民群众的集体缺席与集体失语。

而从国际经验来看,越来越多的国家意识到农民自身对于乡村社会治理的重要意义,并以多种形式发挥农民在乡村社会治理中的主体作用。其中,美国作为一个地方高度自治的国家,允许农民通过多种方式参与乡村社会治理,以此提升农民的自治能力。例如,乡村社区管理委员会主席会以社区会议的形式定期向村民汇报前一阶段的工作,并就下

---

① 《邓小平文选》第3卷,人民出版社1993年版,第382页。
② 陈进华:《健全自治法治德治相结合的乡村治理体系》,《光明日报》2018年10月23日第6版。
③ 党国英:《相信农民知道自己要什么》,《农村.农业.农民》2006年第7期。

一阶段的工作计划与村民展开充分讨论，广泛征求村民意见，少数服从多数；对于充分讨论后仍悬而未决的难点问题，则组织村民通过社区听证会进行专门讨论，以消除分歧、达成共识。另外，美国还允许广大农民以村民公决形式参与乡村立法，充分尊重农民的自治主体地位。① 与美国相类似，韩国同样十分注重调动农民参与乡村社会治理的积极性。韩国政府着力培育农民的"勤勉、自助、合作"精神，对于乡村社会治理的各项政策措施坚持"扶上马，送一程"的推行原则，使其重心始终落脚于农民的自主、自助和自强式发展，从而为乡村社会治理注入了持久而强劲的动力。

吸取我国历史教训和国际经验，当下我国乡村社会治理要顺利推进、取得实效，必须充分考虑和尊重广大农民的主体地位与现实诉求，真正相信农民、依靠农民。离开了对广大农民的信任和依靠，乡村社会治理必然是低效乃至负效的。

2. 要尊重农民，实现县乡党委和政府的理念优化与职能转变

农民的乡村社会治理主体地位能否落实，与县乡党委和政府的态度关系甚大。众所周知，自中华人民共和国成立至 20 世纪 80 年代，在"政社合一"的行政管理模式下，国家通过人民公社制度牢牢控制着乡村社会，成为乡村社会治理的主要主体甚至唯一主体。随着 20 世纪 80 年代"乡政村治"模式的开启与实施，以及村民民主意识的不断增强，国家权力在乡村基层社会大为回缩，村民自治力量虽大幅发展，但总体上仍处于被动与被挤压状态之中，在某些地区村民自治流于形式、实效甚微。村民自治发展不善、农民主体地位不实，这既有悖于我国基本政治制度的内在要求，也不利于乡村社会治理的顺利推进。

在当前"创新乡村社会治理"的时代背景和政策要求下，尽管强调乡村社会治理要坚持主体多元、多方参与，但"党委领导、政府负责"的原则不可动摇，这也是乡村社会治理的"中国特色"的重要表现和重要优势。但问题是，县乡党委和政府在"主导"和"负责"乡村社会治理时，首先必须树立以农民为中心的治理理念，坚持尊重农

---

① 秦柳：《国外农村社区管理及对中国的启示》，《世界农业》2014 年第 9 期。

民、依靠农民，真正实现由"制"到"治"、由"管控"到"服务"的观念转变。政府要坚决摒弃传统的行政化和强制性的管制思想，彻底打破权力垄断和长官意志，牢固树立以人为本、公众参与、行政民主、共同治理、强化服务的观念，加快建成人本型、服务型政府。体现在乡村社会治理的具体实践中，要求县乡政府在"负责"乡村社会治理时，充分尊重农民意愿、相信农民智慧，实现"让农民做主"，切实改变以往在管理乡村事务时"以我为主""为民做主"的惯性思维与实践做法，把农民真正视为重要治理主体并向其放权赋能。特别是在村民自治过程中，要确保民主选举、民主管理、民主决策、民主监督的有效实施，让农民自己决定自己的事务，从而调动农民参与乡村社会治理的积极性；应了解农民的生活状况、贴近农民的现实诉求、尊重农民的真实意愿，并欢迎和支持农民参与到治理中来，确保农民有更多的机会表达自己的意愿与利益诉求，让农民成为治理决策的制定者、治理过程的参与者、治理成效的受益者，使农民在治理中感到有尊严、被尊重，而不是"无地位""被治理"。

3. 要引导农民，健全农民参与乡村社会治理的制度保障

乡村社会治理不仅要多元主体协同，更需要建立健全相应的制度规范，使农民参与乡村社会治理有依据、有保障，从而引导农民有序、高效地参与乡村社会治理。

第一，要构建有利于农民参与乡村社会治理的教育制度。没有人是天生的、合格的社会治理者，人的社会治理愿望的增强和社会治理能力的提高都是在后天的教育与历练中实现的。特别是对于文化程度不高、民主意识不浓、管理能力不强的普通农民而言，"严重的问题是教育农民"的革命经验在当下仍然是适合的。但是，对农民的教育不能"浮光掠影""浅尝辄止"，也不可能"毕其功于一役"，而必须通过常态化、高效化的教育培训制度保障，真正让农民实现"我能做主"，即在强有力的制度保障下，通过宣传、教育、引导、培训等方式，使广大农民认识到自身在乡村社会治理中的主体地位，强化他们的公民意识、主体意识和自治意识，并施之以必要的文化教育、政策宣讲和技能培训，提高他们的治理能力，进而使之主动、有序、高效地参与到乡村社会治

理实践中去。

第二，要构建对县乡政府权力的监督制约制度。县乡政府虽然处在整个行政权力体系的末端，但由于其最直接行使着乡村社会治理的权力，并且长期以来缺乏有效的监督机制对其权力进行制约和监督，所以在实际操作中其权力行使相对松弛、弹性太大，因此有损党和政府的权威性和公信力。要想真正落实农民在乡村社会治理中的主体地位，就要还权力于农民，通过加强上级政府监督、公众舆论监督和普通农民监督，从多个维度构建县乡政府权力监督体系，确保其权力行使公正透明、廉洁高效，防止对农民自治权利的干预和侵蚀。

第三，要为农民参与乡村社会治理搭建便捷高效的制度平台，特别是农民意见建议的表达平台、收集平台和管理平台，并创新、拓宽农民参与乡村社会治理的具体形式和渠道。通过这些平台和形式，既可对乡村社会治理的相关事务进行及时透明的公开公示，也可使县乡政府与农民形成良好的互信互动，从而确保乡村社会"治理有效"。

二 实践主体之思：乡村社会治理应重视发挥农民的主体作用

（一）人民是实践主体：马克思对人民历史主体地位的确证

马克思唯物史观重视"人"在历史发展中的作用，但其所谓的"人"不是脱离现实生活的抽象的人，而是从事实践活动的具体的人；马克思唯物史观认同人民作为社会历史创造者的主体地位，但人民的历史主体地位并非由马克思或唯物史观赋予的，也不是凭借某一科学理论抽象或推演出来的，而是由实践确证的，并在实践中不断体现和彰显出来的。马克思指出："凡是把理论引向神秘主义的神秘东西，都能在人的实践中以及对这种实践的理解中得到合理的解决。"[①] 马克思主张从实践出发来考察人和人类社会的本质，进而考察人民群众在社会历史发展中的地位与作用，这正是历史唯物主义与其他旧唯物主义、旧历史观

---

① 《马克思恩格斯选集》第 1 卷，人民出版社 2012 年版，第 135—136 页。

相区别的根本标志。

1. 实践对于人类社会的重要意义

按照马克思的观点，人的实践对于人类社会的重要意义，至少可以从两个层面加以体认。

第一，从历史生成的角度来说，人类社会是因为有从事实践活动的人的产生而产生的。人类社会是囊括全部社会关系的一个总范畴，而人的本质的现实表现恰在于实践基础上所形成的社会关系总和。缺失了人和人的实践活动，也就无所谓人类社会。在《德意志意识形态》中，马克思明确了建构正确历史观即唯物史观的理论前提，即承认"现实的个人"的存在。他指出："我们的出发点是从事实际活动的人。"[①] 在这里，"现实的个人"指的是具有实践能力、从事实践活动的有生命的人。在此意义上说，人是构成社会的基本元素，社会历史就是人的实践活动在时间和空间上的展开。在马克思之前，无论是黑格尔还是费尔巴哈，之所以未能确立起唯物的历史观，反而滑入唯心主义历史观的泥潭之中，原因不在于他们目中无"人"，而在于他们所讨论的"人"都是抽象的人，在于他们否认了"人"的现实性和实践性。而马克思唯物史观的逻辑起点是承认"现实的个人"，即处于一定生产关系中的，为了满足自身的衣、食、住、行等自然需要而不得不从事物质生产的人。人们正是因为开展了这些有计划、有目的的实践活动，才造就了人类社会。"现实的个人"与人类社会是并存共生、内在统一的，人类社会是"现实的个人"的集合，"现实的个人"是人类社会的细胞。没有"现实的个人"的实践活动，就不可能有人类社会的产生和社会历史的开启；不承认"现实的个人"及其实践活动的存在，就不可能确立科学的历史观。

第二，从现实发展的角度来说，社会是以人的实践活动为存在根基的。"人不是抽象的蛰居于世界之外的存在物"[②]，人与动物的根本区别在于人的实践活动以及在此基础上所建立起来的社会关系。实践不仅是

[①] 《马克思恩格斯选集》第 1 卷，人民出版社 2012 年版，第 152 页。
[②] 《马克思恩格斯选集》第 1 卷，人民出版社 2012 年版，第 1 页。

人与动物的"分水岭",也是人类社会同纯粹的自然界区别开来的现实手段,更是人的存在方式和社会生活的根基所在。没有人的主体性、实践性活动,就无所谓人类社会和社会历史。人们正是在实践中不断产生新的需要、扩大社会交往,并据此建立各种各样的社会关系,而这些社会关系则凝结构成社会生活,"全部社会生活在本质上是实践的"①。人作为从事着实践活动、切实存在和生活于社会中的主体要素,是推动人类社会发展的能动力量。正如列宁所言,人"生活在各种不同的、历史地更替的、由社会生产制度因而由分配制度决定的社会机体中"②,人的实践活动的"合力"决定着人类社会的最终发展方向。人们正是通过自觉的实践活动来认识世界和改造世界,从中创造出自己生存、生产和生活所需要的各类产品,进而在实现个体价值和社会价值的同时,维系着人类社会的存在与发展。脱离了实践活动,就不可能有人的生存与人类社会的存在,人民的历史主体地位更无从谈起。

2. 实践的基本样态

人的实践活动虽然具有多种样态,但最根本、最基础的是物质生产活动。恩格斯在《家庭、私有制和国家的起源》第一版序言中指出,"根据唯物主义观点,历史中的决定性因素,归根结底是直接生活的生产和再生产"③,而"直接生活"的基础和首要条件在于物质生产活动。人们进行物质生产不仅仅是为了满足自身的生活需求,也是整个人类社会存在和发展的必要条件和根本动力。马克思正是从这个朴素而真实的客观实际出发,揭示出社会历史的基本规律。他和恩格斯在《德意志意识形态》中写道:"因此我们首先应当确定一切人类生存的第一个前提,也就是一切历史的第一个前提,这个前提是:人们为了能够'创造历史',必须能够生活。但是为了生活,首先就需要吃喝住穿以及其他一些东西。因此第一个历史活动就是生产满足这些需要的资料,即生产物质生活本身。"④ 在任何时代、任何社会制度下,物质生产都处于

---

① 《马克思恩格斯选集》第1卷,人民出版社2012年版,第135页。
② 《列宁全集》第1卷,人民出版社1984年版,第414页。
③ 《马克思恩格斯选集》第4卷,人民出版社2012年版,第13页。
④ 《马克思恩格斯选集》第1卷,人民出版社2012年版,第158页。

基础性、决定性地位，而劳动人民则是物质生产的主要承担者。当然，伴随着人们物质需求的满足，会产生出精神文化层面的需求，为此就要进行精神文化生产活动。正如马克思在《〈政治经济学批判〉导言》中所言："希腊艺术的前提是希腊神话，也就是已经通过人民的幻想用一种不自觉的艺术方式加工过的自然和社会形式本身。"[①] 精神产品是人民为满足自身精神需求而创作出的意识型产品，其来源于人民的现实生活，并在人民的劳动实践中不断发展。

（二）乡村社会治理应充分发挥农民的主体作用

综上所论，人民作为社会实践的主体，他们通过实践活动一方面生产出丰富的物质财富，另一方面也创造出宝贵的精神财富，实践活动是一切社会财富产生的终极源泉。此外，人民还通过阶级斗争、社会革命与改革等实践形式，实现生产关系与社会制度的变更与调整，从而推动整个人类社会的不断发展。失去了人民的实践活动，不仅人民的历史主体地位势必落空，整个人类社会也势必无法存在和发展。马克思主义的这一原理启示我们，在开展乡村社会治理时，不应仅把农民视为理论上的应然主体，更应把农民作为实践中的实然主体，重视发挥农民的实践主体作用。这是因为，乡村是广大农民集聚居住并从事生产活动的天然区域，它因农民而生、为农民而存，农民是乡村社会的"剧作者"和"剧中人"，是乡村社会最基本的活动主体，乡村经济社会事业的发展都有赖于农民。随着城镇化的快速推进，虽然农民的绝对数量逐步减少，但目前我国依旧是农民占据全国人口很大比重的一个国家。国家统计局数据显示，2020年我国的乡村常住人口为50979万人，约占全国总人口的36.11%，农民因其庞大的人口基数在国家经济发展、政治建设、文化繁荣、社会稳定等诸方面均发挥着举足轻重的作用。乡村振兴战略的实施、农业农村现代化的实现，无疑仍是以尊重农民主体地位、充分调动农民主动性和积极性为前提和基础的。因此，要认真领会和践行党中央提出的"把解决好'三农'问题作为全党工作重中之重"的

---

① 《马克思恩格斯选集》第2卷，人民出版社2012年版，第711页。

科学理念，尤其要高度重视和妥善解决作为"三农"问题核心的农民问题，绝不能借口农业在国民生产总值中的比重下降了、农村城镇化进程加快了、农村常住人口数量减少了，而轻视甚至歧视农民。

具体到乡村社会治理而言，虽然我们主张治理主体的多元化，但并不意味着抹杀农民在乡村社会治理中的重要地位，他们无疑是不可或缺的治理主体。完全可以这样说，乡村社会治理预期目标的实现与否，主要不是取决于政府设计推动、学界呼吁建议、社会协同参与等"外因"，而是必须依靠来自乡村社会内部的农民自身的力量，实现农民的全过程参与，切实发挥农民在乡村社会治理中的主体作用，努力打造农民共商共治共享的乡村社会治理新格局。须知，乡村社会治理之所谓"治理"而非"管理"，本身就意味着对农民作为治理主体的重视，意味着官方与民间力量的互补与合作。对于乡村社会治理，不管外界如何思想重视、行动积极，但如果农民自身对此无动于衷、不见于行，反而成了旁观者、静待者，乡村社会治理必然是低效乃至无效的。

当前，要发挥好农民在乡村社会治理实践中的主体作用，首要的是抓好"亲近""内聚""外引""监督"这四大环节，以提升农民在乡村社会治理中的主体意识与主体规模。

1. 亲近

所谓"亲近"，即作为"领导"和"负责"乡村社会治理的县乡党委政府，应该主动地亲近农民，听取农民的意愿与呼声，赢得农民的认同与支持，增进与农民的联络与情感，以便把农民组织和发动起来，使之真正成为参与乡村社会治理的主体力量。如果县乡党委政府内心里不真正重视农民、行动上不主动亲近农民，甚至"高高在上"，乡村社会治理就可能演变成县乡党委政府一厢情愿的"独角戏"，而农民仅成为乡村社会治理的"旁观者"，这样的乡村社会治理注定不可能成功。恩格斯晚年在《法德农民问题》中谈到无产阶级政党的任务和社会主义运动的开展时指出："为了夺取政权，这个政党应当首先从城市走向农村，应当成为农村中的一股力量。"[1] 也就是说，无产阶级及其政党

---

[1] 《马克思恩格斯选集》第 4 卷，人民出版社 2012 年版，第 356 页。

欲把农民发动组织起来参加社会主义运动，不应在城市坐等农民主动前来与之结盟，而应该放低身段、主动离开城市前往农村，去亲近农民、引导农民，成为能够真正与农民打成一片、融为一体的"一股力量"，这样才能赢得农民的衷心认同与坚定支持。相反，无产阶级及其政党如果自视清高、鄙夷农民，或者仅向农民隔空喊话而不主动下乡与农民为友，不对农民予以情感关爱和利益维护，工农联合势必难以形成、社会主义势必难以成功。恩格斯的这一思想，无疑为无产阶级及其政党指明了有效开展农民和农村工作的正确方向。在中国新民主主义革命时期，正因为有大批党员干部跑到"那熟悉的或不熟悉的乡村中间去，夏天晒着酷热的太阳，冬天冒着严寒的风雪，挽着农民的手，问他们痛苦些什么，问他们要些什么"①，所以才赢得了广大农民的支持拥护、保障了民主革命的最终成功。在如今的社会主义新时代，虽然已在中华大地上全面建成了小康社会、农村脱贫攻坚取得了决定性胜利，但我们仍须清醒地认识到，我国经济社会发展不平衡突出表现为城乡之间的不平衡、发展不充分突出表现为农村发展不充分，关系广大农民切身利益的农村公共基础设施建设、农村人居环境整治、农村文化教育发展、农村医疗卫生服务等现实问题仍需着力解决。因此，党和国家支持关爱农民的步伐不能缓、力度不能减，特别是县乡党委政府还要主动细致地做好农民工作。当然，鉴于改革开放以来农民已发生了显著的阶层分化，目前已分化为"农村干部、农村企业主、农村个体户、打工者、兼业务农者、纯务农者和无业者"②等多个阶层，因而在开展农民工作时，既要顾及广大农民的普遍意愿和整体利益，又要针对各个农民阶层的独特情况，尤其要关注纯务农者和无业者的发展与利益。唯有如此，才能形成汇集广大农民力量和利益的"最大公约数"，将"共建共享"原则体现在乡村社会治理之中，使乡村社会治理成为全体农民的利益所在和共同行动。

---

① 《毛泽东文集》第1卷，人民出版社1993年版，第39页。
② 王春光、赵玉峰、王玉琪：《当代中国农民社会分层的新动向》，《社会学研究》2018年第1期。

2. 内聚

所谓"内聚",即加强对农民的文化教育引导,以增强乡村社会治理的主体内聚力。要使农民成为乡村社会治理实践中的真正主体,显然不能单凭农民的主观热情和外界的客观保障,而关键在于提升农民的主体意识,克服其依赖意识、顺从意识和无为意识,并在此基础上聚合成为行动中的而非口号或理论中的治理主体。农民作为乡村社会治理的"内因",只有其主体意识增强了、内聚力提高了,其在乡村社会治理中的主体作用才能真正发挥出来。增强农民的主体意识和内聚力,无疑有赖于对农民的文化教育引导,使农民具备参与乡村社会治理所必需的理念、知识与能力,从而培育造就重教育、爱学习、有文化、懂管理、善经营、敢创新的新型农民,进而为推进乡村社会治理奠定良好的人力基础。培育新型农民、提高农民素质,既是乡村社会治理的必要条件,也是乡村社会治理的重要目标。农民的文化教育水平提高了,对乡村社会治理有了深入了解和正确认识,才能增强主体意识,从而积极参与和配合乡村社会治理工作。毋庸讳言,当前乡村的文化教育发展水平无论与城市相比还是与乡村社会其他领域相比都较为滞后,与推进乡村社会治理的实践要求不相适应,从而也影响着农民文化水平的提高和主体意识的增强。鉴于此,必须在强化乡村医疗卫生事业发展、提高农民健康水平的同时,加快乡村文化教育事业发展,优化乡村学前教育、义务教育、高中教育、职业教育等教育结构,提高农民教育培训的水平与质量。同时,应引导文化资源下乡,盘活和开发乡村本土的、现有的文化资源,加强乡村公共文化设施建设,促进乡村文化产业健康发展,组织和创办丰富的文化娱乐活动,向农民提供多元化的优质公共文化服务,并将乡村社会治理的相关理念和知识融入对农民的日常文化教育活动中,以期在提高农民文化素质的同时增强其主体意识。此外,还要引导农民认清乡村社会治理与自身利益的密切关系,增强其对乡村公共事业的认同感、责任感,进而提高其参与乡村社会治理的积极性和主动性。

3. 外引

所谓"外引",即吸引乡村精英①回流和城镇优秀人才下乡,以扩大提高乡村社会治理的主体规模与水平。在传统的乡村社会治理中,"精英治理"的特征明显,农民更乐于相信和追随乡村社会中有较多才能、较高威望的精英人士,乡村精英对普通农民有较强的感召力和凝聚力。但由于城镇化进程的加快和城市优越经济社会条件的吸引,长期以来出现了大量乡村精英外流现象,这对本来就人才短缺的乡村发展来说无异于雪上加霜。对乡村精英进行正确的发动和引导,使其认识到自身在乡村社会治理中的应有责任并积极地参与其中,这对于其他农民也具有良好的表率和带动效应,从而有利于乡村社会治理的顺利进行。而现阶段我国的乡村人口净流出严重,特别是乡村精英的流失对于乡村社会治理水平的提高非常不利。因而,引导乡村精英适度回流、发挥其在乡村社会治理中的作用,是推进乡村社会治理的必然之举。为此,首先要因地制宜地采取有效措施、出台优惠政策,以便让离开家乡的乡村精英看到乡村发展的良好机遇和美好前景,激发他们效力家乡建设的主动性和责任感,从而感召他们回到家乡并参与到当地的乡村社会治理中。在引导乡村精英回流的同时,还可以从城镇适当吸引一些具有较强公共精神和社会治理才干的优秀人才下乡,为乡村社会治理注入新的文化力量和先进的治理观念,以便提高乡村社会治理的主体规模与水平。

4. 监督

所谓"监督",即保障农民的参与权和监督权,以实现农民对乡村社会治理的有效监督。既然农民是乡村社会治理的重要主体和实际受益者,因此其在乡村社会治理中就不仅应享有参与权,还应享有监督权。农民的内聚力再强、数量规模再大,但如果不能在有效参与的基础上实现对乡村社会治理的有效监督,其在乡村社会治理中的主体作用势必会大打折扣。农民对乡村社会治理的有效监督,有利于乡村社会治理相关

---

① "乡村精英是在乡村社会分化过程中积累了大量优势资源,并据此在乡村公共事务中有较大话语权和影响力的特殊群体",包括以乡村干部为代表的政治精英、以农民企业家为代表的经济精英、以乡村文化技术人才和宗族领袖为代表的社会精英等三大类。参见刘伟、彭琪《结构洞理论视角下的乡村精英与乡村振兴》,《江汉论坛》2020年第11期。

政策的贯彻落实,是确保农民主体地位、提高乡村社会治理实效的重要保障。要实现农民对乡村社会治理的有效监督,需要具备如下几个基本条件:一是转观念。由于以往政府势力强而乡村社会力量弱,加之"村两委"处理乡村事务时经常存在专断态度,最终导致农民的"监督无力"或"监督无处",村民自治中的"民主监督"也往往被虚化、被无视。因此,要实现农民对于乡村社会治理的监督,必须首先改变乡镇政府以及"村两委"的旧观念,使其树立起敢于并甘于被监督的新观念。二是建机制。要建立健全相应的监督机制,实现农民监督的制度化、规范化。可考虑选取部分知识多、能力强、政治素养高的村民组成村级以及乡镇一级的监督委员会,用以监督村镇两级的社会治理活动。同时,应建立相应的公示制度,乡镇政府以及"村两委"应定期将财务状况、政策落实情况、工作进度等内容向村民监督委员会公示,以便于民众监督。三是立法律。法治是社会治理的必然要求。完善乡村法治体系、建设法治乡村,是加强和优化乡村社会治理的治本之策。因此,应考虑将农民对乡村社会治理的监督权上升至法律层面,予以明确的法律保障,从而增强农民监督乡村社会治理行为的合法性。四是提素质。农民在乡村社会治理中的主体地位的落实和监督权的实现,固然有赖于上述客观条件和外部因素,但也受制于农民自身的主观愿望和综合素质。农民的综合素质体现在身体素质、文化水平、劳动技能、品德修养等多个方面,但就开展乡村社会治理而言,主要应在于提高其民主观念、自治意识与公共精神。为此,要大力发展乡村教育事业,加快农村公共文化建设,优化农民的价值观念和精神风貌,在乡村培育文明乡风、良好家风、淳朴民风,从而为优化乡村社会治理营造良好的社会氛围。

三 利益主体之思:乡村社会治理应以增进农民根本利益为根本归宿

(一)人民是利益主体:马克思对人民的价值关怀

价值关怀可分为两个向度,即终极关怀和现实关怀,前者体现为对人的存在本质的关注，后者体现为对人的具体存在方式的关注①。

1. 人类社会发展的终极关怀

从终极关怀来看，人类社会发展应该以实现人的解放和人的全面自由发展为根本目标。马克思认为，人是社会的细胞，人的本质是一切社会关系的总和；社会是人的集合和全部社会关系的体现，"是人们交互活动的产物"②，社会的一切活动都应该以人为出发点和落脚点。相对于社会的发展而言，人既是手段更是目的。马克思在论及人的个体发展与社会发展的关系时指出："人们的社会历史始终只是他们的个体发展的历史。"③ 评判一个社会的发展水平，不应单纯看其生产和拥有的物质财富和精神财富的多少，归根结底要看在该社会中生活的人的发展状况。如果离开人的发展而去谈论社会的发展，必然是空洞而无益的。其实，正是依据人的发展状况，马克思从历史性维度将人类社会划分为"三大社会形态"，即人的依赖性社会、以物的依赖性为基础的人的独立性社会、人的自由全面发展社会，并明确指出社会历史发展应该以一切人的自由全面发展为价值旨归，以达到"自由人联合体"为最终目标。正如恩格斯所言，作为"自由人联合体"的共产主义社会，"将使自己的成员能够全面发挥他们的得到全面发展的才能"④。因此，"现实的个人"作为社会的造就者和推动者，也必应成为社会发展成果的占有者和享受者。离开人的发展和利益去谈论社会的存在与发展，在理论上是错误的，在实践上是有害的。

2. 人类社会发展的现实关怀

从现实关怀来看，人类社会发展应该注重满足和维护人民的现实利益。人是有自身利益需求并为满足此需求而自觉开展实践活动的高级动物，"现实的个人"的第一个历史活动就是为满足吃穿住等基本利益需求而去生产物质资料的活动。无论何时何地，人们进行的各种社会实践活动，都不会是漫无目的、随心所欲的，而必定是为了满足一定的利益

---

① 张军：《价值关怀的两个向度及其统一性》，《中国人民大学学报》2004年第3期。
② 《马克思恩格斯选集》第4卷，人民出版社2012年版，第408页。
③ 《马克思恩格斯选集》第4卷，人民出版社2012年版，第409页。
④ 《马克思恩格斯选集》第1卷，人民出版社2012年版，第308页。

needs，尽管这种利益未必是个人利益，还包括国家和社会的公共利益。马克思在早年就曾指出："人们为之奋斗的一切，都同他们的利益有关。"① 人民是社会历史的创造者，人类社会的发展水平和发展趋向归根结底取决于能否满足以及在多大程度上满足人民的总体利益。当然，这绝不意味着可以忽视和牺牲个体利益，相反，总体利益的达成必须基于对个体利益的尊重与满足。个人对自身合理利益的追求与满足，才是社会存在发展的首要条件和原初动因。马克思一向重视个体利益，并多次强调个体利益对于社会发展的重要性。比如，他在《神圣家族》中指出："感性的特性和自尊、享乐和正确理解的个人利益，是全部道德的基础。"② 满足个人生存需要和实现个体利益，是人们从事实践活动、助推社会进步的基本前提。显然，马克思对人民总体利益和社会发展问题的考察，是以对个体利益的关注为逻辑起点的。究其原因，是因为人不是抽象的、纯粹生物学意义上的存在物，而是具体的、存在于一定社会关系中的人。社会是个人的集合，个人是社会的细胞，舍弃了个人的社会是不存在的，无视个人利益的社会也是难以发展的。把人和社会"连接起来的惟一纽带是自然的必然性，是需要和私人利益"③。既然如此，这就要求旨在改造社会、恪守人民立场的无产阶级政党所选择的一切措施、所采取的一切行动，都要始终从人民群众的根本利益出发。马克思早在学生时代就树立了为全人类谋幸福的观念，他在中学作文中提出了青年人在选择职业时应遵循的两个原则，一是要契合自身完美的天性，二是要兼顾全人类的幸福，并认为当我们为人类而劳动的时候，我们感到的就不再是自私且有限的快乐，而是属于千百万人的快乐与幸福。后来，他的这一理念又被体现到了对无产阶级的阶级属性和历史使命的认识上，即他和恩格斯在《共产党宣言》中所强调的："无产阶级的运动是绝大多数人的，为绝大多数人谋利益的独立的运动。"④ 作为共产党人，应该"没有任何同整个无产阶级的

---

① 《马克思恩格斯全集》第1卷，人民出版社1995年版，第187页。
② 《马克思恩格斯文集》第1卷，人民出版社2009年版，第333页。
③ 《马克思恩格斯全集》第3卷，人民出版社2002年版，第185页。
④ 《马克思恩格斯选集》第1卷，人民出版社2012年版，第411页。

利益不同的利益"①，他们的价值追求与广大无产阶级和人民群众应该是完全一致的，"革命的开始和进行将是为了利益，而不是为了原则，只有利益能够发展成为原则"②。不仅革命如此，共产党的所有活动、政策、方针都应该以满足人民利益为根本目标，其正确性和合理性也应该以广大人民的利益满足度和满意度为验证标准。不承认和保护人民群众的正当利益，社会就难以发展进步，国家也就失去了其存在的必要；不认可和尊重人民利益在国家与社会发展中的重要地位，就不是唯物主义者。

（二）乡村社会治理应以增进农民根本利益为根本归宿

马克思的上述思想启示我们，恪守人民利益至上之原则，是对人民主体地位的充分尊重和对历史发展规律的应然遵循，社会主义革命和建设事业的发展无疑须以满足和维护广大人民的利益为根本出发点和归宿点。列宁早就指出：利益特别是经济利益是"人民生活中最敏感的神经"③，进行革命和建设不能单凭政治热情，而必须结合个人利益的实现；"同个人利益结合，能够提高生产"④。而坚持人民的利益高于一切、全心全意为人民谋利益，正是中国共产党一以贯之的执政理念和最高价值追求，也是中国进行革命、建设与改革的最高行为准则。早在新民主主义革命时期，毛泽东就强调：党的一切工作的出发点是"全心全意地为人民服务，一刻也不脱离群众；一切从人民的利益出发，而不是从个人或小集团的利益出发"⑤；"共产党人的一切言论行动，必须以合乎最广大人民群众的最大利益，为最广大人民群众所拥护为最高标准"⑥。邓小平在领导中国特色社会主义建设的实践中进一步指出："中国共产党员的含意或任务，如果用概括的语言来说，只有两句话：全心

---

① 《马克思恩格斯选集》第1卷，人民出版社2012年版，第413页。
② 《马克思恩格斯全集》第3卷，人民出版社2002年版，第411—412页。
③ 《列宁全集》第16卷，人民出版社1988年版，第137页。
④ 《列宁全集》第42卷，人民出版社1987年版，第176—177页。
⑤ 《毛泽东选集》第3卷，人民出版社1991年版，第1094—1095页。
⑥ 《毛泽东选集》第3卷，人民出版社1991年版，第1096页。

全意为人民服务，一切以人民利益作为每一个党员的最高准绳。"① 习近平总书记主政伊始就郑重指出：人民群众是我们力量的源泉，人民对美好生活的向往，就是我们的奋斗目标。党的十八大以来，以习近平同志为核心的党中央进一步将这一奋斗目标升华为"中华民族伟大复兴的中国梦"，并认为中国梦归根结底是人民的梦，必须不断为人民造福，把实现人民幸福作为党的全部事业的价值归宿和最终落脚点。习近平总书记多次强调，人民是中国特色社会主义事业发展成效的最高裁决者和最终评判者，"让群众满意是我们党做好一切工作的价值取向和根本标准"②，"要把人民放在心中最高位置，坚持全心全意为人民服务的根本宗旨，实现好、维护好、发展好最广大人民根本利益，把人民拥护不拥护、赞成不赞成、高兴不高兴、答应不答应作为衡量一切工作得失的根本标准"③。"检验我们一切工作的成效，最终都要看人民是否真正得到了实惠，人民生活是否真正得到了改善，人民权益是否真正得到了保障。"④

既然"一切工作"都要以实现群众满意、维护人民利益为根本标准，那么社会治理工作自然也不例外。社会治理也不应为治理而治理，其出发点和落脚点都应在于维护和增进人民利益。习近平总书记在论及社会治理时明确指出："创新社会治理，要以最广大人民根本利益为根本坐标，从人民群众最关心最直接最现实的利益问题入手。"⑤ 具体到乡村社会治理而言，就是要始终以农民意愿为决策依据，以农民期盼为行动指南，以农民受益为现实目标，把维护增进农民利益、实现农民美好生活置于乡村社会治理的首要位置，以农民的利益得失作为检验治理成效的根本评价标准。乡村社会治理归根结底是为农民谋福利的事业，其达标与否、成效大小，农民自身是最有发言权的，也只能通过农民才

---

① 《邓小平文选》第1卷，人民出版社1994年版，第257页。
② 习近平：《在党的群众路线教育实践活动总结大会上的讲话》，《人民日报》2014年10月9日第2版。
③ 《习近平谈治国理政》第2卷，外文出版社2017年版，第40页。
④ 《习近平谈治国理政》第1卷，外文出版社2018年版，第28页。
⑤ 中共中央文献研究室：《习近平关于社会主义社会建设论述摘编》，中央文献出版社2017年版，第129页。

能得到有效验证。当前，要做到在乡村社会治理中增进农民利益，最紧要的是抓好如下两大环节。

1. 逻辑前提：优化治理理念

科学理念是正确行为的前提与先导。在乡村社会治理的主体结构中，不管是哪一主体，在开展乡村社会治理活动之前和之中，首要的是确立科学的治理理念，以确保乡村社会治理的正确航向。这一科学理念和正确航向的核心点在于，必须坚持把增进农民根本利益作为乡村社会治理的出发点和落脚点。其中，县乡政府作为乡村社会治理的"负责者"，其治理理念与行为对于能否坚持乡村社会治理的这一正确航向影响甚大。在传统政绩观的影响下，县乡政府虽然也以利益需求为导向，但它往往是以政府自身的利益需求为主的一种导向，并未真正做到以农民为中心。在当下的乡村社会治理中，县乡政府应切实摒弃传统的"政绩为上"的理念，坚持以农民的利益需求为导向去"负责"乡村社会治理，把农民利益的实现程度作为乡村治理工作的根本评价标准，让农民从乡村社会治理中切身体会到货真价实的"利益获得感"。必须明确的是，"人民在任何时候都是主体、是中心，不能被去主体化、边缘化；人民利益在任何时候都是最根本、最核心的利益，不能被取代、蚕食"[①]。2018 年党中央、国务院印发的《乡村振兴战略规划（2018—2022 年）》就实现乡村振兴提出的一个基本原则就是："把维护农民群众根本利益、促进农民共同富裕作为出发点和落脚点，促进农民持续增收，不断提升农民的获得感、幸福感、安全感。"[②] 乡村社会治理作为实施乡村振兴战略的重要内容和重要条件，无疑也应遵循这一原则要求，即坚持以农民为中心的利益导向，把增进农民根本利益作为乡村社会治理的出发点和落脚点。农民作为乡村社会中的"现实的个人"，不仅应是乡村社会治理的实践主体和依靠力量，更应是乡村社会治理的评

---

① 孙欢、廖小平：《论毛泽东人民主体价值观对维护中国价值安全的启示》，《湘潭大学学报》（哲学社会科学版）2018 年第 1 期。

② 《中共中央国务院印发〈乡村振兴战略规划（2018—2022 年）〉》，《人民日报》2018 年 9 月 27 日第 1 版。

价主体和受益对象,这是"以人民为中心"的发展思想在乡村社会治理中的应然体现。无论哪一地区的乡村社会治理,也无论何种模式的乡村社会治理,归根结底都应坚持以农民为本、为农民服务,其主旨都应在于不断增进广大农民的利益福祉。农民意愿是否得到尊重、农民生活是否获得改善、农民权益是否得以保障,是检验乡村社会治理工作成效的根本标准。换言之,乡村社会治理绝不能单纯追求乡村社会的和谐稳定,而要紧紧围绕广大农民的利益福祉,不断改善其生活质量、提升其幸福指数。如果农民没有从中得到真正实惠,甚至有害无利,乡村社会治理也就失去了其应有的意义。

2. 关键之举:增大资源供给

乡村社会治理是一个系统工程,涉及乡村的经济发展、社会事业建设、人才培养与配备、组织与制度建设等多个方面,因而需要大量的资源投入特别是资金投入,这是推进乡村社会治理的关键之举。反观当下,我国乡村社会治理普遍面临着资源自我供给不足、无钱可花、无力治理的严重问题,特别是对那些经济落后村、"空壳村"而言,乡村社会治理所需要的资金投入更是难以保障。鉴于我国乡村地域辽阔、人口众多,乡村建设的"历史欠账"较多,因此,目前乡村社会治理所需资金不可能全靠政府投入或社会捐赠,而必须积极盘活和拓展乡村内部资源,通过乡村经济的自我振兴、自我发展而增大乡村社会治理的资源供给。其中,增大资源供给、进而更好地维护农民利益的一个必要途径就是发展壮大集体经济。事实证明,乡村集体经济空虚是影响乡村社会治理优化和农民利益水平提高的重要因素。2017 年 6 月,习近平总书记在深度贫困地区脱贫攻坚座谈会上指出:"全国 12.8 万个建档立卡贫困村居住着 60% 的贫困人口,基础设施和公共服务严重滞后,村两委班子能力普遍不强,四分之三的村无合作经济组织,三分之二的村无集体经济,无人管事、无人干事、无钱办事现象突出。"[①] 可见,集体经

[①] 习近平:《在深度贫困地区脱贫攻坚座谈会上的讲话》,《人民日报》2017 年 9 月 1 日第 2 版。

济虚弱,是某些农村地区深度贫困的重要表征和重要成因。2016年12月党中央、国务院发布的《关于稳步推进农村集体产权制度改革的意见》中也指出,要"坚持农民集体所有不动摇,不能把集体经济改弱了、改小了、改垮了"①。在坚持农村土地集体所有的前提下,完善农村基本经营制度、发展集体经济的过程,也是实现乡村有效治理的过程。② 要发展壮大乡村集体经济,首先要充分认清集体经济对于发展乡村经济、巩固乡村基层政权的重要性,并从制度完善、人才配备等方面打造精干的乡村集体经济组织,强化乡村集体经济组织的发展能力和治理能力。其次,要大力促进农村经济合作组织的发展。现阶段的乡村经济合作组织大多规模较小、覆盖面较窄、发展能力较弱,因而需要从政策扶持、制度建设、资金投入等方面进行引导和支持,引导农民积极加入经济合作组织,以此带动和促进乡村集体经济的发展壮大。最后,推进乡村集体经济的股份制改革。在加大国家财政扶持的基础上推进乡村集体经济股份制,有利于增强乡村集体经济的发展活力,提高其抵御风险的能力。总之,只有通过多种措施促进乡村集体经济的发展壮大,才能保证和增大乡村社会治理所需的内部资源供给,提高乡村社会治理的效度与水平,进而增进广大农民的利益。

四 落实农民治理主体地位的重要组织载体:合作社

农民作为乡村社会的主人,是乡村社会治理的不可或缺的重要主体,乡村社会的有效治理离不开农民自身的广泛参与。但需要强调的是,鉴于乡村社会治理的复杂性、系统性和农民个体的差异性、私利性,农民孤立地参与乡村社会治理往往是低效、无效乃至负效的,分散的个体农民难以成为乡村社会治理的有效主体。为了落实农民在乡

---

① 《中共中央国务院关于稳步推进农村集体产权制度改革的意见》,《人民日报》2016年12月30日第1版。
② 徐祥临:《如何充分发挥农村土地集体所有制优势》,《国家治理》2019年第27期。

村社会治理中的主体地位，降低治理成本、提高治理实效，需要为农民参与乡村社会治理提供必要的组织载体，实现农民对乡村社会治理的组织化参与，避免其个体化、分散化、无序化参与。事实表明，合作社、乡贤会、专业协会、老年协会等乡村经济社会组织能够通过乡村的"熟人""人情"效应将农民吸入组织内部，再通过组织的力量参与乡村的公共事务治理，从而避免农民因过于分散而无法参与、无序参与、无效参与的问题，进而有效落实农民在乡村社会治理中的主体地位，提高治理的有序化、高效化程度。国际经验也表明，乡村经济社会组织确实是农民参与乡村社会治理的重要渠道，有利于提升农民在乡村社会治理中的话语权与影响力。比如，在日本，农民自治组织异常发达且具有相当的独立性，农民可以自由参加各种组织。日本鼓励集落、自治会和町内会等农民自治组织参与乡村社会治理活动，协助町、村行政开展乡村公共服务工作。据统计，日本目前大约有28万个町内会和自治会，都是由农民自愿参加、组合而成的。[1] 除此之外，日本政府积极扶持农业协同组合的发展，通过提供优惠政策、财政拨款、信贷支持等方式促进农业协同组合不断发展壮大，使其成为吸纳农民数量最多的乡村社会组织，在乡村社会治理中扮演着不可或缺的重要角色。再如，韩国同样高度重视农民自治组织对于乡村社会治理的重要意义。在"新村运动"中，韩国政府积极倡导成立农民自治组织，从制度建设、业务培训、财政支持、税收减免等层面助力农民自治组织发展，为新农村咨询协调委员会、邻里会组织、妇女协会、青年协会等乡村自治组织参与乡村社会治理提供广阔渠道，使其充分发挥自身优势，弥补政府治理的不足或空缺，从而大大提升了乡村社会治理的实际效能。

在我国目前的乡村社会治理过程中，虽然缺乏像日本、韩国这样发育良好的农民自治组织，但也不乏可资利用的组织载体，一个重要方面

---

[1] 邱春林：《国外乡村振兴经验及其对中国乡村振兴战略实施的启示——以亚洲的韩国、日本为例》，《天津行政学院学报》2019年第1期。

就是农民合作社。① 事实表明，农民合作社作为农民以实现自我管理、自我服务为目标的乡村基层群众性组织，有利于提高农民的参与度、凝聚力与合作性，是落实农民治理主体地位的重要依托。以下，笔者将结合马克思主义经典作家的相关理论阐述，论证依托合作社落实农民治理主体地位的可行性与现实性。

（一）合作社落实农民治理主体地位何以可能

依托合作社落实农民在乡村社会治理中的主体地位，绝非出于单纯的学术假设和理论推演，而是有其充分的实践缘由。无疑，乡村社会治理主体的残缺性和乡村社会治理水平的低下性，是依托合作社落实农民治理主体地位的基本缘由和首要前提。如果在既有的乡村社会治理格局中，治理主体众多、治理过程顺畅、治理效果优良、农民的治理主体地位已经充分彰显，那么，依托合作社落实农民治理主体地位也就没有必要了。当然，乡村社会治理主体的残缺性和治理水平的低下性，只是为依托合作社落实农民治理主体地位提供了必要性，其可能性则体现在以下两个方面。

1. 思想启迪：马克思主义经典作家关于农民合作社重要意义的理论阐述

马克思对合作社的关注，始于欧文等空想社会主义者所进行的合作社试验。在19世纪中叶的欧洲，以1844年罗虚戴尔公平先锋社的成立为标志的合作社运动普遍兴起，其时正是马克思唯物史观和无产阶级革

---

① 我国自改革开放以来，农民合作社是从众多的农民合作组织中逐步演化而来的一种类型，一开始并不存在真正意义上的农民合作社，所以，在农村改革初期的党的会议文件包括1982—1986年的"中央一号文件"中，一般不用"合作社"的提法，而是笼统称为"合作组织"或"合作经济组织"，2004—2007年的"中央一号文件"一般称之为"专业合作组织"，2008年的"中央一号文件"同时存在"专业合作组织"和"专业合作社"两个称谓，2009—2012年的"中央一号文件"统一称之为"专业合作社"，2013年至今的"中央一号文件"则改称为"合作社"。鉴于合作经济组织是合作社的母体或前身，国际上也一般把农民合作组织统称为"农民合作社"，因此，笔者在行文表述中，未对"合作社"与"合作组织"或"合作经济组织"进行严格区分，而是统称为"合作社"。笔者认为，这样做并不妨碍我们对改革开放以来我国农民合作社的基本内涵的认知与理解。

命思想的形成时期，这对马克思影响甚大。马克思认为，建立在生产资料资本家个人所有制基础上的雇佣劳动制度，是导致劳动人民疾苦和社会不公的总根源，也是实现社会主义的巨大障碍。通过消除生产资料私有制进而避免雇佣劳动和剥削，是社会主义的基本特征和重要目标，也是马克思、恩格斯一贯的理论主张。马克思、恩格斯早年之所以憎恨资本主义制度并最终走上与资本主义彻底决裂的道路，重要原因在于他们不能容忍劳动人民因处于被剥削地位而遭受苦难、陷入贫困。马克思主义追求的通过解放无产阶级进而解放全人类的最终目标，也唯有通过消除剥削雇佣劳动才能实现。欲避免雇佣劳动、消除剥削，其必由之路在于让劳动人民在生产资料公共占有基础上进行联合劳动和合作生产，而进行合作生产的重要组织载体就是合作社。马克思在指导国际工人协会建立和工人革命运动的过程中，不仅肯定了合作社运动对于降低资本家经济盘剥、维护工人经济利益的重要经济功能，更重视其对于反抗资产阶级政治统治、建立未来新社会的巨大政治功能，认为"合作运动是改造以阶级对抗为基础的现代社会的各种力量之一"[1]。换言之，在马克思的视野中，合作社在世界上虽然最早是作为贫穷工人的经济自救组织而出现的，但在其后续发展中，势必要承担起改造小生产并使之适应社会大生产，进而建成社会主义的政治功能。他在《法兰西内战》中总结巴黎公社的经验教训时，首次明确了以合作社为载体的合作生产与实现共产主义的密切关系，认为"如果合作生产不是一个幌子或一个骗局，如果它要去取代资本主义制度，如果联合起来的合作社按照共同的计划调节全国生产，从而控制全国生产，结束无时不在的无政府状态和周期性的动荡这样一些资本主义生产难以逃脱的劫难，那么，请问诸位先生，这不是共产主义，'可能的'共产主义，又是什么呢？"[2]。在这里，马克思充分肯定了合作社对于避免生产无政府状态、经济周期性动荡等资本主义弊端的重要意义，认为依托合作社开展合作生产是共产主义势必采取的一种实现形式。而恩格斯在1886年写给倍倍尔的信中

---

[1]《马克思恩格斯全集》第21卷，人民出版社2003年版，第271页。
[2]《马克思恩格斯选集》第3卷，人民出版社2012年版，第103页。

进一步总结道:"至于在向完全的共产主义经济过渡时,我们必须大规模地采用合作生产作为中间环节,这一点马克思和我从来没有怀疑过。"①笔者认为,此处马克思、恩格斯所谓的"合作生产"的主要载体和根本途径即合作社。马克思、恩格斯的这一思想观点,后来被充分体现到列宁所领导的苏俄社会主义建设实践中。列宁在论及合作社对于引导广大农民走上社会主义道路的重要意义时指出:合作社的发展也就等于社会主义的发展,合作社往往是同社会主义完全一致的。②当然,以合作社为组织载体的合作生产能够成为共产主义的中间环节并非无条件的,其必要前提是无产阶级夺取国家政权,并"使社会(即首先是国家)保持对生产资料的所有权"③。

在马克思看来,对于工人而言,发展合作社和进行合作生产的组织形式主要是合作工厂,"工人自己的合作工厂,是在旧形式内对旧形式打开的第一个缺口","是由资本主义生产方式转化为联合的生产方式的过渡形式"④。但是,至于农民应该依托什么组织进行合作生产,马克思并未明确论及;至于未来社会农民应该如何过渡到新的生产方式,马克思在《巴枯宁〈国家制度和无政府状态〉一书摘要》中提出,在农民作为私有者还大量存在的情况下,无产阶级应该着手"促进土地的私有制向集体所有制过渡,让农民自己通过经济的道路来实现这种过渡"⑤,但"经济的道路"指什么,马克思亦未具体说明。马克思去世后,恩格斯在坚持马克思合作生产思想的基础上,在《法德农民问题》中科学解答了未来社会农民合作生产的组织形式问题,明确提出应把合作社作为农民开展合作生产的组织依托。恩格斯认为,农民作为小块土地所有者,生活在相对闭塞的农村环境中,其生产能力和市场竞争能力都非常弱小,因而在日益发展的资本主义大生产的冲击下难逃必然灭亡的命运。要解决这一问题,就必须借助合作社把农民紧密地组织起来,

---

① 《马克思恩格斯选集》第4卷,人民出版社2012年版,第581页。
② 《列宁全集》第43卷,人民出版社1987年版,第366页。
③ 《马克思恩格斯选集》第4卷,人民出版社2012年版,第581页。
④ 《马克思恩格斯选集》第2卷,人民出版社2012年版,第571页。
⑤ 《马克思恩格斯选集》第3卷,人民出版社2012年版,第338页。

让他们依靠自身的力量进行合作生产。在《法德农民问题》中，恩格斯对农民加入合作社的重要意义进行了集中论证。不过值得注意的是，尽管马克思、恩格斯此前主要是从实现社会主义这一政治目标去看待合作社与合作生产的，因而赋予了其浓厚的政治意味，但恩格斯在《法德农民问题》中论证农民加入合作社的重要意义时，为了能够让农民更容易认同和接受合作社，并未从当时农民较为冷漠甚至多有抵触的"社会主义"的角度去论证，而是设身处地地从维护农民利益的角度去论证：其一，合作社是在现实的资本主义条件下保全农民切身利益的必然举措。他指出："这里主要的是使农民理解，我们要挽救和保全他们的房产和田产，只有把它们变成合作社的占有和合作社的生产才能做到。"① 即是说，农民保全自己现实利益的唯一的、最好的选择，是用以合作社为载体的合作生产去代替以个人占有为基础的分散个体生产。在资本主义条件下，农民与工人同属于被剥削阶级，如果不通过合作社进行相对集中的合作生产而坚持分散的个体生产，不仅注定没有值得乐观的前途，而且势必丧失其微不足道的现实利益。其二，合作社是在未来的社会主义条件下维护农民长远利益的必由路径。在恩格斯看来，社会主义是代表和维护广大劳动人民根本利益的事业，农民的长远利益、根本利益也唯有在社会主义事业发展中才能得到巩固和增进。而在一个农民占人口多数的国家中，社会主义事业奠基与发展的必要前提是首先通过合作社把农民引导到社会主义道路上来。因此，无产阶级夺取政权以后，"我们对于小农的任务，首先是把他们的私人生产和私人占有变为合作社的生产和占有"②。农民虽非天生的社会主义者，甚至怀有根深蒂固的私有观念，但他们对社会主义并不完全拒斥，经过合理的教育改造后是可以走上合作经济之路进而拥护社会主义的。鉴于小农是农民中的主体部分，依托合作社而让广大小农告别了个体生产、发展了合作生产，也就从根本上奠定了社会主义在农村的稳固基础。当然，除了小农，恩格斯建议让大农和中农也加入合作社，并通过合作社进行合作生产。

---

① 《马克思恩格斯选集》第4卷，人民出版社2012年版，第371页。
② 《马克思恩格斯选集》第4卷，人民出版社2012年版，第370页。

虽然马克思、恩格斯笔下的合作社与当今中国的农民合作社在内涵与外延上都不尽相同，但恩格斯主张让农民依托合作社开展合作生产的思想，对于消解因小农户经营而导致的农业生产碎片化、提高农业生产的质量与效益，仍然具有重要的现实指导意义。特别是马克思主义经典作家关于合作社重要意义的理论阐述，提供给我们一个确定无疑的重要思想启迪，即在经济社会发展进程中特别是在市场经济条件下，处于个体、孤立、分散状态的农民无法保障其应有的权益。理论研究与经验事实均已表明，农民自身的孤立分散、内部联结度弱，是导致农民缺少话语权和抗争力、进而受穷受欺的重要根源。一百多年前马克思的"一袋马铃薯"和孙中山的"一盘散沙"之比喻，仍贴切当下中国大多数农民之现状。因此，若要增强农民的自我发展和自我管理能力，使农民获得与自身数量规模相匹配的应有的社会地位和经济收益，进而在工农平等、城乡协调的基础上推进社会主义建设事业，就必须提高农民的组织化、协同化程度。毛泽东早在抗日战争时期就提出了"把农民组织起来"的号召，并认为组织农民的根本途径是组建农民合作社，为此还提出了讲求多种形式、予以财政资助等多方面的发展对策。中华人民共和国成立后，面对小农经济的汪洋大海和农民分散贫弱之困境，以毛泽东为主要代表的中国共产党人认为，对于广大农民而言，"为了摆脱贫困，改善生活，为了抵御灾荒，只有联合起来，向社会主义大道前进，才能达到目的"[①]，而把农民"联合起来"的主要方式也在于组建合作社。当然，尽管当时通过发展农民合作社以尽快摆脱农民贫困、农村落后的愿望是善良的、合理的，但农民合作社一开始就被赋予了改造广大小农并使之过渡到社会主义道路上去的政治功能，发展农民合作社也被纳入了完成社会主义改造、壮大社会主义集体经济的国家政治战略之中。毛泽东提出的"单有国营经济而没有合作社经济，我们就不可能领导劳动人民的个体经济逐步地走向集体化，就不可能由新民主主义社会发展到将来的社会主义社会，就不可能巩固无产阶级在国家政权中

[①] 中共中央文献研究室：《建国以来毛泽东文稿》第 5 册，中央文献出版社 1991 年版，第 246 页。

的领导权"①之论断，和由党中央提出的、全国人大常委会于1955年11月通过的《农业生产合作社示范章程（草案）》对农民合作社的"集体性质"的法律界定，均体现出党中央对于农民合作社作为社会主义改造组织的认识定位。这一认识定位，必然决定农民合作社的发展"宁滥勿慢"，即出于尽快完成对广大小农的政治改造、尽快过渡到社会主义道路上去的迫切愿望，须加速实现由互助组到初级合作社再到高级合作社的升级。表现在实践层面，虽然初级合作社适应了我国农业生产力落后、农民文化知识水平较低、农民的私有观念浓厚等现实国情，因而得到了广大农民的普遍拥护，但由于它仅是"半社会主义性质"，因而带有暂时性和过渡性，势必为具有"完全社会主义性质"的高级合作社所取代。及至后来，"三级所有，队为基础"和"一大二公三纯四统"的制度安排尽管客观上对于加强农田水利建设、促进农业生产机械化和规模化、提高农村社会福利水平等产生了积极效应，但它抹杀了农民的财产所有权和生产经营自主权，因而导致了农民积极性的长期低迷和农业生产的长期萎滞。

改革开放以来，为弥补因人民公社解体和农业家庭承包经营所造成的经济组织空缺，缓解农村商品经济发展中出现的"小农户"与"大市场"的矛盾，包括农民合作社在内的各类农村合作经济组织日益发展起来。特别是2007年《农民专业合作社法》施行以来，农民合作社迅猛发展。截至2019年底，全国依法登记的农民合作社已达220多万家，入社农户成员约1.22亿户，其数量规模之大、涉及地域之广、涵盖产业层次之多，可谓历史空前。虽然当下中国的农民合作社与马克思、恩格斯笔下的合作社和毛泽东时代的合作社在内涵与外延上都不尽相同，但他们主张通过合作社把农民组织起来的思想，特别是恩格斯晚年看待农民合作社发展的"农民利益"视角，对于消解当前乡村社会治理的碎片化和低效化困境、加强农民对乡村社会治理的组织化参与、维护和增进农民的现实利益，都具有十分重要的思想启迪。我们必须清醒地认识到，在家庭承包经营制度长期实行的背景下，农民作为小块土

---

① 《毛泽东选集》第4卷，人民出版社1991年版，第1432页。

地的占有者、经营者，由于土地分散造成生产劳动的碎片化、孤立化，因而在日益发展的社会化大生产和商品经济的冲击下，容易遭遇"卖难""买难"等诸多生产经营难题和孤立无助、自身利益受侵等诸多生活困难，其公益精神、集体意识、合作观念和管理能力的提高也较为困难，从而抑制了农民在乡村社会治理中的主体地位的实现。要解决这一问题，就应当借助合作社等组织载体把农民紧密地聚合和调动起来，通过合作社落实他们在乡村社会治理中的主体地位。

2. 政策依据：近年来中央对农民合作社的社会治理功能的青睐和倚重

"公众参与"是社会治理的应有之义和重要特征，农民参与乡村社会治理是践行"治理"理念和落实农民主体地位的必然要求。党的十八大以来，引导包括社会组织、公民个体在内的多元主体参与社会治理，频频出现于中央有关文件和领导人的讲话中，并成为日益深入人心的公众理念。党的十八届三中全会进一步提出："适合由社会组织提供的公共服务和解决的事项，交由社会组织承担。"2014年春，国务院总理李克强又在政府工作报告中提出："健全村务公开、居务公开和民主管理制度，更好发挥社会组织在公共服务和社会治理中的作用。"这些重要论述，均体现出党和国家主张由多元主体协同共治的新理念。这一理念具体体现在乡村社会治理层面，就是要积极引导包括农民合作社在内的经济社会组织参与乡村社会治理，特别是参与供给乡村公共服务。如果对21世纪以来党和国家的重要文件特别是"中央一号文件"① 稍加注意，就会发现，让农民合作社参与包括公共服务供给在内的乡村社会治理，一直是党和国家予以积极鼓励和引导的。党和国家对农民合作社的社会治理功能的青睐和倚重，为农民合作社参与乡村社会治理提供了良好的社会氛围和政策依据。不过值得强调的是，在2012年党的十

---

① "中央一号文件"原指党中央每年发布的第一份文件。党中央在1982—1986年连续5年发布以"三农"问题为主题的"一号文件"（1982—1984年的"一号文件"由党中央发布，1985—1986年的"一号文件"由党中央、国务院共同发布），对农村改革和农业发展作出具体部署。2004—2022年，党中央、国务院又针对"三农"问题连续19年发布"一号文件"，从而凸显了"三农"问题在全党工作中的"重中之重"地位。

八大之前，党中央、国务院倾向于把农民合作社作为有利于促进农村商品经济发展的市场流通中介组织和有利于在产前、产中、产后等农业生产诸环节向农民提供系列化服务的现代农业经营组织来看待和发展。比如，《中共中央、国务院关于1998年农业和农村工作的意见》强调要积极鼓励和大力发展"农民自主建立的各种专业合作社、专业协会以及其他形式的合作与联合组织"[1]，其主要理由就在于这些组织"有利于引导农民进入市场"[2]；2008年党的十七届三中全会通过的《关于推进农村改革发展若干重大问题的决定》提出，要"扶持农民专业合作社加快发展，使之成为引领农民参与国内外市场竞争的现代农业经营组织"，"有条件的地方可以发展专业大户、家庭农场、农民专业合作社等规模经营主体"[3]；2008年9月，胡锦涛同志在河南省考察农民专业合作社时强调："实践证明，在坚持实行家庭承包经营制度的前提下，通过组织农民专业合作社发展规模经济是一条切实可行的路子。希望大家继续探索，更好地把农民组织起来，给农民群众带来更多实惠"[4]；2012年"中央一号文件"即党中央、国务院印发的《关于加快推进农业科技创新持续增强农产品供给保障能力的若干意见》强调，要扶持农民合作社等社会力量广泛参与农业产前、产中、产后服务，充分发挥其在组织农民进入市场、应用先进技术、发展现代农业等方面的积极作用；2016年5月，习近平总书记在黑龙江省考察调研时也强调，农业合作社是发展方向，有助于农业现代化路子走得稳、步子迈得开，"农民专业合作社是带动农户增加收入、发展现代农业的有效组织形式，要

---

[1] 中共中央文献研究室：《十五大以来重要文献选编》上，中央文献出版社2011年版，第166页。
[2] 中共中央文献研究室：《十五大以来重要文献选编》上，中央文献出版社2011年版，第166页。
[3] 《中共中央关于推进农村改革发展若干重大问题的决定》，《人民日报》2008年10月20日第1版。
[4] 《金秋时节察农情——胡锦涛总书记在河南考察农村改革发展情况纪实》，《人民日报》2008年9月11日第1版。

总结推广先进经验，把合作社进一步办好"①；2018 年"中央一号文件"所强调的"新型农业经营主体培育工程"中，就包括了农民合作社；2019 年和 2020 年的"中央一号文件"都要求重点培育"家庭农场、农民合作社等新型农业经营主体"。党中央、国务院的上述号召和要求，无疑凸显了农民合作社在乡村经济社会发展中的重要地位和党中央、国务院对于农民合作社的殷切期望：农民合作社应该成为一个在产前、产中、产后诸环节向农民提供全方位服务的社会组织，并与其他合作经济组织一道，成为新型农业社会化服务体系乃至整个乡村公共服务体系的"基础"。

但是，自 2013 年以来，党中央、国务院在继续强调要发挥农民合作社以上两个功能的基础上，又赋予了其"参与农村社会治理"的新功能。这一提法，最早见于 2013 年"中央一号文件"即党中央、国务院印发的《关于加快发展现代农业进一步增强农村发展活力的若干意见》中，该《意见》首次强调农民合作社"是创新农村社会管理的有效载体"。当年召开的党的十八届三中全会通过了《关于全面深化改革若干重大问题的决定》，该《决定》首次提出了"创新社会治理"的理念，并要求"激发社会组织活力，鼓励和支持社会各方面参与，实现政府治理和社会自我调节、居民自治良性互动"。根据十八届三中全会的这一精神和要求，2014—2016 年的"中央一号文件"在关于"创新和完善乡村治理机制"的论述中，都强调要重视发挥农民合作社在乡村治理中的积极作用。例如，2014 年"中央一号文件"即党中央、国务院印发的《关于全面深化农村改革加快推进农业现代化的若干意见》，强调应"充分发挥其他社会组织在乡村治理中的积极功能"，此处所谓的"其他社会组织"就包括了农民合作社。党中央、国务院把农民合作社作为"创新农村社会管理的有效载体"的角色定位，把农民合作社的功能由农业生产领域扩展到社会管理领域的政策号召，无疑是对农民合作社功能的新定位、新期待。这不仅完全契合"社会协同、

---

① 中共中央党史和文献研究院：《习近平关于"三农"工作论述摘编》，中央文献出版社 2019 年版，第 147 页。

公众参与、多元共治"的社会治理新理念,而且为农民合作社参与乡村社会治理、落实农民的治理主体地位提供了充分的政策依据。

当然,主张通过合作社去落实农民在乡村社会治理中的主体地位,并非缘于外界对农民合作社的"一厢情愿"或"强其所难",亦非缘于农民合作社一时的"心血来潮"或"善意大发",而是农民合作社的组织特质使然。坦率地讲,一个农民合作社只要被冠以"合作社"之名,就应该充分体现农民的主体地位,并应责无旁贷地去参与乡村社会治理特别是供给乡村公共服务,否则,它就失去了存在和发展的价值,就难称之为真正的合作社了。关于这一点,可以从国际合作社的基本价值和原则中得到确证。1988年召开的第29届国际合作社联盟代表大会确立了合作社的自助、互助、不追求利润、自愿、普遍教育五项基本价值原则,这些原则在1995年召开的国际合作社联盟100周年大会上得到了确认和进一步发展,其新表述是:合作社建立在自助、民主、平等、公平和团结的价值基础上,合作社社员坚持诚实、开明、社会责任、关心他人的道德价值观。同时,1995年国际合作社联盟还对合作社原则进行了再次修订,修订后的原则增加到七条,其中,第六条是"合作社之间的合作",即合作社要通过地方、全国和国际间的合作,为其成员提供优质服务;第七条是"关心社区",即合作社通过成员认可的政策,关心和推动社区的可持续发展。从上述表述可见,自助互助、体现社员的主体地位、关心他人和社区,一直是合作社的一项重要价值和基本原则,服务性是合作社始终如一的组织特质与价值追求。农民合作社作为合作社族群中的一员和生存于乡村的群众性组织,恪守上述价值原则必然表现为要参与乡村社会治理,并在此过程中落实农民的治理主体地位。

(二)合作社落实农民治理主体地位有何体现:以参与供给公共服务为个案的分析

近年来的事实充分表明,农民合作社确实已经逐步嵌入乡村社会治理结构之中,深刻改变着乡村社会治理生态系统,越来越多地以"组织"形态来重塑乡村社会秩序①,从而发展为乡村社会协同治理的重要载体和农民参与乡村事务管理、落实主体地位的重要依托。农民合作社在乡村社会治理中的作用,不仅表现在供给公共服务、增进社会和谐等经济社会层面,而且表现为对村委会选举和乡村政治格局的影响。有学者在对全国 12 个省、自治区、直辖市的实地调研中发现,农民合作社社员作为"组织化的个人",比非社员参与村委会选举更积极。② 而据其对甘肃省 15 个村庄村委会选举的调研数据,农民合作社社员在选举中的投票与参选的活跃度和协调性相对较高,已经成为村庄内对村委会选举最具影响效力的群体,农民合作社也因之成为影响村庄选举和乡村政治治理的重要新兴力量。③

当然,由于农民合作社是一种经济性的社会组织,而不是政治性的官方组织,因而它参与乡村社会治理主要还是表现在参与供给公共服务上。众所周知,提高乡村公共服务供给的规模、质量和效率,是增强农民的获得感和幸福感的必然要求,也是优化乡村社会治理的重要内容。衡量乡村社会治理力度与效果的一个重要指标,就是要看乡村公共服务的供给水平。农民合作社作为坚持以农民为本、以实现农民自我管理和自我服务为目标的群众性组织,其参与供给乡村公共服务的过程实际上也是落实农民治理主体地位的过程。

由于我国乡村公共服务供给长期存在总量不足、结构失衡、效率低下等问题,公共服务的"碎片化"和"分散化"相当严重,而这些问题的根本原因之一在于公共服务供给中的"单中心体制",因此,提升乡村公共服务供给的数量与质量,必须构建包括政府、市场、社会组织、私人管理机构等多中心协同合作的多元化供给机制。其中,积极引导农民合作社参与供给乡村公共服务,不仅已经成为学界和政界的基本共识,而且成为乡村经济社会发展中的普遍事实。较之于政府、市场、

---

① 赵泉民:《合作社组织嵌入与乡村社会治理结构转型》,《社会科学》2015 年第 3 期。
② 韩国明、王凯曦:《农民合作社参与村委会选举:基于政府行为转变的分析》,《广西社会科学》2016 年第 12 期。
③ 韩国明、张恒铭:《农民合作社在村庄选举中的影响效力研究——基于甘肃省 15 个村庄的调查》,《中国农业大学学报》(社会科学版)2015 年第 2 期。

私人等其他供给主体而言，农民合作社在供给乡村公共服务方面具有独特优势，这至少表现在三个方面：其一，合作社以服务社员、维护社员利益为宗旨，坚持民办、民管、民受益的基本办社原则，具有自下而上的决策机制和服务机制，能够及时回应和较好满足农民成员的公共服务需求。相对于农业龙头企业等其他服务主体而言，农民合作社往往因其贴近农民实际而能够为农民提供质量更高、效果更好的公共服务。其二，农民合作社具有组织成员的同质性、活动范围的地域性、服务内容的专业性等特点，这使合作社易于采集社情民意和农民的需求信息，能够以较低的组织运作成本和灵活多样的方式向社员提供涵盖产前、产中、产后等环节的系列化服务，从而能够提高公共服务供给的效率与质量。据农业农村部的统计数据，截至2019年10月底全国依法登记的农民合作社已达220.3万家，这些合作社的生产经营涵盖粮棉油、肉蛋奶、果蔬茶等主要农产品，连接收购、生产、加工、仓储、销售、储运各环节，其中53%的合作社能提供产购加销一体化服务，并扩展到休闲农业、乡村旅游、民间工艺、农村电商等新产业新业态。[①] 其三，农民合作社的组织形态不拘一格，目前已经出现了购销合作社、储运合作社、农技合作社、农机合作社、资金互助合作社等多种类型，各类合作社的服务内容均较为专业、稳定，从而能够持续满足农民的多样化、个性化、动态化的服务需求。

1. 农民合作社参与供给乡村公共服务的绩效考察

根据服务内容，乡村公共服务可以分为四种主要类型：一是农业生产服务，如农业技术信息服务、农田水利设施建设、农具农资供应与维修、农产品销售批发等；二是环境综合治理服务，如山林保护、退耕还林还湖、环卫绿化等生态环境的治理以及农民纠纷的调解、安全隐患的消除等社会环境的治理；三是教育文化服务，如义务教育、技能培训、休闲娱乐、文化普及等；四是农民生活保障服务，如生活基础设施建设、疾病预防与诊断、健康咨询、农村弱势群体的生活扶助等。笔者实

[①] 《以农民合作社规范提升行动为抓手 推进农民合作社高质量发展》，《中国农民合作社》2020年第2期。

地调查和相关实证资料表明,对于这四种类型的公共服务,农民合作社均有不同程度的参与供给。

第一,参与农业生产服务。

农业生产服务是乡村公共服务的主要内容,是与农民生产联系最为紧密、农民需求度最高的公共服务。事实证明,农民合作社具有市场信息灵通、销售渠道宽稳、抗市场风险能力强等方面的优势,它们通过发挥这些优势,为农民社员统一提供信息、技术、农资购买、农产品销售等方面的服务,从而在农业生产服务体系建设中发挥着重要作用。

一是参与供给农业信息服务。帮助农民及时、便捷、准确地获取各种生产和销售信息,是避免农业生产盲目性与震荡性、提高生产与交易效率的前提保障,也是农业生产服务的重要内容。事实表明,很多农民合作社都能够借助手机短信、网络等现代化信息手段,向社员及时发送各种信息,从而成为农业信息服务的重要平台。比如,近十年来,江苏省句容市丁庄葡萄专业合作社与电信部门合作开通语音短信平台,并通过这一平台,在葡萄需要防病治虫时对社员予以及时的提醒与指导,实现与社员的信息互动,确保了葡萄生产的优质、高效与安全;湖北省黄冈市浠水县红莲养鸡专业合作社通过首先向社员采集各种必要信息,然后将信息汇总报告给县农技110信息服务中心,再通过110信息服务中心将信息及时发送至本县的养鸡户,从而对社员养鸡进行了有效指导。[①]

二是参与供给农业科技服务。农业科技服务是农业生产服务的重要内容之一。事实表明,农民合作社可以有效地把分散农户聚集起来,统一学习和应用农业新科技,并通过发挥自身的辐射作用,带动周边农民学习应用新的农业科技成果,从而成为推广农业科技、为农民开展农业科技服务的重要平台和载体。比如,山东省诸城市借助于农机合作社这一载体,在全市范围内先后推广应用了土地深松项目、玉米机械化收获、小麦免耕播种、玉米切茬直播、黄烟机械化铺膜移栽等10多项农

---

① 陈建华:《农民合作社是农业社会化服务体系的基础》,《中国合作经济》2013年第6期。

机化新技术，不仅解决了农民的燃眉之急，而且大大提升了该市的农业机械化水平①。山东省日照市岚山区后崖下茶业专业合作社为解决茶农种植生产中存在的技术问题，专门在茶园基地设立了科普宣传栏，编制了科普宣传资料和科普挂图，及时推广茶叶生产管理新技术；聘请有关专家专门编制《茶叶标准化生产技术操作规程》《茶叶无公害生产管理规程》等技术资料，并把这些资料免费发放给茶农；还定期邀请山东省果茶站副站长、日照市茶科所所长等茶叶专家举办专题技术讲座，免费对茶农进行茶园越冬管理、春季施肥修剪、鲜叶采摘、加工等一系列技术培训②。

　　三是参与供给农产品购销服务。许多农民合作社采取生产、加工、销售一条龙经营，外联市场，内联农户，通过为社员统一购买生产资料和统一销售产品，帮助社员在市场上建立起稳固的产销关系，以集约化的生产经营解决了单家独户分散经营所存在的规模偏小、素质偏低、经营偏散、实力偏弱的问题，实现了千家万户分散生产与千变万化大市场的有效对接，从而有效地规避、抵御了经营风险和市场风险。山东省莒县百信养鸭合作社依托自建的肉鸭良种繁育基地、肉鸭孵化基地、肉鸭屠宰加工基地三大基地，按照"合作社＋基地＋农户"的运作模式，对社员实行统一提供幼苗、统一供应饲料兽药、统一技术指导服务、统一回收成鸭屠宰、统一品牌包装、统一市场销售的"六统一服务"，并通过推行订单养鸭、合同养鸭、保护价回收成鸭等方式，形成了一个完整的鸭业产业链，辐射带动个体养鸭户4000余户③。山东省莒县吉顺养猪合作社则按照"合作社＋企业＋农户"的发展模式，对农民实行统一购料、统一配种、统一防疫、统一销售的"四统一"购销服务模式，以合理价格统一向饲料厂采购饲料、统一向龙头企业日照福源食品公司交售肥猪，从而解决了养猪户所担心的购料价高、售货价低且购销渠道不稳定的问题④。

---

① 资料来源：据笔者实地调查所得。
② 资料来源：据笔者实地调查所得。
③ 资料来源：据笔者实地调查所得。
④ 资料来源：据笔者实地调查所得。

第二，参与农产品质量安全保障和农村生态环境保护。

减少因农药、化肥、农膜的不合理施用而造成的农业污染，保护和改善农村生态环境，进而保障农产品质量安全，是乡村公共服务的重要内容，因而也得到了很多农民合作社的积极支持和参与。山东省寿光市燎原果菜专业合作社作为山东省第一家在蔬菜、果品上应用安全追溯条码管理系统的合作社，常年免费对社员进行果菜的标准化种植和绿色生产等方面的技术指导与监督，使社员普遍具备了种植绿色蔬菜的科学理念和基本知识，从而确保其生产出无公害绿色果菜。而位于山东省昌乐县乔官镇北岩西村的山东省绿然瓜菜专业合作社坚持"夯实绿色根基，回归自然本质"的绿色安全理念，为确保社员生产的瓜菜的质量与安全，采取了多方措施：一是由合作社自建农资超市，统一向社员提供质量优、低残留的农药和化肥等农资；二是配备专（兼）职技术人员，在安全用药、施肥等方面为社员提供指导；三是购置了高标准 CL-BIII 型残留农药检测仪，对社员生产出的瓜菜在上市前进行严格的检验检测，检测不合格的一律不得上市销售；四是实行农产品销售可追溯制度，制作和标贴农产品二维码，既便于消费者通过扫描二维码了解农产品选种、种植、施肥、采摘等相关信息，又便于合作社对社员的监管与问责。[1] 目前，该合作社生产的农产品已通过国家绿色食品认证中心的检测审核，并获得绿色食品标志使用许可。此外，有些农民合作社也积极承担起了保护农村生态环境的社会责任。比如，湖南省沅江市以湖南万家丰农作物病虫专业防治合作社为依托，组建了专业化的防治队伍，配备了数量充足的背负式机动喷雾机，不仅实现了水稻病虫害防治的专业化、高效化，而且有效降低了农业面源污染，保护了农业生态环境。[2] 再如，早在十多年前，浙江省绍兴市夏履农特产品专业合作社就组织开展了"万亩笋用林观光园区"项目，该项目直接改善了当地的生态环境；而且，该合作社还专门投资于建设村庄大道和绿化工程，有

---

[1] 赵文、陈桂娟：《富硒火山灰优势足 党支部领办民心齐——记山东省昌乐县绿然瓜菜专业合作社》，《中国农民合作社》2014 年第 10 期。

[2] 杨艳平：《粮食安全视角下的"谁来种田"问题》，《大理学院学报》2014 年第 5 期。

效参与了农村生态环境治理和美丽乡村建设。①

第三,参与对农民的教育文化培训。

如前所述,农民的教育文化培训也属于乡村公共服务的重要内容。调查发现,农民合作社参与对农民的教育文化培训,除了通过直接的生产技能培训,还包括与农民的生产经营相关的文化知识培训。比如,山东省枣庄市山亭区合众乳业合作社为增进社员的专业知识,每年都订阅数量不等的专业报纸杂志和科技期刊、光盘,并免费向社员开放阅读。社员到合作社交售鲜奶时,可以抽空阅读学习,从而做到售奶、学习两不误,久而久之掌握了很多的科学饲养知识。② 山东省日照市岚山区后崖下茶业专业合作社常年聘任专家顾问、技术骨干和科普志愿者,不定期到各乡村挨家挨户走访指导,并利用农闲机会,牵头请科协、科技人员以及省农科院专家到各乡镇、村开展科普教育。仅在 2015 年,合作社就开展科普讲座 10 次,建立科普宣传栏 5 处,推广先进技术和新品种 6 种,参与组织大型科普活动 5 次。③ 山东省临朐县志合奶牛专业合作社和山东广播电视学校共同创办了奶牛学校。为保证教学质量,联合社聘请科研院校的专家、教授担任讲师;每一批学员要经过两年的系统学习,且经过考试合格后,颁发山东广播电视学校正规专业证书。④ 而在文化娱乐方面,有的合作社不仅组建了秧歌队和庄户剧团,定期组织农民喜闻乐见的各种文化活动,而且为当地农村的公共文化建设出资献策。

第四,参与农民生活保障服务。

笔者在实地调查中发现,有些农民合作社还为农民社员提供了医疗保健、精神慰藉等生活保障性服务,并为农村的老、弱、病、孤、残、困等弱势群体予以经济资助与抚慰。山东省日照市岚山区后崖下茶业专

---

① 张永翊、王倞、任连娣:《农民专业合作社与农村社会事业治理——农民专业合作社的功能研究》,《生产力研究》2011 年第 11 期。
② 资料来源:据笔者实地调查所得。
③ 资料来源:据笔者实地调查所得。
④ 周振、孔祥智、穆娜娜:《农民专业合作社的再合作研究——山东省临朐县志合奶牛专业合作社联合社案例分析》,《当代经济研究》2014 年第 9 期。

业合作社积极投身当地农村的社会公益事业，常年为社员及当地农民提供多方面的生活保障。早在 2014 年，该合作社就已经为 55 岁以上的社员统一缴纳农村合作医疗保险 141 户，扶贫困难户 68 家；出资 100 多万元，用于改造茶园基础设施、修建茶园防护林网，为后崖下村修公路、修建水坝、换变压器捐款，惠及周边 15 个村；为当地的白血病患者捐款，为地震灾区捐赠钱物，累计捐款 26 万元；常年资助家庭经济困难学生上学，每年重阳节都到当地敬老院看望老人。① 山东省蒙阴县文友家禽养殖合作社早在十年前就开始为社员提供医疗服务，其具体做法是：将合作社盈余的 79% 作为社员的专项基金，记入社员的个人账户，用于社员的医疗、教育等保障。除了可以从社员积累的医疗基金中直接列支社员的医疗费用，合作社还建有自己的医疗站，社员可在其中购买到平价药品，看病则不收任何费用。此外，该合作社还经常走访慰问本村的贫困户和五保老人，并对特困家庭的子女提供助学金。②

2. 农民合作社参与供给乡村公共服务的现存问题：表征与成因

以上对农民合作社参与供给乡村公共服务的实证考察表明，农民合作社不仅已经广泛地成立和发展起来，而且它们在供给乡村公共服务方面确实发挥了重要作用，其绩效是不容置疑和否定的。但在此过程中，也存在一些不容忽视的突出问题。明晰这些问题及其成因，对于确保农民合作社参与供给乡村公共服务的长效性是十分必要的。

农民合作社参与供给乡村公共服务中存在的问题，可以从服务主体（谁供给公共服务）、服务动机（为什么供给公共服务）、服务内容（供给了哪些公共服务）三个方面加以分析。

第一，服务主体问题：公共服务能力孱弱。农民合作社参与供给乡村公共服务的力度和成效，取决于农民合作社自身公共服务能力的强弱。近年来，农民合作社在全国遍地开花，数量激增，很多省市宣布已经实现"村村有社"。但在农民合作社的增长呈井喷之势的现象背后，

---

① 资料来源：据笔者实地调查所得。
② 资料来源：据笔者实地调查所得，并参见吴琦《农民专业合作经济组织的功能与效益分析——以山东蒙阴县文友家禽养殖合作社为例》，《甘肃农业》2011 年第 3 期。

第一章 马克思人民主体思想视域下的乡村社会治理理念科学化

隐含着许多令人担忧的问题。总的来看，当前农民合作社发展良莠不齐，除了大量存在无专职工作人员、无固定活动场所、无稳定经费来源的"空壳合作社""皮包合作社"等问题，还较为普遍地存在着"小""穷""弱"问题。所谓"小"，是指农民合作社的注册资金规模和入社农户数偏小。所谓"穷"，是指农民合作社的物质资源匮乏、资金融通困难。笔者在调查中发现，农民合作社负责人所反映的制约合作社服务能力增强的最大困难即"缺乏资金"，这排在了合作社面临困难的第一位。值得强调的是，尽管农民合作社的信贷需求旺盛，并且《农民专业合作社法》中也有对合作社予以金融贷款扶持的明确规定，但合作社的注册登记率较低、合法性不足、缺乏有效的抵押资产等原因，导致其很难得到信贷资金，或者虽能获得部分贷款，但也存在信贷额度偏小、贷款利息过高、贷款手续繁杂等障碍。除了资金匮乏问题，很多合作社在近年发展中还遇到了用地困难的问题。合作社特别是一些养殖型合作社的集约化生产运营，一般需要较大面积的土地，为此就必须进行适当的土地流转。然而在实际操作中，鉴于农民"惜地"意识强、土地流转信息渠道不畅等因素，要把数十家甚至几百家农户的土地全部流转到一起，往往成为合作社难以克服的难题。农民合作社的"小"而"穷"，直接导致其服务能力"弱"。客观而论，只有少数自身发展较好、经济实力较强的农民合作社在公共服务领域发挥了重要作用，而多数农民合作社为农民提供公共服务的能力较为孱弱，其供给公共服务的范围、层次、数量、质量等都不能满足农民的现实需求，这使得它们在乡村社会治理中发挥的作用较小、影响力较弱，农民对其知晓度和认可度不高。

第二，服务动机问题："政治任务"与政绩工程驱使下的"行不由衷"。农民合作社扎根于乡村、成长于乡村，理应本着自治、志愿、公益的行为动机来为农民提供公共服务。但是，受独立性弱、行政性强等因素的影响，很多农民合作社不能很好地秉持公益性动机，导致其在供给乡村公共服务时"行不由衷"：一是供给公共服务是为了完成"政治任务"。目前，农村很多社会组织在供给社会服务时，往往受某种政治意图和政治行为的左右。正如有学者早就指出的，一些村庄的"腰鼓队、老年协会和治保会,其实就是行政组织为开展各项活动而组建,腰鼓队每次必须参加县乡政府组织的各项文体活动;老年协会还有党支部,治保会其实就是村里开展维护稳定的工具,基本上失去了民间性特征,其产生、目标、经费来源等皆依赖于政府"①。类似的问题,也存在于很多农民合作社身上。现在,很多合作社所使用的办公场所、土地本身就属于乡镇政府或村(居)委会所掌控的资源,农民合作社要想获得合法资格和各种资源便利,就难以逃脱政府和村委(居)会的控制,由此产生对政府和村(居)委会的强依赖性。有时即便供给了公共服务,也是出于完成"政治任务"。"政治任务"的驱使,造成农民合作社的自治度降低,影响其供给公共服务的公益性动机,导致其所开展的一些活动有时不仅无助于满足农民的公共需求,反而会损害农民利益。二是供给公共服务是为了配合"政绩"工程。在有些乡村地区,农民合作社本身就是一些地方官员为了突出"政绩"或应付上级检查而组建的。由于我国对基层政府的绩效考核大多采取量化考核方式,且以物化成果为主要标准,从而客观上诱致基层政府热衷于建设一些实体工程或建立所谓的"组织体系"。而扶持建立一些农民合作社并引导其参与供给乡村公共服务,也不失为县乡政府官员的一大"政绩"工程。此类"政绩"工程虽然有时也能在客观上满足农民的一些公共服务需求,有些还可能是农民所急需的,但是,当农民合作社的组建和发展同"政绩"相挂钩时,其供给乡村公共服务难免会"走样、变味",避重就轻、敷衍应付、重形式而轻内容等问题的出现也就不难理解了。

第三,服务内容问题:"避重就轻"与"结构失衡"并存。笔者在调研中发现,虽然农民合作社不同程度地参与供给了乡村公共服务,但服务领域较为狭窄,服务内容较为浅层,存在着"避重就轻"的现象,即对于耗资不多、见效较快、农民看得见摸得着的公共服务,如农资购买、农产品销售、农技推广、救助贫困家庭等,农民合作社参与供给的热情较高,而对那些关系乡村长远发展,但耗资多、见效慢、费时费力

---

① 刘春春:《农村社会组织参与公共服务的问题研究》,《山西煤炭管理干部学院学报》2013年第4期。

第一章　马克思人民主体思想视域下的乡村社会治理理念科学化　｜　65

的公共服务,如乡村基础设施建设与维护、社区文化普及、社区教育培训、社区环境整治等,多数农民合作社则往往会"望而却步",缺乏参与供给的积极性。除了"避重就轻"现象,农民合作社参与供给的公共服务内容还存在着"结构失衡"的现象。笔者通过问卷调查发现,农民最急需的公共服务是保障类公共服务,其次是发展类公共服务和文化娱乐类公共服务。在540位被调查的农民中,有489人选择"医疗保险",456人选择"养老保障",345人选择"娱乐文化活动",167人选择"贫困救助",89人选择"科普文化",82人选择"小额优惠贷款",67人选择"就业技能培训",49人选择"计生、办证",45人选择"政策咨询",14人选择"其他"。然而,对于农民最关心最急需的前三项服务即医疗保险、养老保障、娱乐文化活动,农民合作社供给得很少。它们所能供给的,大多局限于初级产品的生产流通领域,所处的产业层次偏低,以向农户提供市场中介服务为主,很少涉及附加值较高的农产品深加工领域。

　　上述三个方面的突出问题表明,农民合作社参与供给乡村公共服务的能力有限、质量不高,缺乏持续性和稳定性,其参与供给乡村公共服务的长效机制远未建立起来。究其成因,可归结为以下三个基本层面。

　　一是制度环境欠佳。就社会组织而言,要保障其健康发展及其对公共服务供给的积极参与,首要的是完善其制度供给。而在推崇依法治国的现代社会,相关法律制度供给无疑是制度供给的第一要义。虽然《农民专业合作社法》自2007年颁布实施至今已经十余年,但该法一直存在诸多不足。首先,该法的适用范围过窄,其所指的"合作社"仅指"专业合作社",难以涵盖业已存在的各类合作社。其次,该法关于农民合作社的相关法律支持规范,大多为较为笼统的原则性条款,具体针对性和可操作性不强,以至于一些地方在理解、执行该法时,往往演变为鼓动式、宣传式、形式化的政策口号,甚至形成"政策软化法律"的局面。最后,该法明确规定农业部门是合作社的主管部门,但在合作社登记规定上,特别是支持合作社发展资金的审核和发放方面,没有前置审批限制或登记后农业部门备案的规定,农业部门掌控合作社的手段缺乏,不能及时准确地了解合作社的动态,导致对合作社的指导、服务和管理相对滞后。这些不足所导致的一个直接后果是,《农民专业合作社法》在实际工作中难以真正执行和发挥出应有的规范约束作用,从而在一定程度上限制了农民合作社的发展。除了上述法律问题,还存在管理体制方面的问题。我国长期实行由业务主管单位和登记管理机关对社会组织进行双层管理的体制,给社会组织设置了过高的准入门槛,导致很多社会组织难以找到合适的主管单位,或者即使找到了合适的主管单位,也经常面临被拒绝申请挂靠的尴尬。① 而对于规模偏小、实力偏弱、尚处于初级发展阶段的多数农民合作社来说,情况更是如此。它们虽然数量众多、存在已久,但很多因不符合法定的登记条件而不具有合法性地位,或者因找不到合适的主管部门和登记管理机关而无法正式登记注册。笔者在调查中还发现,有的地方在合作社的登记管理中存在着"不给好处卡着办、不收费用不愿办、关系疏通随意办"的现象;有的地方对合作社登记注册审查不清、工作不细,导致许多合作社由发起人随意从亲戚邻居手中借来身份证复印一下就能登记成立;有的地方合作社登记注册手续繁杂,有关人员要跑上十趟八趟才能办完手续;有的区县工商部门要求畜牧类合作社注册时要出具动物防疫合格证,有滥设"门槛"之嫌疑,给合作社注册造成不必要的麻烦;有的合作社的创办目的仅仅是套取国家优惠资金,只有组织,没有合作,成为"空壳社"。由于对这些现象疏于约束和制止,导致假合作社、挂牌合作社等虚设合作社问题层出不穷,这不仅对合作社的社会美誉度及其健康发展构成严重威胁,更不利于其对乡村公共服务供给的持续参与。

二是政府支持乏力。鉴于乡村自身发展的孱弱性和乡村公共服务供给水平的低下性,必须强化各级政府在农村基本公共服务中的供给责任。既然农民合作社在乡村公共服务供给中扮演着重要角色,政府特别是农村基层政府自然应对其予以强力支持。政府的态度及其经济资助力度,直接决定着农民合作社的发展水平及其对乡村公共服务供给的参与程度。近年来,虽然中央在有关会议文件中一再提及要大力支持农民合

---

① 邱梦华:《制约与培育:农村基层社会组织的制度环境》,《云南行政学院学报》2013年第1期。

作社的发展，但所提的支持政策往往只是纲要性的，缺乏具体可操作的配套规章制度，导致在实际工作中对合作社的扶持帮助落实难度较大，特别是合作社急需的贷款、人才、土地流转等方面的扶持问题迟迟得不到很好的解决。而从农村基层政府来看，它们对不同农民合作社的态度和支持则具有明显的选择性：对那些规模小、影响力弱的合作社多采取放任态度，甚至任其自生自灭；而对那些规模实力大、影响力强的合作社，则存在着令人费解的矛盾心态。关于这种心态，有学者早就指出："官方对民间组织的态度总体上是矛盾的，一方面希望其发挥参谋助手、桥梁纽带作用，希望其对政府职能起到拾遗补缺的补充作用，希望其协助党和政府缓解社会矛盾解决社会问题，另一方面受乌克兰等国发生的'颜色革命'的影响又担心民间组织会发展成为体制外的异己力量挑战党和政府的权威，因此对于民间组织的信任程度是比较低的。"[①] 受这种心态的影响，农村基层政府对合作社的扶持也相当有限且具有较强的随意性，并且其扶持合作社的主要目的往往是将其置于政府管控之下，而很少考虑合作社的独立性和自主性，如此便使政府与合作社之间更多地呈现出一种管制与被管制的关系。在有些情况下，即便政府想真心实意地资助合作社，但也往往是心有余而力不足。据笔者实地调研分析，有的县市每年财政奖励扶持一家规范合作社仅几万元，这点资助，对于那些想以合作社名义套取资金的人来说是有吸引力的，但对于真正想搞合作社的人来说，这几万元根本解决不了什么问题。或者，即使政府给予了合作社较多的财政资助，但这些资助也主要流向那些经济效益好、示范带动能力强的合作社，那些对资金需求更迫切但发展状况较差的合作社则往往无缘受益，存在"雪中不送炭，锦上却添花"的问题。

三是内部运作不良。就农民合作社的内部运作来看，也存在着许多障碍因素，如自主性不足、组织运行机制不完善、缺乏有效的监督制约等，这些因素制约着合作社的健康发展及其对乡村公共服务的长效供给。其一，自主性不足而行政化有余。自主性应该是农民合作社作为一

---

① 何增科：《中国公民社会组织发展的制度性障碍分析》，《中共宁波市委党校学报》2006年第6期。

个合作组织的固有属性,也是其自由参与供给乡村公共服务的重要前提。但就我国当下的农民合作社来看,其自主性不足而行政化有余。之所以如此,是因为很多合作社本身就是由基层政府自上而下推动成立的①,或者是在有关政府部门在农村的派出机构的基础上形成的,它们渴望从基层政府那里不仅获取维系合作社存在所必需的正当性、合法性,而且获取支撑合作社发展所必需的经费资助、活动场所乃至人员配备等各种物质资源,因而不可避免地带有很强的官办色彩或"官民二重性",致使合作社难以自主地开展生产经营活动和参与供给乡村公共服务。其二,组织运行机制不完善。科学合理的组织运行机制,是农民合作社健康发展的关键。但是,目前现存的多数合作社尚未形成科学的治理结构,内部管理松散无力,内部的决策机制、执行机制均不健全。有的合作社的制度建设甚至仅仅停留在"应付"注册登记上,没有建立规范的财务管理等内部规章制度,或者虽有制度,但也只是停留于制度"上墙""入册"而没有执行落实;有的合作社没有按规定设立成员大会、理事会、监事会等决策管理机构,或者即便机构健全,但也形同虚设,决策权往往集中于合作社负责人手里,存在着不民主、不透明、不规范的问题;还有少数合作社甚至假借公益名义谋取私利,在内部管理运作中出现了严重的目标错位。组织运行机制的不完善,再加上合作社缺乏整合利用农村各类资源的能力,导致其发展的长效性不足及其公共服务能力的弱化。其三,监督制约机制残缺。首先,从政府监督方面看,政府部门对农民合作社基本停留于"门槛监督",主要是为了限制其准入与退出,而疏于对合作社日常运行管理的监督。特别是由于很多合作社没有在相关部门备案注册,政府部门明显缺乏对这类合作社的有效管理。其次,从社会监督方面看,存在着利益相关者的监督缺位、媒体监督的缺位与过度、合作社民间评估机制不完善等问题。② 监督制约

---

① 据笔者实地调研所知,很多乡村地区的合作社数目之所以在短时间内呈现井喷式增加,直接原因就在于该地政府在镇域经济考核中实施了按照新成立合作社的数量给予加分的政策。

② 姚锐敏:《困境与出路:社会组织公信力建设问题研究》,《中州学刊》2013年第1期。

机制的不健全，一方面会导致农民合作社缺乏足够的透明度和公开性，容易使其滋生违背办社宗旨的不良行为，阻碍其对乡村公共服务供给的有效参与；另一方面，会招致农民对合作社的怀疑和误解，这反过来又会影响合作社的公信力、美誉度和公共服务能力的增强。

（三）合作社落实农民治理主体地位的对策选择

通过以上对农民合作社参与供给乡村公共服务的个案分析，可以发现，农民合作社参与供给乡村公共服务的效果是确定而积极的，因而其对乡村社会治理的促进作用不容置疑。但是，由于主客观方面的一些因素制约，农民合作社的自身发展及其对乡村社会治理的参与，还存在很多不足与问题，从而限制了农民在乡村社会治理中的主体地位的落实。为了促进农民合作社的高质量发展，进而彰显农民的治理主体地位，建议采取如下基本对策。

1. 在尊重引导农民中落实农民主体地位

农民是农民合作社的当然主体，也是乡村社会治理的重要主体。允许农民自我组织为合作社，本身就意味着对农民的尊重和对农民主体地位的维护。依托合作社落实农民在乡村社会治理中的主体地位，首要前提也在于尊重农民、引导农民。如果对农民不尊重反而歧视、不引导反而强制，农民合作社就不可能顺利建立和健康发展，农民的治理主体地位也无从保障。在这方面，我们不妨借鉴恩格斯在《法德农民问题》中关于如何对待农民合作社的理念与方法。《法德农民问题》是恩格斯晚年运用唯物史观和科学社会主义基本原理去解析农民问题的一篇重要文献，恩格斯在文中关于发展农民合作社的思路设计中，体现出明显的"农民本位"：第一，真诚对待农民，让农民对合作社"信得过"。在无产阶级政党应该如何对待农民、开展农民工作的问题上，恩格斯特别强调要以诚相待、实事求是，使农民相信无产阶级政党是真正为他们的长远利益着想的，而不可隐瞒欺骗或违心地向农民做出一些难以兑现的承诺。如果放弃应有原则、通过讨好取悦手段而"今天就把农民争取过来，好使他们明天在我们不能实现自己的诺言时又离开我们"①，那就会失去农民的信任，有损无产阶级政党的公信力和感召力，从而导致号召农民加入合作社的目标难以实现。至于在引导农民加入合作社时，更要充分尊重农民的意愿，对农民晓之以理、动之以情、导之以利，"决不会考虑用暴力去剥夺小农（不论有无赔偿，都是一样）"②。第二，示范引导农民，让农民向合作社"进得来"。恩格斯认为，虽然通过合作社开展合作生产是社会主义成功之所需、农民根本利益之所系，但由于农民私有观念的顽固性和文化素质的低下性，他们对加入合作社并进行合作生产势必不易接受甚至反感排斥。在此情况下，则应让发展成功的合作社现身说法，以"范例"去引导农民，让农民从中亲眼看到、真心感到加入合作社的种种好处，从而欣然接受并自觉加入合作社。恩格斯在文中还特别肯定了丹麦社会党人提出的把农民土地结合为一个大田庄的计划，认为这本身就体现了示范性，是引导农民进行合作生产的好做法。恩格斯的上述理念与方法，充分体现出对农民的理解与尊重，从而启示我们在当下发展农民合作社和推进乡村社会治理的过程中，必须坚持以农民为本，充分尊重农民的普遍意愿和利益诉求，通过耐心细致的教育引导赢得农民对合作社和乡村社会治理的认同与参与，切不可无视农民、排斥农民和粗暴对待农民。

2. 在扶持资助合作社中落实农民主体地位

引导农民自愿加入合作社固然重要，但更重要的是使农民切身体会到通过合作社进行合作生产所产生的长久而丰厚的利益，从而发自内心地认同拥护合作社。为此，则有赖于国家的优待与帮助，以确保合作社的长期稳定发展。从合作社发展的国际历史及其经验来看，农民合作社作为在社会上处于相对弱势地位的农民的联合互助组织，对政治当权者具有天然的敬畏感和依赖性，国家对农民合作社的扶持资助是影响农民合作社兴起与发展的一个决定性因素。至于国家扶持资助的方式与措施，恩格斯晚年在《法德农民问题》中提出过一些构想，包括由国家

---

① 《马克思恩格斯选集》第 4 卷，人民出版社 2012 年版，第 369 页。
② 《马克思恩格斯选集》第 4 卷，人民出版社 2012 年版，第 370 页。

银行接收合作社的抵押债务并降低其利率、为合作社提供机器和肥料等农业生产必需品等。① 在恩格斯看来，给予农民和合作社的这些物质帮助是"一项极好的投资"，从而"可能使花在整个社会改造上的费用节省十分之九"②。恩格斯的这些构想，虽然是针对作为社会主义改造组织的农民合作社而言的，但对我国当下助推农民合作社发展仍有重要指导意义。历史经验表明，合作社发展的助推措施不外乎两大类：一是动用政治力量和行政手段，使农民在短时间内快速加入合作社；二是通过利益刺激和经济手段，诱导农民循序渐进地加入合作社。在中华人民共和国成立之初，急于向社会主义过渡的政治愿望和捉襟见肘的政府财力，决定了党和国家不可能主要运用经济手段去渐次诱导农民，而只能通过行政手段快速促动农民加入合作社。但这样做的不良后果是，原本初衷良好的农业合作化运动最终演变成一场人为推动的政治运动和群众运动，这无疑是导致合作社内部激励不足、人民公社体制效率低下并最终被迫解体的根本原因。农村改革开放以后，伴随着人民公社制度的解体和家庭联产承包责任制的施行，农民摆脱了作为集体组织的成员即"社员"身份，成为获得了相对自由的生产经营自主权的个体劳动者。此时，如果再像以往那样通过行政手段去促动甚至强制农民加入合作社，显然已经行不通了，必须在予以政策引导的同时加强对农民合作社的资金扶持和物质资助。从 21 世纪以来的 19 个"中央一号文件"来看，对农民合作社的资金扶持主要通过两大渠道，第一，财政补贴。具体方式又有两种：一是"直补"，即对农民合作社直接安排财政专项资金和农业补贴；二是"间补"，即通过让农民合作社承担涉农建设项目的方式对其予以财政补贴。就财政扶持农民合作社政策的具体落实情况来看，自 2007 年《农民专业合作社法》施行后，中央财政扶持资金快速增长，仅 2007 年一年就达到 2.2 亿元，接近前四年的总和，2007—2017 年累计为 118 亿元，年均增长 21.5%。③ 第二，税收优惠。比如，

---

① 《马克思恩格斯选集》第 4 卷，人民出版社 2012 年版，第 371 页。
② 《马克思恩格斯选集》第 4 卷，人民出版社 2012 年版，第 372 页。
③ 彭超、杨久栋：《2018 中国新型农业经营主体发展分析报告（二）》，《农民日报》2018 年 2 月 23 日第 4 版。

2008年"中央一号文件"提出对农民合作社"尽快制定税收优惠办法",2014年、2016年的"中央一号文件"均要求"落实和完善相关税收优惠政策,支持农民合作社发展农产品加工流通"。2017年5月,中共中央办公厅、国务院办公厅还专门印发了《关于加快构建政策体系培育新型农业经营主体的意见》,要求从基础设施建设、市场营销等六个方面加大对农民合作社等新型农业经营主体的培育扶持力度。事实表明,国家对农民合作社的扶持资助,促进了农民合作社发展数量和质量的"双丰收",从而使之成为落实农民治理主体地位的有力依托。

3. 在对合作社依法治理中落实农民主体地位

毋庸讳言,我国现存的农民合作社良莠不齐、鱼龙混杂,很多合作社有名无实,它们并不是为了发展壮大农村合作经济、切实维护农民利益,而是出于政治任务压力、完成行政任务指标或套取国家政策优惠而成立的,其中不乏形形色色的"冒牌社""空壳社""僵尸社""休眠社"等假合作社。这些假合作社不仅无助于缓解农民的生产难题、增进农民的现实利益,反而污损了合作社的应用美誉,导致农民对合作社的质疑和拒斥,因而必须恪守以农民为本、为农民服务的基本原则,纠正"重数量轻质量"的错误倾向,对各类假合作社予以严厉整治或依法取缔,加强合作社的规范化、优质化建设。而在全面依法治国的背景下,健全法律体系、实现对经济社会事务的依法治理,是建立现代法治社会和法治中国的必然要求。农民合作社作为促进农村经济社会发展的重要因素,自然也应纳入依法治理的总轨道。因此,对于那些被实践证明科学有效、为农民欢迎拥护的农民合作社政策,也有必要适度适时上升为法律,进而实现对农民合作社依"策"治理到依"法"治理的转变。回顾改革开放以来农民合作社从无到有、从少到多、从弱到强的不断发展之路,可以发现,逐步实现对农民合作社治理的制度化、法律化,是农民合作社健康稳定发展的重要保障。如前所述,2007年开始施行的《农民专业合作社法》作为中华人民共和国成立以来我国专门针对农民合作社的首部法律,其中的很多法律规范和条文实际上就是过去党和国家关于农民合作社基本政策的结晶和升华。事实证明,这种转变对于确保农民合作社政策的稳定性、权威性和实效性具有重要作用。

鉴于该法在实施中也显露出不少的漏洞与问题，所以，根据党和国家在2007年以后的多个涉农会议或文件中提出的"修订《农民专业合作社法》"的政策建议，以及近年来党中央、国务院关于农民合作社的新的政策要求，2017年12月全国人大常委会对该法进行了修订，修订后的新合作社法已经自2018年7月开始施行。截至目前，我国已经形成了以《农民专业合作社法》为核心、以地方性法规为支撑、以相关规章制度为配套的合作社法律法规体系，从而增强了党的农民合作社政策的执行力与实效性、保障了农民合作社的健康快速发展。可以预见的是，为了持续促进农民合作社在实践中的良性发展、及时矫治合作社在发展中出现的新问题，党和国家势必还会针对农民合作社颁布一些新文件、出台一些新政策、提出一些新要求，因而农民合作社法律法规在保持相对稳定性的同时，在未来也会因势而动、与时俱进、不断完善。

4. 在维护农民利益中落实农民主体地位

利益特别是经济利益是"人民生活中最敏感的神经"[1]，依托合作社落实农民的治理主体地位，须让农民从合作社发展和乡村社会治理中得到实实在在的利益与好处。没有这些利益和好处，农民就不会积极地参加合作社和参与乡村社会治理，依托合作社落实农民的治理主体地位也就无从谈起。毋庸置疑，农民合作社的发展和乡村社会治理，归根结底是在我们党的领导下进行的，而我们党作为执政为民、全心全意为人民服务的无产阶级政党，其一切政策和行动都以维护和增进人民群众的根本利益为根本出发点与最终落脚点。鉴于我国是一个农民大国、大部分人口在农村，因而，我们党作为始终代表中国最广大人民根本利益的党，在领导革命和建设事业、制定各项路线方针政策时，务必尤为关注农村的发展，重视维护和增进农民的利益。诚如1965年6月毛泽东在谈到我国医疗工作的重点时所指出的："中国百分之八十五的人口在农村，不为农村服务，还叫什么为人民服务。"[2] 农村改革后，邓小平在谈到实现经济发展和人民脱贫致富的任务时也强调："中国经济能不能

---

[1] 《列宁全集》第16卷，人民出版社1988年版，第137页。
[2] 《毛泽东著作专题摘编》下卷，中央文献出版社2003年版，第1656页。

发展，首先要看农村能不能发展，农民生活是不是好起来。"① 我国农业和农村发展的经验教训一再证明，"在农村开展任何一项工作、实行任何一项政策，都必须首先考虑，是有利于调动还是会挫伤农民的积极性，是维护还是会损害农民的物质利益和民主权利，是解放和发展还是会阻碍农村生产力。这是我们制定农村政策必须坚持的基本准则，也是检验政策是否正确的根本标准"②，必须"始终把实现好、维护好、发展好广大农民根本利益作为农村一切工作的出发点和落脚点"③。而我们党关于发展农民合作社的政策作为党的农村政策谱系中的重要一环，自然也应以维护和增进农民的现实利益作为根本价值旨归：从认识层面看，判定这些政策之优劣及其功效之大小，归根结底应当以农民的获益多寡和受惠程度为根本标准；从实践层面看，党和国家对农民合作社的认可度、支持度和资助度，也应主要取决于该合作社是否以及在多大程度上实现和增进了农民利益。比如，对于有些地方存在的那些出于政治任务压力、套取国家惠农补贴、只为享受税费优惠政策而成立的形形色色的假冒合作社，不仅不应给予支持资助，反而应该严加整治乃至取缔。相反，对于那些经济社会效益好、辐射带动能力强、农民从中获益多的农民合作社，不仅可被授予"示范合作社"之美誉，而且能获得来自国家的很多奖补资金，正如 2010 年"中央一号文件"所强调的，对合作社"给予补助"的前提是该合作社"服务能力强、民主管理好"。总之，只有把增进农民利益作为合作社发展的首要目标和核心评价指标，合作社才能真正吸引农民、团结农民、组织农民，也才能真正落实农民在合作社和乡村社会治理中的主体地位。

---

① 《邓小平文选》第 3 卷，人民出版社 1993 年版，第 77—78 页。
② 《江泽民文选》第 2 卷，人民出版社 2006 年版，第 210 页。
③ 《中共中央关于推进农村改革发展若干重大问题的决定》，《人民日报》2008 年 10 月 20 日第 1 版。

第二章　马克思国家与社会关系理论视域下的乡村社会治理主体协同化

在近几年的理论研究和实践反思中，尽快实现社会治理主体的多元化，已经成为政学两界的普遍共识和创新社会治理的现实需求。不管是党的十八届三中全会提出的"鼓励和支持社会各方面参与，实现政府治理和社会自我调节、居民自治良性互动"，还是党的十九届四中全会强调的"坚持和完善共建共治共享的社会治理制度""建设人人有责、人人尽责、人人享有的社会治理共同体"等要求，都充分印证了党和国家对实现社会治理主体多元化的迫切期待。作为全国社会治理关键和难点所在的乡村社会治理，自然也需实现治理主体多元化。有别于以往对乡村社会的"单中心"管理，当下我国要创新乡村社会治理、实现乡村社会治理现代化，核心环节是构建多元协同、科学合理的乡村社会治理主体结构。所谓乡村社会治理主体，是指在乡村社会治理过程中能够发挥决策、实施、引领、组织和保障作用的机构、组织和群体。鉴于乡村社会生活具有显著的多样性和复杂性，乡村社会事务具有广泛的相关性和联动性，因而乡村社会治理绝非单一主体所能奏效，必然要求多元治理主体的积极参与。2013—2021年的"中央一号文件"一再强调，必须创新和完善乡村社会治理体系，建立健全党委领导、政府负责、社会协同、公众参与的现代乡村社会治理体制，充分发挥乡村社会组织参与治理的主体作用。按照这一要求，县乡政府、村（居）委会、乡村企事业单位、乡村社会组织、农民个体等都是可资借助的乡村社会治理主体，并且各治理主体之间应该在共同分担社会责任的基础上彼此结成民主、合作、互动、稳定的伙伴关系，共同参与乡村社会治理。多元治理主体的协同参与，可以最大限度地激发乡村社会的活力，调动乡村社会多方力量的积极性，实现乡村基层政府管理职能与农民自治诉求的有效衔接和良性互动。

当然，多元主体参与乡村社会治理绝不意味着多元主体的随意拼凑、各自为政，乡村社会治理主体的多元化并不必然带来各治理主体的有序性与协同性，混乱的多元化只会导致乡村社会治理的低效乃至无效。因此，在乡村社会治理主体的多元参与过程中，如何规划好每个主体的角色定位并充分发挥其功能优势，实现多元主体在治理理念、治理内容、治理行动等多方面的协同配合，则是实现乡村社会治理现代化的关键所在。易言之，乡村社会治理主体协同化，是乡村社会治理现代化的核心环节和必然要求。而在实现乡村社会治理主体协同化，进而推动乡村社会治理现代化的过程中，核心问题是正确处理作为国家代理人的县乡政府与乡村社会力量的关系，特别是理顺县乡政府与乡村社会组织的关系，实现政社之间的良性互动，改变过去由政府主导的自上而下的单向式、强制型的乡村社会管理模式。但反观当下我国的乡村社会治理实践，长期以来却存在着县乡政府履职不善、乡村社会力量微弱、政社之间缺乏良性互动等诸多问题，从而掣肘着乡村社会治理的进度与效度。其实，早在170多年前，马克思在批判黑格尔关于国家与市民社会关系思想的基础上所形成的国家与社会关系理论，就为我们正确认识和处理县乡政府与乡村社会力量的关系，进而优化乡村社会治理提供了科学理论指导。马克思国家与社会关系理论作为马克思唯物史观的重要内容，一方面肯定社会对国家的决定作用，另一方面又承认国家对社会的反作用，并认为在未来历史发展中将逐步实现国家向社会的复归及二者的统一。这几个方面，构成了马克思国家与社会关系理论的基本内涵。本章尝试从马克思国家与社会关系理论视角去分析乡村社会治理主体协同化问题，以达到既彰显马克思国家与社会关系理论的解释力和指导力，又提高乡村社会治理的实践成效之目的。笔者认为，马克思国家与社会关系理论可以为实现乡村社会治理主体协同化提供有力的理论支持与方法指导，启示我们在创新优化乡村社会治理时理应坚持社会力量参与、县乡政府负责和农民群众为本。

一　马克思社会决定国家理论视域下的乡村社会力量参与

马克思对国家与社会关系问题的关注及其国家与社会关系理论的形成，发轫于对黑格尔关于国家与市民社会关系思想的批判与反思。众所周知，1836年马克思进入柏林大学学习后，计划基于康德和费希特的哲学立场进行法律专业的研究，并将最后的研究成果以书稿的形式呈现。但是，当写作进行到三百多页时，马克思发觉自己陷入了极大的思想怪圈之中而无法自拔。他评论道："在实体的私法的结尾部分，我看到了整体的虚假，这个整体的基本纲目接近于康德的纲目，而阐述起来却大相径庭。"① 也正因如此，马克思原定书稿的写作计划只能搁浅。而此时，黑格尔哲学所特有的宏大的现实感与批判意识深深吸引了马克思，他遂毅然决然地放弃了从前的哲学信仰，投入对黑格尔哲学的研究中。1837年4月到5月间，马克思利用在柏林市郊施特拉劳休养的时间，从头至尾阅读了黑格尔的全部著作和他的大部分学生的作品，对于黑格尔的哲学思想有了进一步的理解。由于国家与社会关系思想是黑格尔哲学思想的重要组成部分，因而马克思在学习研究黑格尔哲学思想的过程中，开始关注并研究国家与社会之间的关系，这为其后来辩证批判黑格尔的国家与社会关系思想，进而形成自己的国家与社会关系理论奠定了基础。

（一）马克思对"社会决定国家"的认识过程与理论确证

1. 马克思对"社会决定国家"的认识过程

对黑格尔的国家与社会关系思想，马克思其实是持辩证否定态度的。马克思社会决定国家理论的形成，始于和基于他对黑格尔关于国家与市民社会的理论界分的辩证否定，以及对黑格尔的理性国家观的认知与质疑。众所周知，在古希腊城邦时代，国家和社会处于你中有我、我

---

① 《马克思恩格斯全集》第47卷，人民出版社2004年版，第11页。

中有你的相对混沌的胶着状态，二者之间并无明显的边界和区分，更未实现真正分离，故可称为"社会国家化"或"社会国家一体化"时代。当时，个人作为"共同体的一个肢体"①，普遍以参与共同体生活为天职和荣耀，私人领域被广泛淹没于政治生活中。亚里士多德的"人是天生的政治动物"的理论观点，在一定程度上印证了国家与社会浑然一体的客观现实。这种状况，一直持续到中世纪。对此，马克思在《黑格尔法哲学批判》中有明确论述："在中世纪，财产、商业、社会团体和人都是政治的；国家的物质内容是由国家的形式设定的。每个私人领域都具有政治性质，或者都是政治领域；换句话说，政治也就是私人领域的性质。在中世纪，政治制度是私有财产的制度，但这只是因为私有财产的制度就是政治制度。在中世纪，人民的生活和国家的生活是同一的。"②到了近代，得益于启蒙运动的影响，开始形成具有自主独立性的个人，"这种人，市民社会的成员，是政治国家的基础、前提"③。特别是在商品经济与政治革命的双重作用下，个体自由得以迸发，市民社会从政治国家中分离出来，获得了相对解放与自由。正如马克思在《论犹太人问题》中所指出的："政治解放同时也是同人民相异化的国家制度即统治者的权力所依据的旧社会的解体。政治革命是市民社会的革命。"④市民社会从政治国家中分离与解放出来，"使政治统治权力的获得不是通过出生，而是通过被赋予国家主权平等参与者地位的人民的'同意'或'授权'的方式"⑤，这无疑为近代民主政治的产生与发展奠定了基础。

国家与市民社会开始分离这一客观事实，在意识层面促成了现代国家观念的产生与发展。在此背景下，黑格尔首次从理论上对国家与市民社会作出了现代意义上的界分，认为家庭、市民社会、国家分属于伦理

---

① 《马克思恩格斯全集》第30卷，人民出版社1995年版，第466页。
② 《马克思恩格斯全集》第3卷，人民出版社2002年版，第42—43页。
③ 《马克思恩格斯全集》第3卷，人民出版社2002年版，第187页。
④ 《马克思恩格斯全集》第3卷，人民出版社2002年版，第186页。
⑤ 徐俊忠：《"人民主体地位"再强调的深远意义》，《光明日报》2016年4月16日第1版。

生活的三个不同阶段,这被马克思视为黑格尔的重要思想贡献。马克思评论道:"黑格尔觉得市民社会和政治社会的分离是一种矛盾,这是他的著作中比较深刻的地方。"① 但同时,马克思又辩证地否定了黑格尔的这一思想:一方面,黑格尔"满足于这种解决办法的表面现象,并把这种表面现象当作事情的本质"②,认为市民社会是"一切人反对一切人的战场"③,而国家则是普遍性的代表,二者是永久的对立面和两个完全不同的领域,彼此相互分离;为了摆脱市民社会自私自利的争斗,需要社会成员按照理性原则建立起一个自在自为的纯理性之物,即理性国家,以化解市民社会矛盾,并实现市民社会向国家的过渡,最终结束二者的分离状态。但在马克思看来,黑格尔只是单纯地从伦理精神这一层面去解决国家与市民社会的分离矛盾,而尚未深入社会结构和政治结构与生产的联系层面,从而局限在神秘主义与思辨哲学的范围内兜圈子。另一方面,黑格尔对国家与市民社会的分离是不彻底的。在市民社会中,由于私有制的普遍建立,统治阶级开始运用司法制度维护私有者的利益;为了保护人们的合法权益,也需要警察制止社会不法行为、维护社会法律权威。因此,黑格尔认为司法制度与警察组织是市民社会维护自身利益与权益的重要手段。马克思质疑并批判了黑格尔的这一思想,明确指出司法制度以及警察组织"是国家用以管理自己、反对市民社会的全权代表"④,而不是市民社会的利益维护者;国家没有也不可能真正反映、代表和维护全社会的普遍利益,相反,只会反映、代表和维护社会上少数人的特殊利益。

在批驳黑格尔上述思想的同时,马克思也研究探讨了国家与市民社会相分离的真实原因。在他看来,国家与社会相分离的首要原因是商品经济的兴起与发展。在中世纪的欧洲,随着公平价格理论、货币理论的提出,商品经济悄然兴起,资本主义私有制也随之蔓延和发展。"抛弃

---

① 《马克思恩格斯全集》第3卷,人民出版社2002年版,第94页。
② 《马克思恩格斯全集》第3卷,人民出版社2002年版,第94页。
③ [德]黑格尔:《法哲学原理》,范扬等译,商务印书馆1961年版,第309页。
④ 《马克思恩格斯全集》第3卷,人民出版社2002年版,第64页。

了共同体的一切外观并消除了国家对所有制发展的任何影响的纯粹私有制"①，孕育出了一批与封建社会阶层不同的"市民"阶层，市民社会因之逐渐形成。"由于私有制摆脱了共同体"②，因此依托私有制建立起来的市民社会也摆脱了封建政治共同体的统治，在此基础上实现了封建政治国家与市民社会的分离。其次，政治革命的发展也促进了国家与社会的分离。政治革命把"分散、分解、溶化在封建社会各个死巷里的政治精神激发出来，把政治精神从这种分散状态中汇集起来，把它从与市民生活相混合的状态中解放出来"③。在这里，马克思特别强调只有法国革命才是真正的政治革命，它"使市民社会的等级差别完全变成了社会差别，即在政治生活中没有意义的私人生活的差别。这样就完成了政治生活同市民社会的分离"④。正是在商品经济和政治革命的双重作用下，市民社会与政治国家分化为不同的领域与空间，进而逐步实现分离。

国家与市民社会的分离不仅是现代国家与社会发展的一大标志，而且具有双重后果。

第一，二者的分离具有积极意义。这主要表现在：一是释放了经济社会活力。国家与市民社会在分离的情况下，政治因素对经济社会发展的干扰减弱，使得经济社会能够按照自己的原则进行生产与交换，经济社会的发展活力因此而增强。二是促进了现代政治制度的形成与发展。国家与社会的分离，促使社会从等级制发展到代表制，使三权分立成为必要，并导致了人权和公民权的确立⑤，这成为催生现代政治制度和民主国家的极为重要的因素。

第二，二者的分离也产生了许多不利影响：一是加剧了利益冲突。国家与市民社会分化成不同领域，市民社会成为私利的战场。在利己主义原则的作用下，产生了社会内部个人之间以及私人权利与国家权利之

---

① 《马克思恩格斯选集》第1卷，人民出版社2012年版，第212页。
② 《马克思恩格斯选集》第1卷，人民出版社2012年版，第212页。
③ 《马克思恩格斯全集》第3卷，人民出版社2002年版，第187页。
④ 《马克思恩格斯全集》第3卷，人民出版社2002年版，第100页。
⑤ 俞可平：《马克思的市民社会理论及其历史地位》，《中国社会科学》1993年第4期。

间的利益对立。二是导致了官僚政治的形成与发展。马克思在批判黑格尔国家观时，也肯定了黑格尔关于国家和市民社会分离与官僚政治之间的因果关系的认识，认为"黑格尔以'国家'同'市民'社会、'特殊利益'同'自在自为地存在着的普遍东西'的分离为出发点，而官僚政治实际上以这种分离为基础"①。换言之，官僚政治的产生根源在于国家与市民社会的分离，这种分离使得官僚机构的产生成为必要，并通过官僚机构把国家变成官僚阶级的私有财产。三是导致了人的二重化，使人们在国家和社会这两个领域同时过着"天国的生活和尘世的生活"②。"所谓天国的生活，是指个人作为国家的公民在政治生活中把自己看作是国家的一员，把国家看作是自己的本质，因而过着普遍的生活；尘世的生活则是指个人在市民社会中是孤立的，尽管每个人都必须与他人发生关系，但是每个人都只把他人看作是工具，同时也把自己看作是工具。"③

国家与市民社会的分离虽然利弊共生，人们对其也莫衷一是，但二者的分离则是不依赖于人的主观意志和内心好恶的客观事实。但在这里，尤需澄清的一个重要问题是：在二者分离的过程中，到底是市民社会促成了国家的产生，还是国家促成了市民社会的产生？即在二者关系中，到底是谁决定谁？在《法哲学原理》中，黑格尔虽然承认国家是由家庭和市民社会发展而来的，却不承认家庭和市民社会是国家的基础，反而认为国家包括并决定市民社会。换言之，在国家与社会何者为第一性的问题上，黑格尔坚持"国家决定社会"的理论观点。黑格尔这一观点的逻辑理路是：他采用"正反合"的三段式逻辑分析法，认为家庭是一种特殊的利他主义，是"正题"；随着时间的不断发展，家庭逐渐走向它的对立面——市民社会，即"反题"；为了克服市民社会与国家的冲突与矛盾，需要将国家预设为最高伦理权威从而出面解决一切问题，即"合题"。黑格尔正是通过反题否定正题、合题否定反题的

---

① 《马克思恩格斯全集》第3卷，人民出版社2002年版，第58页。
② 《马克思恩格斯全集》第3卷，人民出版社2002年版，第172页。
③ 刘海江：《马克思"虚幻共同体"思想的存在论基础》，《南京政治学院学报》2010年第1期。

思辨逻辑，论证了国家的第一性问题。

对于黑格尔的思辨逻辑和最终结论，马克思甚感不解和迷惑。而此时，费尔巴哈的"主宾倒置法"却对他产生了积极影响。费尔巴哈在《关于哲学改造的临时纲要》中认为，存在是主词，思维是宾词，宾词受制于主词，思维决定于存在。马克思借助费尔巴哈的这一方法，批判了黑格尔的把"观念变成了主体，而家庭和市民社会对国家的现实的关系被理解为观念的内在想像活动"① 的错误，并强调"家庭和市民社会都是国家的前提，它们才是真正活动着的；而在思辨的思维中这一切却是颠倒的"②。在马克思看来，国家是从家庭和市民社会中产生出来的，"家庭和市民社会使自身成为国家。它们是动力"③，"政治国家没有家庭的自然基础和市民社会的人为基础就不可能存在"④。最终，马克思借助费尔巴哈的"主宾倒置法"初步批判了黑格尔的思辨哲学，并通过对国家与社会关系的哲学与政治学研究，批判了黑格尔关于"国家决定社会"的法哲学思想，从而为得出"社会决定国家"的科学结论奠定了思想基础。其实，马克思于1843年夏在克罗茨纳赫所写的《黑格尔法哲学批判》的主要动因和核心思想，就在于对黑格尔国家和市民社会关系思想进行理论翻转。

2. 马克思对"社会决定国家"的理论确证

在1844年之前，马克思由于自身的专业背景和知识结构的限制，仅主要从哲学方法论的层面对国家与社会的关系进行了理论翻转，并初步得出了"社会决定国家"的结论，但并未从更深层次对这一结论予以理论确证。1844年之后，随着马克思研究的不断深入，他通过政治经济学剖析与唯物史观论证，对"社会决定国家"这一结论给予了理论确证。

第一，马克思对"社会决定国家"的政治经济学确证。在《1844年经济学哲学手稿》中，马克思明确指出，"宗教、家庭、国家、法、

---

① 《马克思恩格斯全集》第3卷，人民出版社2002年版，第10页。
② 《马克思恩格斯全集》第3卷，人民出版社2002年版，第10页。
③ 《马克思恩格斯全集》第3卷，人民出版社2002年版，第11页。
④ 《马克思恩格斯全集》第3卷，人民出版社2002年版，第12页。

道德、科学、艺术等等，都不过是生产的一些特殊的方式，并且受生产的普遍规律的支配"①。可见，马克思从社会生产的经济学角度对"社会决定国家"给予了初步确证。在《〈政治经济学批判〉序言》中，马克思在论述经济基础与上层建筑的关系时进一步指出，生产关系的总和即经济基础是"有法律的和政治的上层建筑竖立其上并有一定的社会意识形式与之相适应的现实基础"②。而后，马克思在《资本论》的写作和政治经济学理论体系的确立过程中，都始终坚持经济决定政治、以国家为代表的政治上层建筑受制于经济基础等基本立场和观点。

第二，马克思对"社会决定国家"的唯物史观确证。唯物史观作为马克思的伟大理论创见，自形成之日就一直秉持"社会存在决定社会思维"的基本原则，并将此原则视为正确洞察人类历史的"金钥"和"密码"。而在科学剖析"社会存在"时，必然绕不开对国家与社会关系的认识。按照马克思的观点，社会决定国家而不是国家决定社会，这是对国家产生演变史进行客观考察后必会得出的确切结论。在唯物史观形成过程中出现的一部重要著作——《神圣家族》中，马克思、恩格斯就指出，"正如古代国家的自然基础是奴隶制一样，现代国家的自然基础是市民社会以及市民社会中的人"③，"现代国家是由于自身的发展而挣脱旧的政治桎梏的市民社会的产物"④。在唯物史观正式确立的标志性著作——《德意志意识形态》中，马克思、恩格斯又强调，市民社会"这种社会组织在一切时代都构成国家的基础以及任何其他的观念的上层建筑的基础"⑤。在1846年12月28日写给安年科夫的信中，马克思又进一步澄明了市民社会与国家的关系，指出："在生产、交换和消费发展的一定阶段上，就会有相应的社会制度形式、相应的家庭、等级或阶级组织，一句话，就会有相应的市民社会。有一定的市民

---

① 《马克思恩格斯全集》第3卷，人民出版社2002年版，第298页。
② 《马克思恩格斯选集》第2卷，人民出版社2012年版，第2页。
③ 《马克思恩格斯文集》第1卷，人民出版社2009年版，第312页。
④ 《马克思恩格斯文集》第1卷，人民出版社2009年版，第313页。
⑤ 《马克思恩格斯选集》第1卷，人民出版社2012年版，第211页。

社会，就会有不过是市民社会的正式表现的相应的政治国家。"① 正如后来恩格斯所总结指出的："决不是国家制约和决定市民社会，而是市民社会制约和决定国家。"② 至此，马克思在对其结论进行经济学确证的基础上，又对其进行了唯物史观确证与升华，最终确立和科学论证了"社会决定国家"的理论观点。

（二）乡村社会治理中的社会力量参与

综上，按照马克思的观点，尽管国家与社会之间密切联系、相互作用，社会对国家的决定作用和国家对社会的反作用相伴而生、相辅相成，但二者并非平齐并列，而有主次之分：国家终究是要消亡的，因而是暂时的；而社会与人类共始终，因而是长久的。因此，如果把社会对国家的决定作用和国家对社会的反作用看作一对矛盾的话，社会对国家的决定作用显然是矛盾的主要方面，而国家对社会的反作用只能是矛盾的次要方面。坚持社会决定国家，而不是国家决定社会，这是马克思唯物史观与唯心史观的重要界标。马克思主义的这一观点启示我们，在乡村社会治理中固然要重视发挥国家及作为其基层代理人的县乡政府的保障公共安全、维护社会秩序、提供公共服务等作用，但更要尊重和调动广泛蕴含于乡村社会中的各种积极因素，壮大乡村社会力量并引导其有序参与乡村社会治理。之所以必须如此，是因为社会治理的兴起本身就是社会结构变迁和社会力量壮大的必然结果，它是一个自上而下与自下而上结合互动的过程，既包括政府所进行的对社会自上而下的管理，又包括公民和社会组织所进行的自下而上的自治，强调政府与社会通过合作、协商、建立伙伴关系、确认共同目标等方式实施对公共事务的管理和实现公共利益最大化。③ 改革开放以来，随着我国经济社会事业的蓬勃发展，各行各业竞速比高，迸发出强劲发展活力，从而推动了社会力量的日益壮大，也使其在社会治理中发挥着越来越重要的作用。在此情

---

① 《马克思恩格斯选集》第 4 卷，人民出版社 2012 年版，第 408 页。
② 《马克思恩格斯选集》第 4 卷，人民出版社 2012 年版，第 202 页。
③ 俞可平：《治理与善治》，社会科学文献出版社 2000 年版，第 6 页。

况下，吸纳社会力量参与社会治理，遂成为近年来党和国家的鲜明政策指向。中央决策层曾明确提出，要"注重动员组织社会力量共同参与，发动全社会一起来做好维护社会稳定工作，努力形成社会治理人人参与、人人尽力、人人共享的良好局面"[1]。事实表明，社会力量不仅是社会治理的重要服务对象，而且已成为社会治理不可或缺的构成要素和参与主体，甚至是决定社会治理成效的关键因素。具体到乡村而言，实现以农民为主体的乡村社会治理现代化，必须打破政府的权力垄断，做到权力下放、资源下沉，广泛调动有利于乡村社会治理的社会资源和各种社会力量。社会力量参与乡村社会治理，是乡村社会治理现代化的必要条件和重要特征。如果社会力量缺位，绝不可能有真正意义上的乡村社会治理，更不可能实现乡村社会治理现代化。

1. 乡村社会组织是参与乡村社会治理的重要社会力量

鉴于目前我国对社会力量尚缺乏明确的界定和分类标准，而一般指代"社会团体""基金会""事业单位""民办非企业单位"等，因此，根据我国乡村社会实际情况，本章中所谓的"乡村社会力量"主要指乡村社会组织，即以乡村公共事务治理为目标，以农民自我组织、自我管理、自我教育为主要特征的自治组织，主要包括县（市）、乡（镇）、村的社会团体和民办非企业单位[2]，比如经济组织或合作社、志愿者服务组织、文化娱乐组织、工会、宗族组织、老年协会、乡贤会、红白理事会等。这些社会组织涵盖了情趣文体类、社区服务类、维护权益类、慈善公益类等多种类型，在课题组问卷调查的山东、河南两省的绝大部分乡村已存在。

乡村社会组织的发展规模及其质量，是衡量乡村社会力量发育程度的重要标准。换言之，看一个乡村地区社会力量的大小，主要看该地区社会组织的多少及优劣。乡村社会组织具有民间性、公共性、多样性、灵活性、非营利性等特征，可作为连接县乡政府与农民的必要纽带，在

---

[1] 中共中央宣传部：《习近平新时代中国特色社会主义思想三十讲》，学习出版社2018年版，第240页。

[2] 李万钧：《关于创新基层社会治理的实践与思考》，《科学社会主义》2017年第5期。

县乡政府和农民之间表现出较强的沟通、协调与聚合功能，成为弥补政府治理失灵和完善乡村社会治理体系的必要依托，是农民和社会力量参与乡村社会治理的重要载体，在乡村社会治理中能够发挥出重要的协同合作作用。

需要说明的是，主张由乡村社会组织参与乡村社会治理，并非出于学者"异想天开式"的个人推论或乡村社会组织"一厢情愿式"的主观诉求，而是有着来自党和国家的确凿的政策依据：近十余年来，在党中央的一系列会议、文件或中央领导人的讲话中，多次提出要重视社会组织在提供公共服务、参与社会治理中的作用。比如，2006年党的十六届六中全会通过的《关于构建社会主义和谐社会若干重大问题的决定》提出，要"健全社会组织，增强服务社会功能"，建立"党委领导、政府负责、社会协同、公众参与的社会管理格局"；2013年党的十八届三中全会通过的《关于全面深化改革若干重大问题的决定》进一步强调，要创新社会治理，"坚持系统治理，加强党委领导，发挥政府主导作用，鼓励和支持社会各方面参与，实现政府治理和社会自我调节、居民自治良性互动"，要"正确处理政府和社会关系，加快实施政社分开，推进社会组织明确权责、依法自治、发挥作用。适合由社会组织提供的公共服务和解决的事项，交由社会组织承担"；2017年党的十九大再次强调要加强和创新社会治理，要求重视"发挥社会组织作用"，"打造共建共治共享的社会治理格局"，以增强政府治理、社会调节与居民自治之间的良性互动，提高社会治理的社会化、法治化、智能化、专业化水平；在2019年初召开的中央政法工作会议上，习近平总书记首次提出了"调动城乡群众、企事业单位、社会组织自主自治的积极性，打造人人有责、人人尽责的社会治理共同体"[①]的要求；党的十九届四中全会进一步强调，要"坚持和完善共建共治共享的社会治理制度"，"建设人人有责、人人尽责、人人享有的社会治理共同体"。建设"社会治理共同体"，是党的十九大以来党和国家在社会治理问题

---

① 张洋：《全面深入做好新时代政法各项工作 促进社会公平正义保障人民安居乐业》，《人民日报》2019年1月17日第1版。

第二章 马克思国家与社会关系理论视域下的乡村社会治理主体协同化

上的新探索、新理念、新要求，是国家治理体系现代化在社会领域的应然之义和必然体现。所谓社会治理共同体，是由政府、社会组织、市场和公民等多元治理主体基于共同的价值理念、目标追求和集体行动而形成的资源共享、彼此依赖、互惠合作的机制与组织结构。[①] 从主体角度看，政府、社会组织、市场和公民是支撑社会治理共同体的主要基点，四者之间的结构关系是影响社会治理共同体的完善性、稳固性和有效性的主要变量。对于作为全国社会治理的短板和难点的乡村社会治理而言，此变量则主要表现为县乡政府、乡村社会组织和农民的结构关系。市场力量目前在乡村社会的微弱性，致使其在事实上难以成为强有力的乡村社会治理主体，这就为乡村社会组织在乡村社会治理中发挥重要作用提供了必要和可能。

从上述会议、文件中的相关阐述来看，发挥社会组织在社会治理中的作用确实已经被纳入党和国家关于社会治理现代化的顶层设计理念之中。在此理念的引领下，党的十八大以来，国家二十多个部委参与制定和设计了关于促进和规范社会组织发展的一系列文件，主要包括《国家社会组织发展规划》《社会组织管理制度改革指导意见》《政府向社会力量购买服务的指导意见》《社会组织人才队伍建设》《社会组织转移职能目录指引》《社会组织税收减免制度》《关于加强社会组织党的建设工作的意见》《等级管理机关的职能调整和四类社会组织直接登记办法》等。上述理念的提出和文件的出台，为吸纳乡村社会组织参与乡村社会治理提供了必要的思想指引和政策保障。而就全国各地的事实情况来看，乡村社会组织确已作为乡村社会治理的重要主体，与县乡两级党委政府相配合，注重发挥自身的治理优势，从而增强了乡村社会的整合力与黏合度、拓宽了乡村社会的合作治理道路、彰显了其作为非政府组织而弥补政府失灵与市场失效的作用。比如，江苏省张家港市永联村在社会治理中形成了社会管理服务中心、社区、村经济合作社、驻村企业、社会组织"五位一体，共融分治"的治理格局；南京市浦口区

[①] 公维友、刘云：《当代中国政府主导下的社会治理共同体建构理路探析》，《山东大学学报》（哲学社会科学版）2014 年第 3 期。

侯冲村构建了种养殖、助弱扶贫协会和老党员、老干部议事协调小组等"六会一组"的治理构架，从而增强社区公共服务和社区治理能力。①而据笔者实地调研发现，乡村社会组织参与乡村社会治理的主要功能体现在三个方面。

第一，提供公共文化服务，倡导文明新风。由于目前乡村社会组织以情趣文体类组织居多，因此，开展公共文化活动、倡导文明新风成为它们的主要服务内容。在许多乡村地区特别是农村社区，都存在秧歌队、锣鼓队、舞蹈队等文艺演出组织。比如，在山东省诸城市辛兴镇的大杨庄子社区，农民徐社组织成立了一支文艺演出队，并自费出资购买了演出队所需的锣鼓家什；诸城市枳沟镇的农民张金山组织成立的枳沟镇京剧票友会，经常在社区文化广场上演练。每当逢年过节或当地举行重大活动时，这些文艺演出组织往往出面向农民义务提供演出，深受农民欢迎。此外，乡村地区广泛存在的红白理事会等组织，也在引导农民摒弃陈规陋习、树立文明新风方面发挥了重要作用。比如，山东省临沭县店头镇永安社区成立的社区红白理事会长期坚持"三个严格"，即严格实行红白事申报制、严格防范铺张浪费现象发生、严格实行镇纪委备案制，强化对红白事办理的事前监督、过程监督和事后监督，从而在当地引导形成了厉行节俭、反对浪费、文明和谐的良好风尚。

第二，提供矛盾排解和公共安全服务。乡村地区存在的老年协会、平安协会、治安联防协会等组织，通过开展纠纷排解、矛盾化解、治安巡逻、心理疏导、精神慰藉等活动，成为维护乡村社会和谐稳定的重要力量。比如，河南安阳市殷都区水铁社区的老年协会，常年致力于调处社区家庭赡养纠纷和邻里矛盾，因而被评为"河南省优秀基层老年协会"；在山东省章丘市双山街道三涧溪社区，由退职老干部、老党员、老退伍军人、老工人和其他有威望的老年人组成的"五老"调解会，在化解社区矛盾、促进邻里和谐等方面发挥了重要作用；山东省章丘市高官寨镇罗家村发动全村党员成立的义务治安巡逻队，实施24小时昼

---

① 唐鸣、陈鹏：《政社互动：十八大以来农村社区社会组织的发展路径》，《社会主义研究》2016年第4期。

夜巡逻，使得全村多年来从未发生盗窃和刑事案件；山东省新泰市依托"平安协会"，在化解乡村冲突事件和维护社会稳定方面取得显著成效；闻名遐迩的浙江"枫桥经验"的重要内容之一，就在于充分发挥社区社会组织的维稳作用；浙江省杭州市广泛存在的"红巷老舅妈""和谐理事会""调解劝和服务队"等社会组织，成为当地排解社区矛盾、调解民事纠纷的重要依托。

  第三，提供志愿互助服务。主要表现在通过志愿服务队、爱心超市等组织，向农民提供以和睦友爱、卫生保洁、助老扶幼、爱心助残为主要内容的公益互助服务。比如，山东省诸城市龙都街道的邱家七吉社区，先后成立了老年志愿者队伍、企业志愿者队伍、妇女志愿者队伍、青年志愿者队伍、少先队员志愿者队伍5支队伍，在社区农民中持续开展社会互助求助、环境卫生监督、公益事业服务等服务活动。再如，山东省莒县城阳街道的墩头社区成立了由教师、村民和社区服务中心人员构成的志愿者服务队，志愿服务的内容包括社区红白事、社区卫生保洁、义务植树、照顾孤寡老人、为老年人查体、走访慰问困难户等。在墩头社区，课题组还发现了一个名叫"爱心合作社"的志愿服务组织，它向社区农民提供的服务内容非常全面：一是社区综合服务，包括信息咨询、缝纫修补、家电维修、水电维修、理发服务、健康义诊等；二是社区平安服务，包括治安防范、消防应急、防灾减灾、文明交通、矛盾调解等；三是社区文化服务，包括环保宣传、法律宣传、消防宣传、反邪宣传、计生宣传、农技宣传、致富宣传等；四是社区结对关爱，包括日常帮扶、节日慰问、生活照料、走访慰问、读书聊天、代办跑腿等；五是社区青少年关爱，包括假日活动、课外阅读、作业辅导、绿色上网、青年互助、心理咨询、素质拓展、就业帮扶等。不仅如此，该"爱心合作社"还对服务对象、帮扶方式、服务周期、服务时间、激励制度等方面进行了明确规定，现转录如下：

  （1）服务对象：老年人、残疾人等弱势群体。
  （2）帮扶方式：一对一结对帮扶。根据服务对象的要求和志愿者的个人条件，安排志愿者帮扶对子，发放"爱心存储卡""连心热线卡"，填写"爱心结对卡"，建立帮扶档案，详细记录志愿服务内容、服务时间。志愿者一般只对自己固定的帮扶对象负责。

（3）服务周期：与彩虹之家、青年夜校一个系列课程同期。同期内为老人至少做一次家务、洗一次衣服、打扫一次卫生、陪护聊一次天、代办一件小事，节假日开展孝心佳节活动。

（4）服务时间：周日入户，日常通过热心连线代办跑腿。

（5）激励制度：有爱心的社区居民，都可以到社区登记成为志愿者，领取爱心储蓄卡。社区志愿者服务时间2小时以内的事情，每件事折算1个积分，服务时间在2小时以上的时间，2小时以外的时间，按每小时折算1个积分进行累计，积分一个月一公示一登记。

（6）记录使用：志愿者可以在爱心合作社凭积分兑换生活用品，年底对优秀的社区志愿者进行表彰，爱心合作社里面的物品主要由共建单位捐赠，同时鼓励志愿服务的个人定向捐赠。

2. 乡村社会组织参与乡村社会治理的现存问题及其破解

尽管有乡村社会组织参与乡村社会治理的如上成功实例，但就目前总的情况来看，乡村社会力量弱小、社会组织参与不足仍是制约乡村社会治理结构优化和治理实效提高的主要障碍。具体而言，由于我国社会结构长期存在着高度行政化、集权化的传统与惯性，"强国家、弱社会"关系形态存在已久，民间性的社会组织向来发育不良、影响微弱。倘若放眼乡村，社会组织的发展更令人担忧：社会组织虽然总数较多、类型多样，但也存在"小""散""弱"的问题。所谓"小"，即组织成员的数量偏少、年龄老化，且缺乏相对稳定的专职和专业人才；所谓"散"，即组织内部结构松散，组织发展缺乏计划性和接续性，甚至没有固定的活动场所和活动内容；所谓"弱"，即没有固定的收入来源，存量资产少，经济实力弱，开展活动往往力不从心。出现这些问题，原因固然是多方面的，但根本原因在于缺乏政府的支持资助。就多数乡村社会组织来看，其生成环境、成员构成、活动领域等诸多弱质因素，决定了其具有天然的"草根性"以及由此衍生出的对政府的强依赖性。

但事实上，政府对乡村社会组织的支持严重不足：一是"无心支持"。县乡政府对乡村社会组织的存在与发展，往往怀有令人费解的心态：对那些发展较差、影响弱小的社会组织，认为其对政府并无益处，因而并不看好、不屑支持；对那些发展较好、影响较大的社会组织，则忧惧其挑战政府权威，因而心怀戒备、不敢支持。二是"无力支持"。自国家财税体制改革以后，县乡政府财力愈显紧张，财力不足、入不敷出的问题较为普遍，"县级财政哭爹喊娘，乡级财政精精光光"这句在安徽省公务员中流传甚广的"吐槽"，在一定程度上反映出县乡政府的财政困局。而在有些县乡（镇），财政支出基本上依靠上级各类转移支付及补助维持，甚至举债度日、负债颇多，陷入"吃饭财政""救济财政""借贷财政"的尴尬境地。在自身财力不足的情况下，县乡政府对乡村社会组织的资金支持自然是无力可及。笔者在实地调查中问及一些乡村社会组织"当地政府或村（居）委会向贵组织提供了哪些支持和资助"时，该组织负责人的回答往往是"经常开会传达上级的政策和文件，帮助制定组织的规章制度"。在被追问"有没有给予经济上的资助"时，该组织负责人往往明确表示"没有"。

乡村社会组织的"小""散""弱"问题，不仅影响其自身的合理存在和持续发展，而且导致其缺乏通过开展活动而为农民服务的能力，这必然会损减其在广大农民群众中的认同度、公信力和美誉度。在这种情况下，其参与乡村社会治理的广度、深度和效度也就可想而知了。鉴于此，为优化乡村社会治理主体结构，进而推进乡村社会治理现代化，当前尤需高度重视乡村社会组织的作用、加快其发展壮大。为此，需要特别抓好"资金""制度"两个主要环节。

第一，强化对乡村社会组织的资金支持。县乡政府应在财政预算中设立扶持乡村社会组织的专项资金，重点资助那些开展乡村公共服务迫切需要资金的乡村社会组织的发展，任何单位和个人不得随意挪用专项资金。在专项资金向乡村社会组织拨付的过程中，应尽量减少拨付环节，或者直接为乡村社会组织设立专门的拨款账户，防止专项资金的"跑冒滴漏"。此外，政府应通过财政补贴、信贷优惠、贷款贴息、税收减免、购买服务、项目委托、低价或无偿提供活动场所和设施等多种形式，为那些公信力强、业绩突出的乡村社会组织注入发展资金，以破解这些乡村社会组织发展中遇到的资金短缺这一最大瓶颈，并加强对这些资金的监管，提高其使用效益。在加大政府资金支持力度的同时，乡村社会组织还可以加强与乡村企业的合作①，通过与乡村企业建立稳定的项目合作关系，广泛吸纳企业的资金捐赠。

第二，完善对乡村社会组织的制度保障。应尽快建立健全关于社会组织的国家立法体系，在全国统一性的法律法规出台之前，可以针对各类社会组织的特点，制定相关的单行法规或条例，以便落实乡村社会组织的法律地位，为其健康发展提供法律保障。对于现行的《社团登记管理条例》《基金会管理条例》和《民办非企业单位登记管理暂行条例》，要予以适当的修订和完善，对其中不利于乡村社会组织发展的相关规定及时进行修改。同时，要尽快改革国家关于社会组织的双重管理机制，简化社会组织的登记管理程序，降低其准入门槛，并健全其内部规章制度，以保障其规范化发展和科学化运行。对那些虽不具备登记条件但有意愿、有能力向农民提供公共服务的乡村社会组织，可坚持边发展边规范的原则，采取先备案后登记的管理模式，允许其先向农民开展公共服务活动，待其达到登记条件、发展较为成熟时再进行登记注册。总之，必须"注重社会组织培育和引导，改革社会组织管理制度，推动社会组织明确权责、规范自律、依法自治，积极参与社会治理全过程"②。

二 马克思国家反作用社会理论视域下的县乡政府负责

（一）马克思关于国家对社会反作用的理论分析

经济与政治、社会与国家，是相互影响、相互作用的。尽管马克思

---

① 笔者在山东省日照市东港区河山镇的申家坡社区调研时了解到，该社区有驻区企业单位四十多家，社区吸收企业成员成立社区共建理事会，参与社区管理与服务工作，驻区企业则为社区建设包括社区社会组织的发展提供了大量资金支持和项目支持。

② 中共中央宣传部：《习近平新时代中国特色社会主义思想三十讲》，学习出版社2018年版，第240页。

强调社会对国家的决定作用,但他并不否认和忽视国家对社会的反作用。在他看来,社会由于自身要素的多元性、关系的复杂性、主体的私利性等,其内部难免产生混乱与矛盾,因而需要国家发挥一定的反作用,即对社会的管理、协调和服务作用。易言之,社会对于国家,绝不是单向的决定关系,而是在承认国家具有反作用前提下的决定关系。根据马克思的相关论述可知,国家对社会的反作用至少表现为如下两个方面。

1. 国家对社会的政治统治与控制作用

马克思一生致力于对资本主义社会的研究,因而他关于国家对社会反作用的认识,也是以资本主义国家和资本主义社会为典型标本的。马克思认为,资本主义私有制确立以后,随着生产的不断发展以及分工的不断细化,资产阶级与无产阶级相伴而生。基于利益与生存环境的斗争,特别是由于无产阶级与资产阶级在生产资料占有和经济利益分配上的巨大差异,无产阶级与资产阶级的矛盾也随之产生并不断激化,进而导致严重的对立和斗争。因此,"为了使这些对立面,这些经济利益互相冲突的阶级,不致在无谓的斗争中把自己和社会消灭,就需要有一种表面上凌驾于社会之上的力量,这种力量应当缓和冲突,把冲突保持在'秩序'的范围以内"[1],这种力量就是国家,即社会上占据主导地位的资产阶级所组成的国家机器。"由于私有制摆脱了共同体,国家获得了和市民社会并列并且在市民社会之外的独立存在;实际上国家不外是资产者为了在国内外相互保障各自的财产和利益所必然要采取的一种组织形式。"[2] 这类国家起初的主要职能是调和社会矛盾,但由于受资产阶级自身狭隘性及逐利性的驱使,组成国家机器的资产阶级官僚把国家权力当作私有财产,把国家的目的变成自己的目的,"变成了追逐高位、谋求发迹"[3] 的手段,"国家政权在性质上也越来越变成了资本借以压迫劳动的全国政权,变成了为进行社会奴役而组织起来的社会力量,变

---

[1] 《马克思恩格斯选集》第4卷,人民出版社2012年版,第187页。
[2] 《马克思恩格斯选集》第1卷,人民出版社2012年版,第212页。
[3] 《马克思恩格斯全集》第3卷,人民出版社2002年版,第61页。

成了阶级专制的机器"①。通过资本主义国家形成和发展的历史事实可以发现，当社会各阶级陷入矛盾冲突与对立中时，为了保障统治阶级利益的最大化，就需要形成一定的政治国家机器，从而将社会各种矛盾通过一定的"政治秩序"控制在合理范围之内。此时的国家，也必然由调控社会矛盾的力量逐渐演变为全面控制社会的异化力量。马克思认为，伴随着资产阶级社会形态的不断成熟，为了保障资产阶级的统治地位和长久利益，国家对于社会的控制作用愈益明显，其主要表现有二。

第一，国家通过强制性的行政手段控制与干预社会的发展。马克思认为法国革命才是真正的政治革命，因此他以法国为例指出，在法国这样的国家里，行政权支配着由50万人组成的官吏大军，"国家管制、控制、指挥、监视和监护着市民社会"②，使得"每一种共同的利益，都立即脱离社会而作为一种最高的普遍的利益来与社会相对立"③，即国家通过行政权的不断强化而化身为"最高的普遍利益"代表，为攫取与破坏社会成员的共同利益进行合法辩护，从而实际异化为控制社会的力量。

第二，国家通过意识形态手段加强对社会的控制。国家作为统治阶级的利益代表，不仅支配着社会物质资料的生产，而且支配着社会精神财富的生产，它"赋予自己的思想以普遍性的形式，把它们描绘成唯一合乎理性的、有普遍意义的思想"④，进而控制社会舆论与社会成员思想，最终成为控制社会及其成员思想的异化力量。其实，早在担任《莱茵报》编辑期间，马克思就以普鲁士王国的书报检查制度为例，批判了资产阶级的"虚伪的自由主义"和普遍的伪善。他在《关于出版自由和公布等级会议记录的辩论》一文中指出，"书报检查的一般本质是建立在警察国家对它的官员抱有的那种虚幻而高傲的观念之上的"⑤，而在平民百姓看来，受书报检查制度制约的出版物只不过是"文明化

---

① 《马克思恩格斯选集》第3卷，人民出版社2012年版，第96页。
② 《马克思恩格斯选集》第1卷，人民出版社2012年版，第708页。
③ 《马克思恩格斯选集》第1卷，人民出版社2012年版，第760页。
④ 《马克思恩格斯选集》第1卷，人民出版社2012年版，第180页。
⑤ 《马克思恩格斯全集》第1卷，人民出版社1995年版，第133页。

的怪物,洒上香水的畸形儿"①。

2. 国家具有管理社会公共事务进而服务社会的作用

不管是何种类型的国家,都不可能仅仅行使政治统治职能,为了笼络安抚被统治阶级,进而巩固自身的统治地位,统治阶级掌握的国家政权必然要担负起必要的管理社会公共事务、为社会提供公共服务的职能。马克思指出:"只有为了社会的普遍权利,特殊阶级才能要求普遍统治。"② 这句话的意思是说,作为统治阶级的"个别阶级"要想真正实现"普遍统治",就必须注重维护整个社会的"普遍权利"和共同利益,为此则必须通过国家强化对社会公共事务的管理和对社会公共产品的供给。否则,这个统治阶级就会因失去社会公众的支持而丧失对全社会进行普遍统治的资格与能力。

在《不列颠在印度的统治》一文中,马克思这样论述作为国家主要代表的政府的职能:"在亚洲,从远古的时候起一般说来就只有三个政府部门:财政部门,或者说,对内进行掠夺的部门;战争部门,或者说,对外进行掠夺的部门;最后是公共工程部门"③,"亚洲的一切政府都不能不执行一种经济职能,即举办公共工程的职能"④。马克思还举例指出,在以往印度与波斯的各个专制政府中,执政者都异常重视对于河谷灌溉的管理,因为国家如果不重视对灌溉这一社会公共事务的管理,就不能保障农业的发展和谷物的供给。假如谷物的供给和农业的发展得不到保障,那么人民势必会迫于生存压力而奋起反抗斗争,从而冲击国家的政治统治。这些事实证明,国家兴建公共工程、承担社会公共事务管理具有十分重要的意义,它能确保国家对社会的政治统治具有合法性和稳固性,因为"政治统治到处都是以执行某种社会职能为基础,而且政治统治只有在它执行了它的这种社会职能时才能持续下去"⑤。总之,国家的活动"既包括由一切社会的性质产生的各种公共事务的

---

① 《马克思恩格斯全集》第1卷,人民出版社1995年版,第171页。
② 《马克思恩格斯全集》第3卷,人民出版社2002年版,第211页。
③ 《马克思恩格斯选集》第1卷,人民出版社2012年版,第850页。
④ 《马克思恩格斯选集》第1卷,人民出版社2012年版,第851页。
⑤ 《马克思恩格斯选集》第3卷,人民出版社2012年版,第559—560页。

执行,又包括由政府同人民大众相对立而产生的各种特有的职能"①。只承担政治统治职能,而不承担社会公共事务管理职能、不能为社会提供公共服务的国家是难以存在的,也是不曾存在的。

(二) 乡村社会治理中的县乡政府负责

马克思关于国家反作用社会的理论,对于我们当下正确认识作为国家代理人的政府在社会治理中的地位和作用具有重要指导意义。马克思所设想的国家的上述两方面作用的实际发挥,一般要通过政府来落实,政府事实上往往成为国家的主要代言人与行动者。因而,加强政府建设、优化政府职能,是推进国家治理的题中之义。在社会主义建设时期,政府的主要作用当然不可能是落实国家的政治统治职能,而应是落实国家的公共服务职能。社会治理作为国家治理的重要内容,自然也需要发挥好政府的这种作用。如前所述,在新时代的社会治理话语体系中,之所以以"治理"取代传统意义上的"管理",就在于宣示要摒弃以往的自上而下的单向式、单中心的政府管理,实现治理主体多元化,尤其是彰显社会力量参与对于社会治理的重要意义。但是,强调治理主体多元化和社会力量参与,并不意味着可以放弃和削弱政府责任,相反,按照"党委领导、政府负责"的社会治理之根本原则,政府必须切实担负起对于社会治理的应有责任。政府是党和国家决策的具体执行者,是社会治理体系得以高效运转的"总负责人"。社会治理唯有在各级政府的层层落实、系统推进下,才能将社会事务和社会问题纳入有序治理轨道,从而最大限度、最有力度地确保社会治理目标的实现。

政府在社会治理中的主体责任,具体体现到乡村社会治理领域,就是要发挥好基层政府即县乡政府的作用。"在我们党的组织结构和国家政权结构中,县一级处在承上启下的关键环节,是发展经济、保障民生、维护稳定、促进国家长治久安的重要基础。"② 而乡镇政府作为我国五级政府组织架构中最低层级的政府,是国家政权纵向延伸的最后一

---

① 《马克思恩格斯选集》第 2 卷,人民出版社 2012 年版,第 560 页。
② 《习近平谈治国理政》第 2 卷,外文出版社 2017 年版,第 140 页。

层，是与乡村基层接触最广泛、最直接的基层政权组织，发挥着"上连国家，下接乡村"的桥梁纽带作用。从理论上讲，乡镇政府无疑应是"负责"乡村社会治理中的最基层政府，它扮演着"对上负责"和"对下服务"的双重角色，应该直接面向乡村地区和广大农民有效地开展社会治理活动，其治理权限源于广大农民的赋予与认同，要对农民负责并受其监督。在推进乡村社会治理的进程中，乡镇政府作为国家乡村政策的落实执行者和验证反馈者，其组织运行的好坏决定着国家意志能否在乡村社会得到最终实现。

然而，历经改革开放以来的政府改革和行政管理权重组，现在县乡政府一体化的趋势越来越明显，"不论是财权，还是事权，乡镇都已经不具备一级政府的真正属性，而是越来越成为县级政府的从属组织，或者成为县级政府的代理机构"[1]。因此，在乡村社会治理中，"实质意义上的基层政府应该是县级政府，更准确些说，则是县（市）和乡镇政府共同构成基层政府"[2]。从这个意义上说，对乡村社会治理实际"负责"的，应该是县乡政府，而不仅仅是乡镇政府。县乡政府作为乡村社会治理的主导者、引领者和主要负责者，其在多大程度上履行这些职责，决定着乡村社会治理的力度与成效。当然，"政府负责"绝非"政府全托"或"政府管制"，而应是"负总责""放细权""增服务"，切实建成人本型、服务型政府。

1. 县乡政府"负责"乡村社会治理的问题所在

反观当下我国的乡村社会治理实践，县乡政府的治理理念、治理能力、治理效果的表现都不尽如人意。

第一，治理理念失当。县乡政府作为乡村社会治理的主导者和引领者，其持有什么样的治理理念，从根本上决定着乡村社会治理的进程、力度与成效。但就目前的实际情况来看，县乡政府对"治理"的认知及其自我定位仍存在很大的偏差和误区。首先，对乡村其他治理主体的

---

[1] 赵树凯：《县乡政府治理的危机与变革——事权分配和互动模式的结构性调整》，《人民论坛·学术前沿》2013年第21期。

[2] 赵树凯：《县乡政府治理的危机与变革——事权分配和互动模式的结构性调整》，《人民论坛·学术前沿》2013年第21期。

态度失当。目前，某些县乡政府仍囿于传统管制型管理的思维定式，尚未完全认同和践行多中心治理、社会自治、全民共治的理念，在乡村社会治理中往往仍将自身定位为威权型而非服务型主体、全能型而非限能型主体，企望同时扮演好"掌舵者"与"划桨者"的二重角色。其内心深处想的更多的，是政府如何把社会治理好，而不是鼓励引导社会如何进行有效的自我治理，因而表现出对其他治理主体的不认可、不重视、不信赖，对它们的放权、赋能更是很不到位。其次，对乡村社会治理的价值诉求失当。乡村社会治理的实质和根本目标应该是维护农民群众的根本权益，努力改善农村民生。但从实践层面来看，一些乡村基层党政组织未能根据农村政治生态的变化，实现其自身功能的转变，即"从以组织或动员革命与生产为轴心的功能结构，转变为以社会关怀和利益协调为轴心的功能结构"①。特别是从一些基层政府来看，仍然秉持维稳诉求大于维权诉求的价值理念，把"维稳"作为乡村社会治理的主要目标和根本任务，没有把政府工作的重心放在改善农村民生、维护农民权益上，甚至出现以剥夺或限制公民权为代价而维稳的现象②。

第二，治理能力较弱。治理归根结底是通过"人"来实现的。县乡政府的治理能力，实际上主要体现在县乡基层干部身上。县乡基层干部具备较高的综合素质和治理能力，是确保乡村社会治理有效推进的重要前提条件。这就要求他们根据乡村社会治理现代化的现实要求，不断进行自我教育，转变思想观念，提高治理能力，改善治理方式。虽然近年来的"中央一号文件"都提出了"创新和完善乡村治理机制"的明确要求，但坦率地讲，目前有些县乡基层干部对中央的相关政策要求，学习得不透彻、理解得不到位、宣传得不全面、落实得不得力，甚至仍然动辄以粗暴的方式行使权力、管理农村。例如，2015年山东省临沂市平邑县东固社区后东固村村民张纪民遭强拆时被烧身亡、2016年湖南省长沙市岳麓区茶子山村非法拆除房屋导致农妇死亡，都是典型的反

---

① 李小妹：《农村社会协同治理运行机制的整合创新与逻辑建构》，《河南师范大学学报》（哲学社会科学版）2015年第1期。

② 姜晓萍：《国家治理现代化进程中的社会治理体制创新》，《中国行政管理》2014年第2期。

面教材。加之受市场经济的影响，拜金主义、享乐主义、个人主义在部分县乡基层干部身上表现明显，进而导致以权谋私、贪污腐败、吃拿卡要、小官巨贪等严重问题。特别是近年来，一些乡村干部利欲熏心，把黑手伸向惠农补贴、拆迁补偿款等项目，贪占、截留、挪用等现象频频发生。[1] 最高人民检察院工作报告指出，2017 年全国在涉农资金管理、征地拆迁、社会保障、扶贫等民生领域查办"蝇贪"62715 人，由此可见县乡基层干部腐败形势之严峻。县乡基层干部存在的上述问题，不仅导致乡村干群关系紧张，而且损减了农民对县乡基层干部的认同度、信任度、支持度，进而导致有些农民对县乡政府的工作不重视、不理解、不认可、不参与，造成乡村社会治理的低效乃至无效。

第三，治理效果欠佳。由于我国经济社会发展的相对落后性，兼之受封建专制传统的残余、计划经济时代政治集权的惯性、农民顺从意识与守旧意识的浸染等诸多因素的影响，在乡村社会治理中长期存在"强国家、弱社会"的局面，"强势政府"与"虚弱社会"现象并存，甚至在部分地区的乡村社会治理实践中，县乡政府"越位过度""热情过度""服务过度"，有时还在事实上成为控制乡村社会的力量，做了许多不该做也没做好的事，"普惠式政策环境下的镇政府并未成为制度改革所预期的基层服务型政府"[2]。而据学者对某省部分乡镇的实证研究，"基层政府的治理效能较为低下，普遍处于素质偏低、人才短缺和激励考核机制匮乏的窘境"[3]，甚至已经陷入因制度化滞后、民主化滞后、法治化滞后而带来的深刻的治理危机之中。由此导致的一个严重后果是，"乡村社会冲突加剧，乡村民众针对基层政府的抗争活动增加，包括冲突的种类增加、介入冲突的社会群体增加、冲突的总体规模也在扩展"[4]。上述问题的存在，既不利于县乡政府治理职能的正常履行，

---

[1] 谭英俊、谭律：《新形势下村级干部腐败与防治问题研究——基于广西 H 市的实证分析》，《广西师范学院学报》（哲学社会科学版）2018 年第 5 期。
[2] 陆益龙、王枫萍：《乡村治理中乡镇政府的双重困境及其成因——甘肃省 C 镇的个案经验》，《西北师大学报》（社会科学版）2017 年第 5 期。
[3] 李枚娜：《基层政府社会治理困局亟待上下协同破题——以广东省部分乡镇为观察样本》，《中国发展观察》2019 年第 10 期。
[4] 赵树凯：《基层政府：体制性冲突与治理危机》，《人民论坛》2014 年第 15 期。

也不利于乡村社会力量的自由生长，更不利于政社关系和干群关系的改善。另据学者基于"千人百村"的实证调查研究，在农民对政府总体较为满意的情况下，中央政府获得的评价最高，而离基层最近的乡镇政府所获评价较低，甚至低于对村委会的评价①。

2. 县乡政府"负责"乡村社会治理的路径选择

鉴于以上问题，在推动乡村社会"治理有效"与治理现代化的背景下，我们应该以马克思的国家对社会反作用理论为鉴引，通过重塑公共行政理念、改革高压行政体制、强化乡村公共服务等措施，加快县乡政府的职能转变与优化，妥善处理县乡政府与乡村社会的关系，从而为创新和优化乡村社会治理创设良好的外部环境。

第一，重塑县乡政府的公共行政理念。思想是行动的先导。如前文所述，欲创新和优化乡村社会治理，首要前提是"负责"乡村社会治理的县乡政府应牢固树立并践行与社会治理现代化相适应的科学理念：表现在理念核心上，就是要坚持农民的主体性；表现在理念目标上，就是要实现社会治理的农民共建共享。然而，受历史传统、现实条件等层面诸多因素的制约，在县乡政府主导和负责的乡村社会治理实践中，仍较为普遍地存在着"官本位""家长制""党政独大""政尊社微"等思想和习气，县乡政府往往仍将自身定位为威权型而非服务型主体、全能型而非限能型主体，企望同时扮演好"掌舵者"与"划桨者"的二重角色。只有破除这些思想观念，重塑公共行政理念，才能构建起服务型县乡政府，从而助推乡村社会治理水平的提高。当前，重塑县乡政府的公共行政理念，应该从以下几个方面入手：首先，树立有限政府理念。县乡政府以往多秉持全能型、全面型的行政理念，对乡村社会事务管得过多、过宽、过严，从而使得"政社"不分。这不仅降低了行政效率、造成了资源浪费，而且抑制了下属单位和农民的主动性与创造性、劣化了政群关系和党群关系。在创新优化乡村社会治理、实现治理主体多元化的背景下，县乡政府应真正树立有限责任理念，坚持有所为

---

① 陆益龙：《从农民的社会心态看乡村社会的发展态势——基于"千人百村"调查》，《探索与争鸣》2013年第10期。

有所不为，切实防止缺位、越位和错位。其次，树立服务理念。根据马克思的观点，国家及作为其代理人的政府应是调节社会矛盾的产物和整个社会共同利益的代表，而不是控制社会的产物。因此，现代政府应摒弃权力欲、控制欲，适当放权于社会，牢固树立服务理念，构建服务型政府。理论研究和实践经验均表明，县乡政府作为乡村社会治理的事实上的总指挥，它们应在组织提供乡村公共产品和公共服务、维护乡村社会治安稳定、营造良好乡村社会环境等方面发挥主导作用。鉴于此，县乡政府必须深入了解和及时应答农民的现实利益需求，牢固树立为农民服务的理念，科学调度和整合乡村社会资源，强化责任意识和服务意识，努力实现向服务型政府的转变。最后，树立科学的法治理念。"法治"是治理的基本理念和基本特征。在乡村社会治理中，必须尊崇法治的权威保障作用，坚持以宪法和法律作为乡村社会治理的根本遵循，使乡村社会治理在宪法和法律规定的范围内有序开展，充分发挥法治对乡村社会治理的引领、规范和保障作用。在乡村熟人社会中进行社会治理，尤其需要摒弃人治思维、树立法治理念。当前，乡村社会治理的法治化面临诸多因素制约，县乡政府和乡村社会组织等治理主体的法治素养有待提高，农民的法律意识较为淡薄且受到诸多陈规陋习的束缚，这就更加呼唤乡村社会治理法治化的深入发展。特别是县乡政府在"负责"乡村社会治理时，应率先垂范、强化引领，真正树立并践行法治理念，并引领各个治理主体合理归位、权责明晰、依法治理，"着力提高农村基层干部运用行政、经济和法律等手段管理基层事务、处理矛盾纠纷的能力"[1]，"增强基层干部学法、知法、守法、用法、护法的自觉性"[2]，建设一支通晓法治知识、具有法治精神、运用法治思维的农村基层干部队伍。

第二，通过改革高压型基层行政体制为乡镇政府"松绑""减压"。自中华人民共和国成立以来，我国一直实行自上而下的行政管理体制和

---

[1] 习近平：《干在实处　走在前列——推进浙江新发展的思考与实践》，中共中央党校出版社 2006 年版，第 181 页。

[2] 习近平：《干在实处　走在前列——推进浙江新发展的思考与实践》，中共中央党校出版社 2006 年版，第 387 页。

政府绩效考评机制,国家政令与任务一般由上级政府向下级政府逐级传达,使得下级政府往往处于上级政府的高压之下。具体到乡村社会治理来看,亦是如此。作为最基层政府的乡镇政府隶属和受制于上一级的县级政府,县级政府可以对乡镇政府直接下达任务与命令,甚至"用一票否决的方式对下级施加压力,迫使各乡镇和各职能部门都去拉关系,自铺摊子,上项目"①。在此压力下,乡镇政府为了完成绩效考核或者上级政府所交代的"政治任务"而不得不对村级组织"颐指气使",甚至越权越界直接控制乡村社会的重大事务,结果是必然扭曲与村(居)委会之间的"指导与被指导"的关系,而代之以"领导与被领导"的关系,因而阻碍了乡村基层自治制度的施行和农民主体地位的落实。因此,要想建立能真正促进村民自治的县乡政府,必须改革高压型基层行政体制:首先,调整优化县级政府与乡镇政府的关系。乡镇政府与其他各级政府不同,它不是处于上下级政府之间,因而在接到上级政府的政令或任务后可以顺次转传至下级政府,而是处于县级政府与乡村社会之间、其下再无一级政府可供指令,因而它一方面须对县级政府负责,另一方面须对乡村社会进行管理与服务。在此情况下,如果在乡村社会治理中县级政府仍然强力把控乡镇政府,迫使乡镇政府完全按照上级指令"负责"对乡村社会的治理,势必导致乡镇政府无法根据当地乡村实际和农民的真实需求提供对口服务,甚至会使乡镇政府成为"强制服务""盲目服务""无效服务"的政府。因此,为了提高乡镇政府对乡村社会所供服务的有效性与针对性,必须变革理顺县乡两级政府的关系,确保县级政府能将部分决策权、财政权、行政管理权和资源配置权适当下放给乡镇政府,从而使乡镇政府在权责利相统一的基础上获得相对独立与自由的地位,以便其因地制宜地进行乡村社会治理。其次,建立科学的绩效考评机制。以往,乡镇政府绩效考评的主体是上级政府即县级政府,乡镇政府干部的"乌纱帽"也往往系于县级政府,因此,乡镇政府出于"官位稳固"和"政绩卓著"之需,不得不一味地讨好和听命于县级政府。当前,为了建设新型的服务型政府,必须改变以往由县级

---

① 荣敬本:《"压力型体制"研究的回顾》,《经济社会体制比较》2013 年第 6 期。

政府主导的乡镇政府绩效考评机制，建立起以农民为本的乡镇政府绩效考评机制：一方面，在考评内容上，应摒弃 GDP 至上的偏执观念，而将乡镇政府对于民生的关注度和实现度作为其绩效考评的主要内容；另一方面，在考评方式上，应改变以往主要由县级政府自上而下考评乡镇政府工作绩效的办法，实行由县级政府自上而下考评与广大农民自下而上考评相结合，并不断提高农民考评的占比。这样一来，既能使乡镇政府大幅减轻来自上级政府的"高压"，获得"负责"当地乡村社会治理所需的相对自由的裁量权与发展权，又能使乡镇政府真正做到因地制宜，更好地想农民之所想、谋农民之所利，从而助推自身向人本型、服务型政府的转变。

第三，切实增强乡镇政府对乡村的公共服务功能。从中华人民共和国成立到改革开放前的近 30 年间，我国在基层治理中长期采取"政社合一"的模式，乡村缺乏独立发展的空间。改革开放后，为了弥补乡村社会因人民公社解体和乡村集体经济组织虚化而出现的"公共权力真空"与"公共组织真空"，国家开始施行"乡政村治"治理模式，乡村社会由此开始获得独立发展空间与机会。然而在实际的操作中，这种模式往往流于形式，乡镇政府倾向于以行政命令和政治干预的形式控制乡村社会的发展，从而抑制了乡村社会力量的成长和乡村社会治理现代化进程。因此，为构建有利于推进乡村自治进程的新型乡镇政府，乡镇政府应变"管控"乡村社会为"服务"乡村社会，通过强化公共服务的形式逐步减弱对于乡村社会的控制。至于乡镇政府应如何提供服务、应提供哪些公共服务，2017 年 2 月中共中央办公厅、国务院办公厅印发的《关于加强乡镇政府服务能力建设的意见》作出了明确而详细的说明。该《意见》提出的加强乡镇政府服务能力建设的"总体要求"是"主动适应经济社会发展新要求和人民群众新期待，准确把握实现基本公共服务均等化的发展方向，以增强乡镇干部宗旨意识为关键，以强化乡镇政府服务功能为重点，以优化服务资源配置为手段，以创新服务供给方式为途径，有效提升乡镇政府服务水平，切实增强人民群众的获得感和幸福感"，提出的"基本原则"之一是"坚持以人为本，回应民生诉求。坚持以人民为中心的发展思想，将实现好、维护好、发展好最广大人民群众根本利益作为一切工作的出发点和落脚点,以人民群众需求为导向,为人民群众提供精准有效服务,让人民群众共享改革发展成果",并要求乡镇政府提供基本公共教育服务、劳动就业服务、社会保险服务、基本社会服务、基本医疗卫生服务、公共文化体育服务等六个方面的公共服务,以及"符合当地实际和人民群众需求的农业农村经济发展、农民基本经济权益保护、环境卫生、环境保护、生态建设、食品安全、社会治安、矛盾纠纷化解、扶贫济困、未成年人保护、消防安全、农村危房改造、国防动员等其他公共服务"[①]。

三 马克思国家与社会统一论视域下的政社互动

(一) 马克思的国家与社会统一论

马克思认为,在社会决定国家、国家反作用于社会的过程中,伴随着生产力的高度发展、私有财产的积极扬弃和无产阶级的进步发展,国家与社会之间的矛盾将不断得到化解,社会力量也将不断发展壮大,从而社会将逐步收回赋予国家的相关权力。届时,作为社会异化产物的国家,将逐步自行消亡并复归于社会,从而最终实现国家与社会的统一。

1. 认知国家与社会统一的三个视角

对于国家向社会复归并实现二者统一的历史趋势,马克思主要从以下三个视角进行了科学预测。

第一,人的解放的视角。在对国家与社会关系进行法哲学批判时期,马克思认为政治解放虽然实现了国家与社会的分离,但这种分离也导致了人的"二重性",使人们过着双重生活:在政治国家中,人把自己看作社会存在物,从而人们基于政治原则与政治精神过着与人的类本质相统一的生活;而在现实社会中,人们失去了理性政治原则的约束,转而信奉自私自利的利己主义原则,从而使得人与自身的类本质相异化。鉴于此,马克思指出,为了实现人的真正解放,必须超越政治解放的局限性,实现国家向社会的复归及二者的统一,因为"只有当现实

[①] 《加强乡镇政府服务能力建设》,《人民日报》2017年2月21日第1版。

的个人把抽象的公民复归于自身,并且作为个人,在自己的经验生活、自己的个体劳动、自己的个体关系中间,成为类存在物的时候,只有当人认识到自身'固有的力量'是社会力量,并把这种力量组织起来因而不再把社会力量以政治力量的形式同自身分离的时候,只有到了那个时候,人的解放才能完成"①。

第二,阶级斗争的视角。马克思认为,"在经济发展到一定阶段而必然使社会分裂为阶级时,国家就由于这种分裂而成为必要了"②,可见,国家是阶级斗争的必然产物,也是开展阶级斗争的重要工具。由于阶级和阶级斗争都是历史的,而不是从来就有的,因此,国家也是历史的、不可能永恒存在的。"阶级不可避免地要消失,正如它们从前不可避免地产生一样。随着阶级的消失,国家也不可避免地要消失。"③ 国家随着阶级及阶级斗争而消失的过程,其实质就是国家逐步向社会复归的过程。既然阶级和阶级斗争都消失了,作为阶级斗争产物的国家对于社会的政治统治职能就失去了意义,国家的存在也就显得多余了,届时国家应该把对社会的公共管理职能交还给社会自身,从而实现国家向社会的复归及二者的统一。

第三,巴黎公社革命实践的视角。马克思在总结巴黎公社的经验时,高度评价了巴黎公社所实行的以公民自治为主要内容的社会管理方式,并对国家机器进行了无情批判,认为它是一个供养于社会并凌驾于社会之上的"寄生赘瘤",而"公社——这是社会把国家政权重新收回,把它从统治社会、压制社会的力量变成社会本身的充满生气的力量;这是人民群众把国家政权重新收回,他们组成自己的力量去代替压迫他们的有组织的力量"④。国家在无产阶级掌握政权之后将自行消亡,巴黎公社革命所建立的"公社体制会把靠社会供养而又阻碍社会自由发展的国家这个寄生赘瘤迄今所夺去的一切力量,归还给社会机体"⑤,

---

① 《马克思恩格斯全集》第3卷,人民出版社2002年版,第189页。
② 《马克思恩格斯选集》第4卷,人民出版社2012年版,第190页。
③ 《马克思恩格斯选集》第4卷,人民出版社2012年版,第190页。
④ 《马克思恩格斯选集》第3卷,人民出版社2012年版,第140页。
⑤ 《马克思恩格斯选集》第3卷,人民出版社2012年版,第101页。

从而实现国家向社会的复归及二者的统一。具有共产主义性质与色彩的巴黎公社革命虽然很快就失败了，其所建立的公社制度也很快被取缔，但它以活生生的实践和事实向人们阐释了国家必将消亡并复归于社会的历史趋势。正如1891年恩格斯在为马克思的《法兰西内战》写的"导言"中论及无产阶级国家时所强调的那样："国家再好也不过是在争取阶级统治的斗争中获胜的无产阶级所继承下来的一个祸害；胜利了的无产阶级也将同公社一样，不得不立即尽量除去这个祸害的最坏方面，直到在新的自由的社会条件下成长起来的一代有能力把这国家废物全部抛掉。"①

2. 实现国家与社会统一的基本条件

虽然马克思认为在人类社会的未来发展中必将实现国家向社会的复归及二者的统一，但这种复归与统一不是无条件的，而是必须在满足以下三个基本条件之后才可实现。

第一，生产力的高度发展。马克思认为，生产力是任何社会存在发展的物质基础与根本动力，而更高的生产力水平则是新社会制度取代旧社会制度的根本原因。资本主义取代封建主义之所以是一个巨大的历史进步，是因为"资产阶级在它的不到一百年的阶级统治中所创造的生产力，比过去一切世代创造的全部生产力还要多，还要大"②。同理，社会主义要取代并最终战胜资本主义，更应该创造出比资本主义高得多的生产力水平。在《共产党宣言》中，马克思、恩格斯一致主张无产阶级上升为统治阶级后，应把"尽可能快地增加生产力的总量"③作为自身的首要任务，以便确立和巩固社会主义制度赖以存在的物质基础。而新社会制度取代旧社会制度的一个重要标志，是国家的更替。国家是为了使经济利益相互冲突的阶级不致在无谓的斗争中把自身与社会消灭而产生的一种政治组织，它既是生产力发展到一定阶段、达到一定水平之后的必然产物，也是生产力不够发达，因而需要平抑人们之间利益纷

---

① 《马克思恩格斯选集》第3卷，人民出版社2012年版，第55页。
② 《马克思恩格斯选集》第1卷，人民出版社2012年版，第405页。
③ 《马克思恩格斯选集》第1卷，人民出版社2012年版，第421页。

争的必然选择。只要生产力尚未发展到足够高的程度、人们之间还存在着显著的经济利益矛盾和政治冲突,就需要国家这样的政治组织去处理社会矛盾、维护社会秩序。但到了未来的共产主义社会,随着生产力的巨大发展和社会财富的极大丰富,人们的利益需求将会得到前所未有的充分满足,以至于可以实行"按需分配"。在此情况下,人们的道德觉悟也会极大提高,人们之间的利益矛盾将会缓和甚至消失,阶级与阶级矛盾亦不复存在。因此,作为化解阶级利益矛盾的产物的国家也将把社会赋予的权力交还给社会本身,实现国家向社会的复归及二者的统一。

第二,私有财产的积极扬弃。私有财产的存在和私有者对自身财产利益的竭力维护,是导致阶级斗争和国家产生的经济根源,也是导致社会道德失范、社会秩序混乱等一切社会问题的总根源。因此,反对私有财产制、实行生产资料公有制,就成了马克思、恩格斯的一贯理论主张,也是社会主义必须坚持的一项基本原则。恩格斯早在1844年的《国民经济学批判大纲》中就认为,资本主义社会一切矛盾的总根源在于私有制。马克思也在《1844年经济学哲学手稿》中指出,消除私有制是避免异化劳动乃至资本主义一切弊端的首要条件。1848年发表的《共产党宣言》则将公有制与共产党人的纲领联系起来,强调"共产党人可以把自己的理论概括为一句话:消灭私有制"[①]。消灭私有制、实行公有制的目的在于通过对生产资料所有制关系的变革,使未来社会的生产关系真正适应生产力的发展要求,从而奠定社会主义赖以存在的经济基础。关于未来社会生产资料公有制的具体样态,马克思则在《资本论》中给了明确回答:"在资本主义时代的成就的基础上,也就是说,在协作和对土地及靠劳动本身生产的生产资料的共同占有的基础上,重新建立个人所有制。"[②] 此处所谓的重建"个人所有制",完全不同于资本主义的那种由资本家个人私有的占有方式,而是在生产资料社会共同占有的基础上建立的劳动者和所有者合二为一的新型制度。及至马克思晚年,虽然他在《哥达纲领批判》中区分了共产主义的两个发

---

① 《马克思恩格斯选集》第1卷,人民出版社2012年版,第414页。
② 《马克思恩格斯选集》第2卷,人民出版社2012年版,第300页。

展阶段以及在这两个阶段上实行的不同分配方式，但以生产资料公有制代替私有制的基本理论主张未曾丝毫改变。进入共产主义社会后，必然带来的是生产资料私有制的彻底瓦解、公有制的普遍确立特别是个人所有制的"重建"，这意味着"对私有财产的积极的扬弃，作为对人的生命的占有，是对一切异化的积极的扬弃，从而是人从宗教、家庭、国家等等向自己的人的存在即社会的存在的复归"①，这种复归同时也是国家向社会复归的过程。

第三，无产阶级的"彻底需要"和革命斗争。工业革命在创造了一个大工业资本家阶级的同时，也创造了一个与大工业相联系的无产阶级。随着社会化大生产的发展、工业中心城市的形成以及工厂制度的建立，无产阶级迅速壮大并开始觉醒。19世纪三四十年代英、法、德三国接连爆发的工人阶级反对资产阶级的斗争，标志着无产阶级作为独立的政治力量登上历史舞台，开始由自在阶级向自为阶级转变。正是由于无产阶级的这一关键转变，使马克思看到了无产阶级这一社会主体力量的价值。马克思认为，化解国家与社会之间矛盾的关键之一"就在于形成一个被戴上彻底的锁链的阶级，一个并非市民社会阶级的市民社会阶级，形成一个表明一切等级解体的等级"②，"它表明人的完全丧失，并因而只有通过人的完全回复才能回复自己本身。社会解体的这个结果，就是无产阶级这个特殊等级"③。这是马克思对于无产阶级历史作用的最初阐明，尽管这种阐明的方式还是以抽象人道主义的观点为出发点的，但已经表明马克思把国家与社会的统一即人类解放的历史任务赋予了无产阶级。当然，无产阶级要胜任此历史任务，则必须以科学理论来武装自己。马克思认为，理论一旦被群众掌握，也会变成强大的物质力量，实现对旧社会的彻底革命必须有彻底革命的阶级和彻底革命的理论，"所谓彻底，就是抓住事物的根本。而人的根本就是人本身"④，因此，实现人的本质、使人回归自身的社会属性，是无产阶级的"彻底

---

① 《马克思恩格斯全集》第3卷，人民出版社2002年版，第298页。
② 《马克思恩格斯选集》第1卷，人民出版社2012年版，第15页。
③ 《马克思恩格斯选集》第1卷，人民出版社2012年版，第15页。
④ 《马克思恩格斯选集》第1卷，人民出版社2012年版，第10页。

需要"。在这种需要的驱使下，无产阶级必将付诸革命斗争实践，把推翻致人异化的资产阶级国家作为自身使命，从而为实现国家向社会的最终复归和统一提供内源动力。

国家消亡并复归于社会之后，将由谁来履行社会管理与服务的职责呢？按照马克思的设想，国家将被未来的"自由人联合体"取而代之。简言之，"自由人联合体"即"自由人"与"联合体"的统一。在"自由人联合体"中，国家的权力已经消失，被国家抑制的人的本性充分显现，人们克服了国家异化所产生的"物的依赖关系"，从而建立起"个人全面发展和他们共同的、社会的生产能力成为从属于他们的社会财富这一基础上的自由个性"①，"自由人"开始出现。当然，其时的"自由人"的自由也是相对的、初步的、需要不断发展的，"只有在共同体中，个人才能获得全面发展其才能的手段，也就是说，只有在共同体中才可能有个人自由"②，即人们只有通过"联合体"这一共同体形式，才能不断自由发展。因此，在国家复归于社会之后，只有以"自由人"为发展目标、以"联合体"为载体形式，人的社会本性才会不断恢复，并最终实现人与社会的和谐共生、共同发展。

（二）乡村社会治理中的政社互动

按照马克思的上述理论阐述，国家与社会是相互促动的：一方面，社会决定国家，影响着国家的产生、存在、发展与消亡；另一方面，国家反作用于社会，对社会履行政治统治与管理公共事务的职能。社会对国家的决定作用和国家对社会的反作用，是相伴而生、相辅相成的。国家与社会之间的关系，永远不可能是单向度的，而必然是一种基于决定作用与反作用的双向互动关系。这种决定作用和反作用的相互叠加，使国家与社会之间的关系得以维系并不断发展，推动国家与社会在相对分离的基础上持续互动，从而为实现国家与社会的最终统一进行量的积累。马克思主义的这一理论观点启示我们，在推进乡村社会治理的过程

---

① 《马克思恩格斯全集》第30卷，人民出版社1995年版，第107—108页。
② 《马克思恩格斯选集》第1卷，人民出版社2012年版，第199页。

中，既要重视社会力量参与，也要重视县乡政府负责，更要实现县乡政府与乡村社会力量的良性互动。

无论在何种时期，也无论处在何种社会制度下，政府与社会的关系都是社会治理进程中的关键变量，实现良性的政社互动都是社会治理现代化的核心所在。① 恰如有学者所言："中国社会治理的任务，不仅要激活基层群众自治组织，扩大多元主体参与，还要使基层党委、政府与基层群众自治组织、各类社会组织有效衔接起来，发挥统筹、牵引、支持的作用，通过互动合作实现公共产品的有效供给，解决社会治理的挑战与难题。"② 因此，优化乡村社会治理、实现乡村社会治理现代化，固然需要乡村社会组织的积极参与，更需要在"党委领导、政府负责"的前提下，正确处理政府管理与社会自治的关系，实现良性的政社互动。"所谓政社互动，就是以实现善治为目标，以政府善政为基础，以社会组织依法民主自治为依托，政府与社会组织对公共事务合作管理的一种社会治理模式。"③ "政社互动"作为有别于"政社不分"和"政社分离"的一种新型"国家—社会"关系模式，其实质是政府与社会的协同合作治理，即"官民共治"④。它意味着在治理实践中要实现"三个转变"，即治理主体上由一元独大向多元共治转变，政府定位上由管理职能向服务职能转变，政社关系上由单向管控向良性互动转变。近年来，全国很多地区开展了政社互动的实践探索，其中尤以江苏省太仓市的做法更具率先性和典型性。据报道，太仓市自 2008 年以来先后出台《基层群众自治组织协助政府工作事项》等多个文件，从制度上厘清和规范政社关系，并在具体实施中由当事方签订《基层自治组织协助政府管理协议书》，从而形成了实践成效甚好、广受社会好评的"太仓模式"。

尽管政社互动在全国社会治理领域已具有了理论上的正当性、政策

---

① 谭诗赞：《走向社会协商：社会治理进程中的"政社互动"建构》，《治理现代化研究》2018 年第 6 期。
② 樊鹏：《"政社互动"领跑社会治理创新》，《光明日报》2016 年 2 月 22 日第 11 版。
③ 龚廷泰、常文华：《政社互动：社会治理的新模式》，《江海学刊》2015 年第 6 期。
④ 俞可平：《重构社会秩序 走向官民共治》，《国家行政学院学报》2012 年第 4 期。

上的合法性和实践上的有效性，但反观乡村社会治理的具体实践总况，却不难发现，长期以来县乡政府与乡村社会之间缺乏良性互动关系。从中华人民共和国成立至改革开放前，我国在全国乡村地区施行"政社合一"的管理模式，从而将乡村社会置于高度集中的计划经济体制与政治体制管理之下，县乡政府管理、掌控、决定着乡村社会的一切。改革开放以后，随着市场经济的发展以及政治体制的变革，国家权力开始下放，从而在乡村社会治理实践中形成了"乡政村治"的发展模式。在这种模式下，乡村社会拥有了用以自治的基层群众组织，从而获得了一定的独立地位与发展空间。但是，"村民自治制度的设计同样没有摆脱国家权力干预下的完成行政任务的使命"[①]，县乡政府依然在较大程度上把控着村（居）委会的决策和乡村社会的事务，乡村社会的自我组织能力和自我管理能力受到严重抑制，政社之间远未实现充分而高效的协同合作与良性互动。在创新乡村社会治理的时代背景下，我们应借鉴马克思的国家与社会统一论思想，着力构建政社良性互动格局，进而推动乡村社会治理现代化进程。

1. 强化政社互动意识

"人的意识不仅反映客观世界，并且创造客观世界。"[②] 互动意识的培育和养成，是在实践中做到县乡政府与乡村社会良性互动的思想前提和重要保障。自中华人民共和国成立以来，由于我国社会体制的紧控性和乡村社会力量的弱小性等原因，县乡政府与乡村社会之间长期存在着单向的控制关系，两者之间并未真正形成良性的互动关系。当前，要在乡村社会治理实践中实现政社之间的良性互动和通力合作，首先必须培育政社互动意识。与以往县乡政府单向管控乡村社会的思维意识不同，如今的政社互动意识更加强调的是政社之间的双向互动。因此，培育政社互动意识应从政府和社会两个方面入手。

第一，县乡政府应树立起科学的互动意识，积极为实现政府行政管

---

① 卢莹莹：《国家与社会关系视角下的现代乡村治理体系构建研究》，《成都行政学院学报》2018年第2期。

② 《列宁全集》第55卷，人民出版社1990年版，第182页。

理与基层群众自治的有效衔接和良性互动保驾护航。具体而言，应做到以下三点：一是县乡政府应"转观念"。县乡政府在乡村社会治理中的地位举足轻重，对于乡村社会治理政策的制定实施和乡村社会治理进程的推动具有重要作用。因此，县乡政府领导干部及其工作人员要树立起良性的互动意识，摈弃以往的单中心管理、单向控制的旧观念和"行政—命令"的社会管控方式，主动将社会组织吸纳至基层社会治理体系并对其放权赋能让利，从而引领开创乡村政社良性互动的新局面。政府部门必须认识到，正常的政社关系应该是平等协商、协同合作的伙伴关系，而不是上下级的领导关系。譬如在公共服务领域，政府应该是公共服务资金的提供者和监管者，社会组织则是公共服务的提供者，二者的角色和分工虽有不同，但地位平等。[①] 如果县乡政府自以为大、自以为是，甚至凌驾于乡村社会组织和农民群众之上，就不可能有政社之间的良性互动。二是县乡政府应"勤学习"。应积极组织相关专家学者为县乡政府领导干部及其工作人员讲解社会治理、政社互动等相关理论与政策，从而使这些理论与政策理念深入人心，并将之体现和运用到乡村社会治理实践工作中去。三是县乡政府应"严考核"。应严把县乡政府的绩效考核关，将是否推动乡村社会组织科学发展、是否实现乡村政社良性互动，作为县乡政府领导干部工作绩效考评的重要标准之一，从而促使其牢固树立起政社互动意识。

第二，乡村社会也应养成政社互动的新观念，积极帮助县乡政府落实相关政策，从而顺利推进乡村社会治理进程。长期以来，乡村社会存在着"被领导"的消极依赖思维，或是"逼急了造反"的被动抗争观念，但相对缺乏"有话好好说、有事坐下谈"的政社互动意识。然而，乡村社会治理中政社之间的良性互动，显然是"两厢情愿"之事，不仅县乡政府要转观念、善作为，乡村社会也应养成与政府良性互动的意识。具体而言，应重点抓好如下两个方面：一是要积极发挥乡村基层党组织在培育政社互动意识中的带头作用。深处乡村社会一线的基层党组

[①] [美]莱斯特·M. 萨拉蒙：《公共服务中的伙伴——现代福利国家中政府与非营利组织的关系》，田凯译，商务印书馆 2008 年版，第 109 页。

织不仅在农民中具有较强的权威性，而且具有"上下联通"之功能，既与乡镇政府有着紧密联系，又与乡村社会中的各类组织以及广大农民密切相关，是乡村社会发展的桥头堡和指向灯。因此，"农村基层党组织要积极为乡村内生力量的发展提供支持"[1]，特别是要在培育乡村社会政社互动意识方面发挥带头作用，并积极组织开展对乡村各类社会组织及广大农民的政社互动意识教育和相关政策宣讲，从而促使政社互动意识扎根乡村、深入民心。二是应注重培育农民的公民意识，以筑牢乡村社会政社互动的思想根基。农民是乡村社会的基本主体和各类乡村社会组织的主要成员，增强其公民意识是乡村社会实现政社互动的关键所在。"只有在公民意识比较强烈的社会背景下，政社互动才具备发芽、成长的土壤"[2]，政社互动意识才会逐步形成。这就要求县乡政府通过"文化下乡"等方式，在广大乡村开设公民意识知识大讲堂，以催发农民的公民意识。同时，应尽快健全乡村社会治理的公众参与机制，确保广大农民有机会切实参与到乡村社会治理实践中来，从而在此实践中达到对公民意识和公民责任的正确认知。

2. 健全政社良性互动的保障机制

政府的在场和乡村社会力量的壮大，并不意味着政社良性互动的自然形成，还需建立健全有利于政社良性互动的保障机制。之所以如此，是因为政社互动意识的养成、乡村社会力量的培育是一个长期过程，期间具有很强的不确定性与不可控性，没有必要的保障机制是难达目的的。这一保障机制至少应包括以下三个方面。

第一，政社良性互动的法律保障机制。政社良性互动法律保障机制的构建，表现在两个基本方面：一是在乡镇政府与村（居）委会之间的互动关系方面，正如《村民委员会组织法》第五条明确规定的：乡镇政府对村民委员会的工作具有指导、支持和帮助的职责，但不得干预依法属于村民自治范围内的事项，同时村民委员会也应协助乡镇政府开

---

[1] 张瑜、倪素香：《乡村振兴中农村基层党组织的组织力提升路径研究》，《学习与实践》2018年第7期。
[2] 侯学元：《推进"政社互动"改进社会治理方式》，《学习时报》2014年6月2日第8版。

展工作。由此可见，对于应如何实现乡镇政府与村（居）委会之间的良性互动，其实是"有法可依"的。但在乡村社会治理实践中，有的乡镇政府并未真正做到"有法必依"。尽管村（居）委会一直积极协助乡镇政府开展工作，但乡镇政府对于村（居）委会似乎并不满足于"指导"，而往往打破法律规定予之以"领导"，越界插手干涉乡村社会事务，并对村（居）委会缺乏必要的"帮助"。因此，应严格遵守《村民委员会组织法》之规定，做到有法必依、违法必究，为乡镇政府与村（居）委会之间的良性互动强化法律保障。二是在社会组织方面，正如全国人大社会建设委员会委员、中国社会保障学会会长郑功成所言，"与社会组织快速发展相比，相关立法却非常滞后。迄今还没有一部社会组织基本法，仅仅依靠有关行政法规和部门规章来规范，而这些法规主要是规范登记程序的，既缺乏对社会组织权益保障的法律规范，也缺乏对社会组织与其他组织及个人之间的权利义务关系的法律规范"①，更缺乏关于基层政府与社会组织之间良性互动的法律规定。鉴于此，应在国家立法层面有所突破，积极制定《社会组织法》，从法律层面对社会组织予以实质性规范，以保障政府治理和社会调节、居民自治的良性互动，从而使乡村社会治理中的政社互动有法可依。

第二，政社之间的沟通协商机制。构建政社之间的沟通协商机制，有赖于两项基本制度的完善：首先，要完善基层人民代表大会制度。这一制度是反映社情民意的重要依托，也是加强政社良性互动的重要通道。与普通村民相比，村（居）委会和乡村社会组织的成员的文化水平与政治素养相对较高，因此应注意从中选举产生基层人大代表，并按照一定的章程、标准与运行机制定期召开基层人民代表大会，以真实反映社情民意，借此促使县乡政府就乡村社会发展的重大事项及时作出科学决策，进而实现政社的有效衔接与良性互动。其次，要完善基层民主协商制度。党的十九大要求"推动协商民主广泛、多层、制度化发展"，这一要求同样应适用于乡村社会治理。要通过加强基层民主协商制度建设，使乡村民众与县乡政府在关涉乡村社会发展的重大事项以及

---

① 郑功成：《制定社会组织法刻不容缓》，《中国党政干部论坛》2018 年第 5 期。

存在分歧的领域加强协商交流，从而使县乡政府充分听取和尊重民意，进而达到乡村社会良性影响县乡政府决策之目的。这就要求县乡政府放低姿态、拉下身段，与村民自治组织及乡村社会组织主动进行平等、民主的协商，特别要在协商的过程中坚持"以民为主"，积极听取并采纳他们的合理意见建议，并在制定决策时充分考虑民众的利益得失及诉求。

第三，政社良性互动的激励机制。建立一定的激励机制，能够有效地激发政社双方参与互动的热情，从而切实推动两者之间的良性互动。具体而言：首先，要建立对乡镇政府的激励机制。县级政府应把是否推动政社互动作为乡镇政府工作绩效考评、领导干部履职的一项重要指标，从而不断激励乡镇政府及其工作人员积极树立政社互动意识、推动政社之间的良性互动。其次，要建立对乡村社会组织的激励机制：一是要加强对乡村基层自治组织的激励机制建设。对于积极协助乡镇政府落实相关政策的村（居）委会，应予以政治褒奖，并将是否与乡镇政府进行良性互动作为村（居）委会获得政府财政支持的一项评价标准，从而通过物质与精神的双重激励办法，激发村（居）委会与乡镇政府良性互动的积极性。二是要加强对乡村各类社会组织的激励机制建设。县乡政府应敦促乡村各类社会组织将加强与政府的互动纳入其组织宗旨及活动章程中，并以此作为社会组织登记备案的准入条件。同时，县乡政府应对各类社会组织进行定期检查评估，对那些不积极与政府良性互动、违背政社良性互动原则的乡村社会组织应责令其整改或予以取缔。

四 "国家—社会"治理格局中的个体参与

国家是由人口、领土、主权、政权等基本要素构成的集合体，人口作为国家的一个基本构成要素，是由众多的个人聚合而成的。没有一个个的个人，就无所谓国家的存在。同样，社会也是个人的集合，个人是社会的基本细胞。没有一个个的个人，也就无所谓社会的存在。从这个意义上来说，国家和社会力量对乡村社会治理的参与离不开个人的支持，个人参与是"国家—社会"治理格局的必要补充。离开了活生生的个人、失却了个人参与，"国家—社会"治理格局必然是空洞无效、了无生气的。

（一）马克思唯物史观视域中的个人及其作用

在看待个人对社会作用的问题上，唯心史观与唯物史观有着显著的区别：前者片面夸大杰出人物对社会历史发展的决定作用，而把广大人民群众视为无知的"群氓"；后者在强调人民群众对社会历史决定作用的前提下，正确认识包括杰出人物在内的个人的历史作用。易言之，唯物史观高度认同人民群众在社会历史发展中的主体地位，但并不否认个人对于社会发展的影响与作用，而恰恰是从"现实的个人"这一历史前提出发，去揭示人类社会历史产生发展的一般规律的。

1. 唯物史观对个人的内涵界定

唯物史观所研究的个人有"社会中的个人"和"历史中的个人"两个维度。

第一，个人是社会中的个人。马克思明确指出："个体是社会存在物。"[1] 个人是社会的最基本的单元，社会是由个人构成的人的集合体。没有个人就无所谓社会，脱离社会的抽象的个人也是不存在的。当然，存在于社会之中的个人，既不是虚幻的"绝对精神"，也不是抽象的"类存在物"，而是有肉体的、活生生的人。他和其他物种一样，来源于自然、依赖于自然，不断地从自然界中获取各种物质资料以维系自身的生存与发展，并能够能动地、有意识地、创造性地从事物质生产实践。马克思指出："这是一些现实的个人，是他们的活动和他们的物质生活条件，包括他们已有的和由他们自己的活动创造出来的物质生活条件。"[2] 也正是在这样的物质生产实践中，个人之间形成了一定的生产关系和社会关系，进而构成了特定的社会形态。

第二，个人是历史中的个人。个人不是抽象的，而是具体的，他们受着特定历史条件的约束，只能在既定的环境和条件下进行物质生产劳

---

[1]《马克思恩格斯全集》第3卷，人民出版社2002年版，第302页。
[2]《马克思恩格斯选集》第1卷，人民出版社2012年版，第146页。

动等实践活动，并以这样的活动促进历史的产生和发展。马克思指出："全部人类历史的第一个前提无疑是有生命的个人的存在。"[①] 恩格斯也说过，"人们总是通过每一个人追求他自己的、自觉预期的目的来创造他们的历史"[②]。失却了"有生命的个人"和"每一个人"的存在及其有目的的实践活动，就不可能有真正的人类历史。

在唯物史观的视域中，"个人"与"人民群众"是紧密相关的两个概念。虽然马克思并未对"人民群众"作出过确切的定义，但我们通过对马克思主义诸多文本的梳理，可以从中概括出马克思关于人民群众特性的三个基本观点：一是人民群众具有众多性，他们占社会人口的大多数，构成社会历史的主体；二是人民群众具有阶级性，在不同性质的社会中具有不同的内涵和外延；三是人民群众具有进步性，他们是能够推动社会历史前进的劳动者。虽然人民群众作为社会人口的大多数，也是由一个个的个人构成的，但"人民群众"与"个人"二者并不等同，更不能相互替代，而是有着相对确定的边界和区别：首先，虽然个人构成了人民群众，但并非所有的个人都属于人民群众，有的个人会成为与人民群众相对立的"敌人"。其次，虽然人民群众包含着众多的个人，但它不是这些个人的简单相加。"人民群众"这一概念更强调共同性，"个人"这一概念更强调差异性。无视或抹杀个人之间的差异性，人民群众就变成了一个"虚幻的集合"。

2. 唯物史观对个人的作用分析

唯物史观认为，在社会历史的发展中，从事着实践活动的每个人都会留下一点痕迹、发挥一些作用，只不过这个痕迹有深有浅、作用有大有小。唯物史观主张人民群众是社会财富的创造者和社会变革的决定者，这实际上就肯定了个人的作用，因为人民群众是由无数个人构成的，无数个人的力量汇聚成为人民群众的整体力量，没有个人的力量就无所谓人民群众的力量。正如毛泽东在民主革命时期所指出的，"今后我们的队伍里，不管死了谁，不管是炊事员，是战士，只要他是做过一

[①] 《马克思恩格斯选集》第1卷，人民出版社2012年版，第146页。
[②] 《马克思恩格斯选集》第4卷，人民出版社2012年版，第254页。

些有益的工作的,我们都要给他送葬,开追悼会……用这样的方法,寄托我们的哀思,使整个人民团结起来"①,这其中就包含着对个人作用的肯定与重视。

根据个人对社会历史发展的作用大小,可将其划分为普通个人和历史人物,而那些对社会历史发展起到重大的积极推动作用的历史人物又可称为"杰出人物"。普通个人与杰出人物之间的关系在于:首先,杰出人物也曾是普通个人。同普通个人一样,杰出人物也必然是在人类历史上从事着实践活动的、具有一般生理需求的、活生生的个人。无论一个人多么伟大和杰出,他都是从普通个人成长和发展起来的,不可能天然地成为杰出人物,而必定需要经历一个生活和成长的过程,如此才能在主客观条件成熟的情况下,成为时势造就的英雄。在这段"积蓄能量"的过程中,所谓的"杰出人物"也只能是普通个人。其次,普通个人皆有潜力成为杰出人物。如上文所述,杰出人物是对社会历史发展起巨大推动作用的个人,马克思对"杰出人物"的判定依据是个人的行动、结果及其历史贡献。从这个角度来说,任何从事着实践活动的普通个人都有成为杰出人物的可能。最后,杰出人物的成就离不开普通个人的支持。杰出人物成长所必需的生活资料、社会资源等各种条件都是由普通个人创造的。杰出人物虽然能带领甚至"领导"普通个人,但也离不开普通个人的支持与跟随。普通个人承载着杰出人物,杰出人物带领普通个人解决时代课题、推动历史进步。杰出人物影响到的普通个人越多,他对于社会历史发展的推动作用也就越大。如果没有普通个人所提供的丰厚现实土壤,杰出人物就难以成长,更难以提出先进思想、实现历史任务。

在漫长的人类社会历史发展中,普通的个人或许无足轻重甚至可有可无,但杰出人物则是意义重大、不可缺少的。马克思在《1848 年至 1850 年的法兰西阶级斗争》中引用爱尔维修的话,"每一个社会时代都需要有自己的大人物,如果没有这样的人物,它就要把他们创造出

---

① 《毛泽东选集》第 3 卷,人民出版社 1991 年版,第 1005 页。

来"①，以此说明杰出人物在社会历史发展中的作用。杰出人物之所以能成为一个有别于普通个人的特殊群体，就在于他们在推动社会历史发展中的作用更大。具体而言，杰出人物在社会历史发展中的作用体现在如下两个基本方面。

第一，洞察时代风云，指明方向道路。杰出人物之所以"杰出"，就在于他们比同阶级、同时代的人更高瞻远瞩，他们的思维更敏锐、眼光更超前，并具有坚定的信念、创新的意识、渊博的学识、非凡的勇气等优秀的个人品质，因而能够及时洞察时代风云、把握时代脉搏、提出历史任务，根据社会进步的趋势和要求而阐发进步思想、设计路线策略，进而为人们的思想解放和社会的发展进步指明方向与道路。比如，早在资本主义发展尚不充分的19世纪40年代，马克思和恩格斯就已经敏锐地察觉到资本主义本身的种种弊端并对其作出了尖锐批判，在此基础上提出了"两个必然"的著名论断，指明了无产阶级及其政党的历史使命，创立了至今依然闪耀着真理光辉的马克思主义理论科学体系，从而造就了二人在人类思想史上的"杰出人物"地位。其实，马克思、恩格斯二人都出生在条件比较优渥的富裕家庭，再加之他们卓越的个人才华，本可以过上一种人人羡慕的"上流社会"生活，但他们洞察时代风云的学识抱负、担负历史使命的思想自觉，使之最终选择了一条充满坎坷的革命之路并成为这条道路上的杰出引领者。

第二，凝聚带领人民，完成时代任务。人民群众虽然是推动历史发展的主体力量，但这一力量往往是分散的，不可能天然地成为拥有强大力量、团结统一的整体。杰出人物的一个重要作用在于能够把人民群众团结组织起来，发现并尊重群众的智慧和首创精神，善于激发群众的觉悟与热情，并凭借其独特的个人魅力号召和凝聚群众，带领群众为完成时代任务而斗争。人类历史发展至今，涌现出无数的杰出人物，并以其永垂不朽的历史功绩和与世长存的时代精神，在历史长卷中留下了浓厚的一笔。从革命角度来看，无论是欧美的资产阶级革命还是中国的新民主主义革命，其顺利开展和最终成功都离不开杰出人物的组织与领导。

---

① 《马克思恩格斯选集》第1卷，人民出版社2012年版，第502页。

比如，在近代中国，虽然工人阶级是最先进的阶级、农民阶级占社会总人口的大多数、小资产阶级和民族资产阶级也有革命的要求，他们都是推动社会历史进步的巨大力量，但如果没有像毛泽东那样的杰出人物的凝聚与引导，他们的革命作用是无法得到有效发挥的，中国革命也是难以顺利成功的。正如邓小平所说："没有毛主席，至少我们中国人民还要在黑暗中摸索更长的时间。"[1]

总之，"一个有希望的民族不能没有英雄，一个有前途的国家不能没有先锋"[2]。杰出人物对社会历史发展的影响深远、作用重大，我们应该"崇尚英雄，捍卫英雄，学习英雄，关爱英雄"[3]，使杰出人物能够最大限度地发挥其作用与价值。但是也应该承认，杰出人物尽管在他们所处的时代可能做到叱咤风云，甚至在历史上留下了浓墨重彩的一笔，但他们的作用的发挥并非随心所欲的，更不可能随心所欲地推进历史、创造历史，而是受到各种主客观条件的限制。所谓"时势造英雄"，杰出人物也是有时代性的，只有那些顺应历史发展趋势并能代表最广大人民群众根本利益的人，才有可能成为杰出人物。

（二）乡村社会治理中的个体参与：以新乡贤为个案的分析

"公众参与"作为社会治理的重要特征和必然要求，归根结底体现为有组织的个人参与，离开"个人"支撑的纯粹意义上的"公众"参与是不存在的。若从治理主体的角度而言，实现乡村社会治理现代化，既有赖于县乡政府、乡村社会组织等组织的力量，也应借助农民个体的力量。马克思关于"个人"的理论启示我们，在乡村社会治理实践进程中，作为"个体"的每个农民不应该也不可能成为乡村社会治理的游离者或旁观者，而都有可能成为发挥一定作用的治理主体，尽管其参与乡村社会治理的程度与效度不同。在众多的农民个体之中，必会出现

---

[1] 李纲：《伟人的睿智和风范至今难忘——英文翻译施燕华回忆邓小平接受法拉奇采访》，《党的文献》2007年第2期。
[2] 张伟、冯留建：《英雄不可虚无》，《红旗文稿》2019年第12期。
[3] 习近平：《在颁发"中国人民抗日战争胜利70周年"纪念章仪式上的讲话》，《人民日报》2015年9月3日第2版。

一些对乡村社会治理影响大、作用强的"杰出人物"或"乡村精英"。事实充分证明,相对于普通农民而言,"乡村精英"的学识更多、才能更强、威望更高,他们对普通农民的感召力和凝聚力因而更大。对"乡村精英"进行正确的发动和引导,使其认识到自身在乡村社会治理中的应有责任并积极地参与其中,这对于其他普通农民也就容易产生良好的表率和带动效应,从而有利于农民自我服务能力的增强和乡村社会治理的顺利进行。当然,"乡村精英"是一个相对宽泛和笼统的概念,因认识角度的不同而可以分为多种类型。其中,近年来政界和学术界均热切关注的"新乡贤"群体,无疑是新时代"乡村精英"中的一员。鉴于此,笔者以下拟以新乡贤为个案,分析探讨乡村社会治理中个体参与的现实性和有效性。

乡贤,《汉语大词典》释义为"乡里中德行高尚的人",或者说是乡村里贤能之个体。所谓新乡贤,是相对于传统乡贤而言的,是传统乡贤精神的现代映照与传承创新。新乡贤之"新",不仅仅在于新乡贤的存在空间与时间之变换,更在于新乡贤的时代内涵之更新。在2014年9月召开的培育和践行社会主义核心价值观工作经验交流会上,时任中宣部部长刘奇葆明确指出:农村优秀基层干部、道德模范、身边好人等先进典型,成长于乡土、奉献于乡里,在乡民邻里间威望高、口碑好,正日益成为"新乡贤"的主体。这一论述,可以说是党中央对于新乡贤的时代内涵的权威界定。以此为参照,有学者又将新乡贤细分为两类,即在场的新乡贤和不在场的新乡贤。[①] 前者是指来自本土、扎根本土、服务本土,因品德、声望、学识非凡而深得农民尊重的乡村精英,如农村优秀基层干部、道德模范、身边好人、退休返乡干部等;后者是指那些出于求学、致仕、从商等原因离开故土,没有久居乡村,但依然眷恋热爱家乡并通过各种途径为之贡献自身力量的各行各业精英,如从农村走出来的企业家、教育科研人员、党政机关干部等。如前所述,在乡村社会治理主体结构中,既包括应占主位的县乡政府及作为其基层代言人的村(居)委会等乡村基层党政组织,也包括应占辅位的乡村社

[①] 张颐武:《重视现代乡贤》,《人民日报》2015年9月30日第7版。

会组织。但就当前的实际情况来看，县乡政府虽是领导主体但治理效能欠佳，作为辅助主体的乡村社会组织协同参与不力，致使乡村社会治理结构不优、效果不良，这就为以新乡贤为代表的乡村优秀个体参与乡村社会治理提供了机会空间与现实依据。

1. 新乡贤参与乡村社会治理的历史性借鉴

乡贤应该和能够在乡村社会治理中发挥出重要作用，这不是今人的突发奇想和主观臆测，而是已经为历史事实和经验所证实的确切结论。以史为鉴，可以知损益、辨真伪。回望中国历史，可以发现，传统乡贤长期嵌入乡村社会治理之中，从而成为保障乡村社会有序运转的重要因素。其中的某些做法和经验，为当前发挥新乡贤在乡村社会治理中的作用提供了有益借鉴。

所谓传统乡贤，是我国古代统治者对乡村社会中有品行、有作为的官员，或者有崇高威望、为社会作出重大贡献的社会贤达和士绅，去世后予以表彰的荣誉称号。[①] 历史事实证明，传统乡贤以其高于普通乡民的智识和较强的道德影响力、知名度等特质，在乡村社会治理中展现出"传声筒""带头羊""领头雁""安全阀"等多重功能，从而实现了共理乡村事务、教化一方乡民、维系乡村秩序之目的。

一是上通下达的"传声筒"。众所周知，中国古代的政府设置仅至县一级，县以下一般不设行政机构。由于县与村之间存在行政空缺，民情的上传与官意的下达遭遇阻碍，而乡贤则能有效填补这个空缺。正如清代一位叫王凤生的县官所云："士为齐民之首，朝廷法纪不能尽喻于民，唯士与民亲，易于取信。"[②] 这里的"士"，即为乡贤。一方面，"生于斯而长于斯"的乡贤对乡村的风土人情、乡民的言行方式较为熟悉，他们的学识、品德、威望等条件又使之具有较高的话语权和感召力，乡民对其比较信赖，故而乐于选择他们代表自己"上传"相应利益诉求；另一方面，乡贤大多有从政的经历，对上层政策的理解较一般

[①] 王文峰:《"新乡贤"在乡村治理中的作用、困境及对策研究》，《未来与发展》2016年第8期。

[②] 王凤生:《绅士》，载（清）徐栋辑《牧令书辑要》卷六。

乡民更深刻、更全面、更理性，当县级行政机构向乡民"下达"官方意愿和相关政策产生困难时，乡贤便能以这些行政机构"代言人"和"辅佐者"的身份，促进官方意愿和相关政策的下达与施行。

二是公共事务的"带头羊"。在传统社会"国权不下县"的制度安排下，囿于人力、财力等因素，官方对乡村公共事务往往无意问津或无力处理，而乡贤在问讯和处理乡村公共事务方面则更具优势、更有效率，正所谓"惟地方之事，官不得绅协助，则劝戒徒劳"①。他们通常以"带头羊"的角色，组织动员乡村资源共理公共事务和共建公共设施，如整修城墙、街道，建造教育设施、福利机构、节日文化场所等。诚如清代《牧令书》中所言："地方利弊，生民休戚，非咨访绅士不能周知……况邑有兴建，非公正绅士不能筹办；如修治城垣、学宫及各祠庙，建育婴堂，修治街道，俱赖绅士倡劝，始终经理。"其中所谓的"绅"与"绅士"，无疑就是乡贤。

三是文明教化的"领头雁"。在传统社会中，农业的分散性与乡村的封闭性，使得"原子式"的乡民往往无缘接受文明教化，因而常被蔑称为"乡愚""乡巴佬"。在此情况下，受过知识熏陶且有着较高道德修养的乡贤，则有意帮助邻家子弟念书写字或代为读写书信，劝导乡里、助成风化，由此颇得乡民的尊重与敬仰。正如明末清初的颜茂猷所言："乡绅，国之望也，家居而为善，可以感郡县，可以风州里，可以培后进，其为功化比士人百倍。"② 一般而言，乡贤多以从教或兴办文化事业的方式，教化涵养乡民及其子弟，培养对乡村和国家的有益之人乃至栋梁之才。如清代山西省阳城县永宁书院山长邢济堂，一生不求功名利禄、潜心教书育人，培养出了一代廉吏于成龙、康熙明相陈廷敬等众多贤才，乡贤的文明教化作用可见一斑。

四是矛盾化解的"安全阀"。在传统乡村社会中，鉴于小农经济的落后性、自利性等因素的影响，在村落与村落之间、宗族与宗族之间、

---

① 王先明：《乡贤：维系古代基层社会运转的主导力量》，《北京日报》2014年11月24日第19版。

② 陈宏谋：《五种遗规》，凤凰出版社2016年版，第469页。

村民与村民之间难免产生意愿分歧与利益冲突，甚至造成各类矛盾与纠纷。在此情况下，乡贤则可凭借自身的公信力及道德威望等优势，出面协调关系、化解矛盾纠纷，进而促进乡村社会和谐。如清代康熙时期的礼部尚书张英，为前来抱怨诉苦的乡邻写下成就"六尺巷"美谈的一纸家书——"千里修书只为墙，让他三尺又何妨"，很多家庭或邻里纠纷在此家书及美谈的影响下得以有效防范和化解。此外，由乡贤参与制定及带头遵守的许多家训、族规和乡规民约，其基本内容也多是规劝人们与人为善，正确处理人际关系。如北宋时期由"吕氏四贤"制定的《吕氏乡约》，堪称我国历史上最早的村规民约，其基本宗旨就是要使邻里乡人做到"德业相劝、过失相规、礼俗相交、患难相恤"。

　　传统乡贤之所以能够以"传声筒""带头羊""领头雁""安全阀"等角色在乡村社会治理中展现出多重功能，并非历史的偶然或巧合，而是由传统社会中的以下三个基本因素所致：首先，"国权不下县"的基层政治制度。自秦至清，我国长期实行的"国权不下县"的基层政治制度，为乡贤参与乡村社会治理提供了基本的机缘与空间。著名学者秦晖将此概括为"国权不下县，县下惟宗族，宗族皆自治，自治靠伦理，伦理造乡绅"[①]。虽然宋代乡里两级制度的发展在一定程度上制约了乡贤作用的发挥，但总的来看，"国权不下县"的基层政治制度是乡贤参与乡村社会治理的制度前提与基本条件之一，特别是明代"一条鞭法"和清代"摊丁入亩"政策的推行，使乡村基层的里甲制度得以流行与长存，乡贤在乡村社会治理中的作用由此得以充分发挥。其次，传统乡村中逐渐形成的人才储备机制。隋唐时期，凭借出身获取功名利禄的门阀制度逐渐被打破，新实行的科举制大大激发了农家子弟求学致仕的意愿与热情，"学而优则仕"的观念深入人心。尽管"开恩科"等制度的实施拓宽了人才选拔的通道，但通过求学而最终成功致仕的读书人毕竟仅占少数。如此一来，大量科举考试失败的知识分子便滞留乡里，成为乡贤的重要组成部分。同时，在"文官告老还乡，武将解甲归田"的

[①] 秦晖：《传统十论：本土社会的制度、文化与其变革》，复旦大学出版社2003年版，第3页。

传统以及明代朝廷颁布的"辞官或退休一律给驿还乡"律令的影响下，大批退休官员也成为乡贤的重要来源。这些人由于长期接受儒家"修己治人"思想的熏陶，他们在乡村社会治理中自然也能以各种形式发挥自己的能量。最后，传统乡贤自身独有的特质。古人云：生于其乡，而众人共称其贤者，是为乡贤。而"生于其乡"之人能否被称为"乡贤"，自然有其特定的评价标准。在不同历史时期，各地确定乡贤的基本标准可概括为"立功、立德、立言"。"立功"即"立庙堂忠君之禄，归乡里孝亲之泽"；"立德"则指具备较高的道德品质、良好的道德行为和广泛的道德影响力；"立言"即通过言语特别是以文章著述的形式淳化一方百姓。比如，宋代名臣范仲淹就是传统乡贤具有"立功、立德、立言"特质的典型代表：他在朝官至参知政事、主持"庆历新政"，晚年在家乡设立义庄、慈善救助乡民，可谓"立功"；他周恤贫困，临财好施，乐善泛爱，先人后己，可谓"立德"；他写下"先天下之忧而忧，后天下之乐而乐""居庙堂之高则忧其民，处江湖之远则忧其君"等挚言警句，可谓"立言"。

2. 新乡贤参与乡村社会治理的可能性分析

近年来，党和国家对新乡贤问题极为重视，"新乡贤"成为党中央、国务院许多会议和文件中的"高频词"。继 2015 年"中央一号文件"首次提出"创新乡贤文化"之后，"培育新乡贤文化"又被写入 2016 年、2017 年的"中央一号文件"和《中共中央关于制定国民经济和社会发展第十三个五年规划的建议》，而 2017 年中共中央办公厅、国务院办公厅印发的《关于实施中华优秀传统文化传承发展工程的意见》中再次提到"建设新乡贤文化"。党中央、国务院印发的《乡村振兴战略规划（2018—2022 年）》进一步明确要求，要"以乡情乡愁为纽带，引导和支持企业家、党政干部、专家学者、医生教师、规划师、建筑师、律师、技能人才等，通过下乡担任志愿者、投资兴业、行医办学、捐资捐物、法律服务等方式服务乡村振兴事业"，"积极发挥新乡贤作用"①。此外,一些中央媒体也接连为新乡贤发声。比如,2014年《光明日报》发表了《再造乡贤群体,重建乡土文明》等系列文章;2016年《半月谈》又推出了专题调研报告《发现"新乡贤"》,其中包括《乡土文明失落呼唤"新乡贤"》《从治理到守望,"新乡贤"如何当》《让"新乡贤"的帽子敢戴、戴得住》三个子报告。无疑,近年来中央对新乡贤问题的高度关注及相关政策主张的明确提出,为发挥新乡贤在乡村社会治理中的作用提供了政策遵循、营造了舆论氛围。

中央政策的引导和相关媒体的造势,是在乡村社会治理中重视发挥新乡贤作用的外因。若究其内因,则在于新乡贤具备心系家园、报效桑梓的乡土情怀与德高望重、通情睿智的优秀特质,这确保了他们主动参与乡村社会治理的可能性与有效性。

第一,新乡贤报效桑梓的责任感。新乡贤报效桑梓的责任感发端于他们对家乡的深情与眷恋。如上所述,新乡贤可以分为"在场的"和"不在场的"两类。对在场的新乡贤来说,乡村是他们长期生产生活的地方,是他们的创业家园与精神家园,因而自然会凭借着天然的乡情与亲情、强烈的责任感与使命感,在嘉言懿行、善行义举中积极参与乡村社会治理、报效家乡父老。而就"不在场"的新乡贤来说,他们由于工作、学习等客观因素,虽未能持久地待在乡村,但仍然心系家乡、热爱故土,渴望为家乡发展贡献力量的心意常在,并且会通过多种方式将这份心意转化为实际行动。比如,据媒体报道,2005年从深圳市警备区副司令员岗位上退休、自愿回到家乡湖南省桃源县马鬃岭镇刘炎村担任党支部第一书记的李元成,为提高本村教育水平而领导建成了刘炎希望学校、村民夜校,为唤醒村民继承光荣传统的意识而领导修建了刘炎烈士纪念亭,为改善生产生活环境而带领村民整修道路、建居民小区、整治村庄卫生,为促进村民快速致富而带领村民成立了水稻合作社、柑橘合作社,从而仅用十年时间就把一个偏远山村变成了新农村建设示范村;曾担任江西省南昌市人大常委会主任的李豆罗2010年回到家乡南

---

① 《中共中央国务院印发〈乡村振兴战略规划(2018—2022年)〉》,《人民日报》2018年9月27日第1版。

昌市进贤县前坊镇西湖李家村,以"新农村建设总顾问"的头衔,帮助修复民居古建、完善基础设施以改善人居环境,建成农博馆、"农夫草堂"、恢复传统节日习俗以传承乡村文明,历时五年时间把家乡打造成了4A级生态景区,李豆罗本人也于2016年1月荣获"CCTV2015年度十大三农人物"称号;广东省梅州市大埔县的新乡贤廖乐年,2002年从中学校长岗位上退休后,主动回到故乡湖寮镇长教村,根据村里的气候和土壤特点,自掏腰包、开山辟路,出资完善了灌溉水圳、水管,带领村民种植柚子,从而使村民的收入得以提高;四川省成都市金堂县委原副书记王世录,退休后凭借自身的知识技术与工作经验,热心指导家乡的农田建设,帮助建成了"成都金堂10万亩丘区特色产业示范基地",该基地后被评定为国家现代农业示范区,成为当地经济发展的重要支撑。李元成、李豆罗、廖乐年、王世录等人之所以退而不休、返乡回馈家乡父老,自然也是报效桑梓的责任感所致。

第二,新乡贤德高望重的凝聚力。因自身德高望重,所以在乡邻中具有较强的感召力和凝聚力,是新乡贤得以从普通农民中脱颖而出的重要特质,也是新乡贤凝聚其他农民共同参与乡村社会治理的重要条件。并且,"他们作为榜样和典范,距离并不遥远,就在大家身边,容易通过'照镜子、正衣冠'的实践"[①],成为农民大众的道德标杆和精神榜样,在乡村社会治理中发挥示范和引领作用。据媒体报道,2013年底一辆装有25余吨橘子的货车在陕西省铜川市的王家砭村侧翻之后,得到消息的村民不是将橘子一抢而空,而是在乐于助人、德高望重、口碑极好的该村老人朱北晨的号召与带领之下,将橘子全部转运到另一辆货车上,帮助司机踏上路途。村民们都认为,村民的友善与村风的淳朴,与朱北晨等新乡贤的言传身教密不可分。再如,素有"中国最有名的农民"之称的华西村原党委书记吴仁宝可谓德高望重的新乡贤的典范。几十年来,他秉持"人民幸福就是社会主义"的信念,带领华西村民共同致富,其语言质朴无华却发人深省,其行为简单纯粹却美名远扬。

---

① 王志良:《继承和弘扬乡贤文化 践行社会主义核心价值观》,《光明日报》2014年7月23日第1版。

纵观华西村几十年的繁荣发展，显然与德高望重的吴仁宝的号召与凝聚息息相关。上述鲜活的事例足以证明，新乡贤作为乡村中拥有较高话语权的群体，能够凭借其品德良、声望高的优势，凝聚多方面的力量共同推进乡村社会治理。

　　第三，新乡贤通情睿智的感染力。首先，新乡贤的感染力缘于"通情"，即新乡贤在乡村具有亲缘、地缘、人缘优势，能够采取富有亲和力的方式对普通农民施加影响。他们作为农民的组成部分，来自农民且不脱离农民，大多对乡村世代延传的乡俗民风、村规民约以及农民的思维方式与行为方式了如指掌，在人文背景和日常生活上与普通农民有着高度的一致性，特别是在教化乡民的过程中，能够从民间"老理"入手，借助于乡情、亲情、友情等纽带，通过平实浅白的语言和春风化雨的方式，用老百姓的"法儿"解决老百姓的"事儿"，因而更容易为农民所理解、所信服。比如，2014年10月26日央视《新闻联播》"走基层·我眼中的乡贤"栏目介绍的贵州省遵义市金川村的村老年协会会长杨欢，就是一位爱拿老理儿说事的"和事佬"。耄耋之年的老杨公正忠厚，乐于助人，善于用俗语民谚打比方的方式将村民之间的矛盾化解于无形之中。同时，在老杨的倡导下，金川村红白喜事大摆酒席、铺张浪费的现象大大减少，而每逢村里有老人祝寿时，老年协会中的文艺队就会前去助兴，其中老杨给大家朗读的包含祝福与规劝儿女孝顺的祝寿词则往往成为祝寿会的重头戏。其次，新乡贤的感染力缘于"睿智"，即新乡贤具有新眼界、新头脑、新知识，能够与时俱进地发展自我、熏陶乡邻，从而在普通农民和乡村社会治理中更富有感染力。诸多事实表明，新乡贤善于借助电视广播、报刊杂志以及现代网络媒体，及时了解党和国家的农村政策，获取和掌握多种信息与技术，因而在乡村建设和乡村治理中起到"风向标""领头羊"的作用。特别是较之于传统乡贤而言，新乡贤的头脑中充盈着法律意识、权利观念、民主观念等现代社会文明因子，因而在参与乡村社会治理的过程中，能够采用既适应现代社会规则又符合农民大众口味的方式方法，参与处理乡村公共事务和协调乡村社会关系。比如，安徽省泗县有一个由在农民群众中威望高的老干部、老党员、老军人、老教师和能人大户组成的"乡贤志愿工作站",它奉行"有话好好说,有事依法办"的工作原则,在处理乡村事务时既合情又合法,因而深得农民信赖。

3. 新乡贤参与乡村社会治理的有效性实证

如前所述,社会治理是政府、社会组织、个人等多元主体在既定的空间范围内运用各自权威对社会行为、社会事务和社会生活的规范、协调和服务的过程。事实表明,新乡贤对社会事务、社会生活的协调与服务,至少表现在以下三个方面。

第一,新乡贤能够扶危济困,扶助乡村弱势群体。扶助乡村弱势群体、完善乡村社会保障,是乡村社会治理的重要内容。新乡贤虽然未必能够举办大规模的社会保障事业,但能够凭借天然的乡情与亲情,在善行义举中扶危济困,因而能够成为农民大众的道德标杆和精神榜样。比如,2007年被评为"全国道德模范"的林秀贞是河北省枣强县王常乡南臣赞村一个普普通通的农村妇女,三十多年来,她义务赡养6位与自己毫无血缘关系的孤寡老人,被老人们亲切地称为"俺闺女";资助20名困难学子完成学业,帮他们圆了"大学梦",被孩子们称为生命里的"大恩人";多次拿出自己有限的积蓄,为村里修路、打机井、安路灯,被乡亲们称为"不知疲倦的热心人"。被评为"德耀中华·第六届全国道德模范候选人"的吴锦泉也是江苏省南通市天生港镇街道五星村的一位普通农民,但他数十年来一直热心慈善公益事业,用走街串巷磨刀积攒起来的微薄收入,为村里修桥补路、去福利院看望老人和孤儿、向灾区捐物捐款、倡导成立扶危助困的"锦泉一元爱心社",因此被评为2015年度"感动中国"人物。在河南省几乎家喻户晓的汇金集团董事长郭荣勋,始终情系故乡,二十多年如一日为老家开封市祥符区罗王乡老九庄村慷慨解囊,先后捐资近20万元以改善村小学办学条件,并于2016年在家乡捐资50万元设立"汇金助学金",用于资助考上重点大学的品学兼优、家庭贫困的优秀学子;于2019年又捐资10万元,为20名优秀贫困学子发放奖学金。

第二,新乡贤能够化解社会矛盾,促进社会和谐。党的十八届三中全会指出,社会治理必须最大限度增加和谐因素,确保人民安居乐业、社会安定有序。事实表明,新乡贤对于化解乡村社会矛盾、促进乡村社会和谐发挥了重要作用。比如，2016 年被评为贵州省铜仁市"十大法治人物"的该市思南县关中坝街道红石梁村村党支部书记袁子玖，为实现该村的法情允谐、邻里和谐，他带头与村民共同讨论制定了《红石梁村村规民约》，组建了由党员干部、新乡贤人士构成的村法治文化宣传队、村组义务巡逻队、矛盾纠纷排查队和"法律明白人"队伍，深入村民开展工作，从而使邻里矛盾纠纷数量递减、法治文化氛围日益浓厚，2016 年红石梁村亦荣获了省级"民主法治示范村"称号。① 再如，为营造"崇德尚法"的良好社会氛围、切实推进基层社会治理法治化，重庆市永川区五间镇依托乡贤文化建设，探索实施了乡贤"三堂共治"的基层司法行政新模式，即"学理堂"，以学习法律法规、惠民政策、调解方法、安全常识、实用技术；"传理堂"，以传递党的好政策、传导正能量、发出好声音、传递好风气、传教好技术和好经验；"评理堂"，以评法理、评道理、评常理、评论理、评情理的方式，引导群众遵纪守法、遵守乡规民约，协调解决群众矛盾纠纷。② 在"三堂共治"模式中，新乡贤发挥了重要作用，赢得了乡民的广泛好评。

第三，新乡贤能够参与提供乡村公共服务。足量、优质的公共服务供给，是实现农民生活富裕美好的必然要求，也是乡村社会治理的重要内容。但就当前来看，乡村公共服务的有限供给与农民的多元需求之间的矛盾较为突出。实践经验证明，具有独特乡土情怀的新乡贤，是有意愿、有能力参与提供乡村公共服务的。比如，成长于陕西省紫阳县高桥古镇铁佛村的农民企业家郑远元，就是参与提供乡村公共服务的新乡贤典范③。因贫初中辍学的郑远元经历了从摆地摊当修脚工到成立专业修脚服务连锁公司的不平凡之路。他在带领 5000 多位父老乡亲外出务工致富的同时，还回乡投资建设了 8 栋 400 余户的扶贫避灾移民搬迁新型社区楼房，社区中的观光桥、休闲广场、农贸市场、公路桥等公共配套设施一应俱全，村民居住其中怡然自得。被誉为"当代武训"的浙江

---

① 涂燕、邓俐：《凝聚乡贤力量 涵育文明乡风》，《农民日报》2017 年 8 月 31 日第 4 版。
② 涂燕、邓俐：《凝聚乡贤力量 涵育文明乡风》，《农民日报》2017 年 8 月 31 日第 4 版。
③ 张永军：《新乡贤乡村文明的守望者》，《西部大开发》2016 年第 6 期。

省绍兴市上虞人张杰,虽然久居香港,但一直心怀故土,先后向家乡教育事业累计捐赠钱物 1100 多万元,建成 12 所中小学教学楼,并出资 200 万元设立教育发展基金,直接受益学生达 12000 多人。[①] 浙江省台州市自 2016 年开展"万名乡贤帮千村"活动后,仅用一年多的时间,就"落实产业开发、基础设施建设、公益事业发展等各类项目 4200 多个,全市 1988 个经济薄弱村实现了乡贤结对全覆盖,帮扶资金达 114.2 亿元"[②]。

综上,无数的事实表明,重视发挥新乡贤在乡村社会治理中的作用,不仅具有显而易见的必要性、可能性,而且具有毋庸置疑的现实性和有效性;既有确切的历史依据,也有充分的现实依据;既有来自社会的客观需要,也有源于个体的主观欲求。因此,当前我们要做的,不应是对新乡贤的作用再进行无谓的怀疑或顾忌,而应是在恪守协同治理、人才强村的理念下,增进党政部门和普通农民对新乡贤的情感认同与价值认同,进一步优化有利于新乡贤脱颖而出和发挥作用的制度保障、物质条件与舆论氛围,善于挖掘新乡贤、培育新乡贤、善待新乡贤。在这方面,上海市奉贤区的做法值得借鉴。据媒体报道,为引导和保障新乡贤参与基层社会治理,上海市奉贤区专门出台了《关于推动乡贤参与城乡社区治理的实施方案》,积极培育和引导新乡贤参与基层社会治理,形成了村(居)党组织、村(居)委会、村(居)社会力量和村(居)民共同参与乡村社会治理的工作格局,其中,新乡贤在乡村社会治理中有效充当了文明乡风的引导者、良好风尚的传播者、公益事业的带动者、矛盾纠纷的调处者、村居自治的推动者等多种角色。[③] 当然,目前新乡贤在各地乡村中的发育水平参差不齐,他们在乡村社会治理中的地位和作用也高下不一。因此,欲更好地促进新乡贤的发育成长、充分发挥新乡贤的社会治理作用,必须打好"三张牌"。

第一,打好"感情牌"。2014 年中宣部部长刘奇葆在培育和践行社

[①] 赵畅:《当代武训——港胞张杰》,《炎黄春秋》2001 年第 1 期。
[②] 罗浩榕:《凝聚乡贤力量 助建文明乡风》,《台州日报》2017 年 7 月 10 日第 1 版。
[③] 祝越:《奉贤区推动乡贤参与城乡社区治理》,《文汇报》2015 年 10 月 21 日第 8 版。

会主义核心价值观工作经验交流会上指出，应该以乡情乡愁为纽带，吸引和凝聚各方面的成功人士反哺桑梓，建设美丽乡村。"几回回梦里回延安，双手搂定宝塔山"的乡情与乡愁，可理解为对家乡的归属感、眷恋感与责任感，是感召、聚合、驱动乡贤回馈家乡父老的可靠纽带和巨大动力。它有助于动员本地优秀人才和吸引在外成功人士，凝聚他们的心智和力量，使之扎根乡村，效力乡村发展和参与乡村治理。为此，在乡村日常生活中，可以借助"同乡会""团拜会"等各种仪式感十足的活动来维系情感，扎牢乡情乡愁这条纽带，从而感化乡贤、吸引乡贤、留住乡贤、凝聚乡贤。重庆市永川区近年来通过"五个一"（"一张榜"展示形象，"一句话"概括事迹，"一块匾"明确荣誉，"一本书"荟萃故事，"一首歌"传递情怀）让新乡贤感受乡情温度的做法，值得借鉴推广。

第二，打好"制度牌"。用好新乡贤，感情是前提，制度是关键：一是激励制度，即通过健全制度机制，给予新乡贤必要的物质激励和精神褒奖，以增强其参与乡村社会治理的积极性和社会荣誉感；二是使用制度，即根据新乡贤的特长和能力，予以分类管理、区别对待、量才使用；三是保障制度，即县乡政府和村（居）委会要"主动出击"，主动联络和热情对待新乡贤，为新乡贤参与乡村社会治理提供优惠政策、必要平台以及生活便利。这些制度，或者应作为专项文件下发，或者应融入当地乡村发展相关政策之中，并认真贯彻执行。

第三，打好"活动牌"。2016年"中央一号文件"指出，要通过"三文明"即"文明村镇""星级文明户""五好文明家庭"的创建活动，培育新乡贤文化。在培育新乡贤方面，"三文明"创建活动兼具"发掘"和"释能"的双重功能：一方面，在"三文明"创建活动中，乡村优秀干部、道德模范、身边好人等优秀人物的先进事迹会得到确证，从而能把具有新乡贤资质之人发掘出来；另一方面，新乡贤在参与"三文明"创建活动中，能够有效释放自己的正能量。比如，据媒体报道，2015年6月甘肃省永登县教场村在评选"五星级"文明户时，该村新乡贤李发勇和村里其他9位德高望重的村民受邀担任评委，确保了评选活动的公平公正开展，评选结果也得到了村民的广泛认同。

综上所述，面对多元的乡村社会治理主体，如何将它们有机联系、有序组合起来，使其紧密协同地发挥整体性功能，从而达到有效治理乡村社会之目的，是乡村社会治理现代化面临的迫切问题。欲实现乡村社会治理多元主体的协同化，理应在切实加强党委领导、加快政府职能转变、支持培育乡村社会组织、合理引导农民个体的基础上，将各治理主体统合为一个有机整体，明确每个治理主体的自身职责和各自权限，通过科学分析各治理主体的优势和劣势，合理进行资源配置，使其充分发挥系统性合力，保证乡村社会治理的顺畅有效。易言之，乡村社会治理主体的协同化要求把过去由于行政条块划分而割裂的乡村关系网络重新联结、构建起来，通过营造合理有序的开放格局，加强各主体间的交流合作，真正实现乡村社会治理主体的多元性共存与协调性运作。在这方面，浙江省绍兴市柯桥区提供了值得借鉴的实践经验。近年来，该区着力构建党组织核心领导、村委会组织实施、村监会民主监督、社会组织有效补充、村民积极参与的村级治理体系，并创新推广实行了"五议两公开"的运行工作机制，"五议"即党员群众建议、村党组织提议、村务联席会议商议、党员大会审议、村民（代表）会议决议，"两公开"即表决结果公开、实施情况公开，从而形成了"一核多元"的治理架构，为乡村社会治理开辟了新路径，为秀美乡村建设注入了新活力。

第三章　马克思社会有机体理论视域下的乡村社会治理目标系统化

实现乡村社会治理现代化，优化治理理念是前提，完善治理主体是核心，明确治理目标是关键。如果治理目标不明确或不科学，乡村社会治理活动就会"无的放矢"或"误入歧途"，其结果必然是无效或低效的。乡村社会治理作为面向乡村社会各领域的复杂性、系统性活动，其治理目标不可能是单一的、线性的，而必然具有多重性，理应予以全盘性考量、系统性设定、整体性实现。而乡村社会治理目标的多重性，又决定着乡村社会治理客体的多元性与治理内容的多维性。各治理目标、治理客体、治理内容之间紧密联系、互辅互促，具有显著的系统性特征。这就要求在乡村社会治理的具体实践中，必须牢固树立系统观念、整体观念，系统设计和整体推进各项治理活动，力求实现乡村社会治理的高效化，这也是破除乡村社会原子化困境的必需良策。原子化作为传统的社会结构、伦理道德和交往样式消解的产物，强化了个体性膨胀并肢解了传统社会的整合状态和一体性[1]，致使乡村社会在较大程度上处于离散、断层状态，进而严重掣肘着乡村社会治理的系统性和一体性。因此，靶向乡村社会的原子化之症，重视并强化乡村社会治理的系统性，实现乡村社会治理目标的系统性设定和整体性达成，对于全面增进农民福祉、提高乡村社会治理实效具有重要意义。而马克思社会有机体

---

[1] 田毅鹏、吕方：《社会原子化：理论谱系及其问题表达》，《天津社会科学》2010年第5期。

第三章　马克思社会有机体理论视域下的乡村社会治理目标系统化 | 135

理论作为唯物史观的重要组成部分,是马克思对人类社会进行系统审视与深入剖析的理论结晶。马克思将人类社会视为"一切关系在其中同时存在而又互相依存的社会机体"①,认为社会有机体是以自然界为生存前提,以"现实的个人"为能动主体,由经济、政治、文化等要素构成的有机整体。马克思的这一基本理论观点,为乡村社会治理提供了适切的哲学基础,与增强乡村社会治理的系统性高度契合,特别是为我们实现乡村社会治理目标的系统化提供了深刻的理论启发与有益的方法指导。汲取马克思社会有机体理论的思想精华,以此观照和指导当下我国的乡村社会治理,有助于提高乡村社会治理的现代化水平。

一　马克思的社会有机体内涵论与乡村社会治理目标的系统性设定

(一)马克思的社会有机体内涵论

理解马克思的社会有机体理论,首要前提在于界定和把握"社会有机体"的内涵与特性。诚然,"有机体"最初是作为生物学领域中的一个概念而被提出的,意指自然界中一切有生命的生物体,而在孔德、斯宾塞等社会学领域的一些学者把这一概念引入社会学研究之后,遂衍生出"社会有机体"概念。虽然马克思本人并未明确给出"社会有机体"的确切定义,但在其相关理论阐述中依然赋予了这一概念丰富而深刻的科学内涵。其中,最为经典的是马克思在《资本论》中的如下论断:"社会不是坚实的结晶体,而是一个能够变化并且经常处于变化过程中的有机体。"②在这里,通过对"有机体"与"坚实的结晶体"这两个概念的比照分析,可以更为准确地把握马克思视域中社会有机体的内涵与特质。

1. 社会有机体具有整体统一性

"坚实的结晶体"是各组成元素的简单相加,其内部通过机械的物

---

① 《马克思恩格斯选集》第1卷,人民出版社2012年版,第223页。
② 《马克思恩格斯选集》第2卷,人民出版社2012年版,第84页。

理接触构成"无差别的统一体",是部分之和等于整体的范例。而社会有机体是包含着"社会体系的各个环节"和"同时存在而又互相依存"的"一切关系"的统一整体,整体性是社会有机体的基本特征。作为一个统一整体的社会有机体,绝非各组成元素的简单相加,而是有着非常严密的内部结构。在社会有机体的内部,各组成元素作为元素本身的特征已经消失了。正如有学者所言,在社会有机体内部,各要素之间是一种有机的耦合关系①。马克思在以资本主义社会为例分析社会有机体的生产时指出,生产、交换、分配、消费等各要素不是孤立存在的,它们是"构成一个总体的各个环节,一个统一体内部的差别"②,绝不能机械地将社会有机体视为具有根本差别的多个元素的统一体,也不能把其"看成是彼此偶然发生关系的、纯粹反思联系中的东西"③。针对蒲鲁东在认识社会关系上的形而上学错误,马克思还特别指出:"谁用政治经济学的范畴构筑某种意识形态体系的大厦,谁就是把社会体系的各个环节割裂开来,就是把社会的各个环节变成同等数量的依次出现的单个社会。其实,单凭运动、顺序和时间的唯一逻辑公式怎能向我们说明一切关系在其中同时存在而又互相依存的社会机体呢?"④ 换言之,社会有机体是相互交织着的一切社会关系的总和,其中的各要素、各环节之间是密切联系、相互影响的,是不能以时间、序列、运动等单一维度的逻辑范畴来衡量和定义的。

2. 社会有机体具有对外开放性

按照辩证唯物主义的观点,任何物质都不是孤立静止的形而上学式的存在,都需要与外部环境产生一定的联系。对于"坚实的结晶体"而言,它是没有生命特征的纯粹的自然物质,不具有所谓的新陈代谢机能,只能被动接受外力的作用,因而它与外部世界建立的联系仅仅是一种简单的物理联系。而社会有机体则具有显著的对外开放性,它需要不断地与外界进行物质、能量、信息等各方面的交换,既要吸收、同化来

---

① 孙承叔:《资本与历史唯物主义》,复旦大学出版社2013年版,第229页。
② 《马克思恩格斯选集》第2卷,人民出版社2012年版,第699页。
③ 《马克思恩格斯选集》第2卷,人民出版社2012年版,第688页。
④ 《马克思恩格斯选集》第1卷,人民出版社2012年版,第223页。

自外界环境的物质资料和精神产品，又要以多种形式向外部世界输送自身的剩余产物，这十分类似于人类个体的生命活动。马克思曾把社会有机体的这种对外活动称为"外部交往"，并且十分重视这种"外部交往"对于社会有机体自身乃至整个世界历史的重要意义。他将资本主义工场手工业的初期繁荣归功于积极的"外部交往"，认为相比于"工场手工业最初只限于国内市场"①的英国和法国，意大利和佛兰德则从"同外国各民族的交往"②中赢得了更多的发展机遇，进而推动了自身的发展和世界手工业的进步。马克思认为，各个社会有机体的"对外交往"必然发展成世界范围内的"普遍交往"，并指出："只有当交往成为世界交往并且以大工业为基础的时候，只有当一切民族都卷入竞争斗争的时候，保持已创造出来的生产力才有了保障。"③

3. 社会有机体具有动态演变性

"坚实的结晶体"作为自然界中存在的无生命的物质实体，其自身是很少、很难发生变化的，除非在很强的外力作用下才有可能改变其形体大小，断裂为若干性质完全相同的部分，或者在外力作用下发生位移，导致某种程度的物理运动。而社会有机体则是"能够变化并且经常处于变化过程中的"④，总是伴随着旧的"社会细胞"的消亡和新的"社会细胞"的产生，"变"是社会有机体的不变的定律。正如恩格斯所言："任何一个有机体，在每一瞬间都既是它本身，又不是它本身。"⑤换言之，在社会有机体中，总是进行着一种形式的凋亡和另一种形式的更新，由于"革新的事业将不断地受到各种既得利益和阶级自私心理的抗拒，因而被延缓、被阻挠"⑥，因而不同部分的凋亡速度或者更新速度也具有差异性，从而不同社会有机体的发展演变速度也大不相同。由此，马克思清醒地认识到资本主义社会有机体更迭演变的漫长曲折

---

① 《马克思恩格斯选集》第 1 卷，人民出版社 2012 年版，第 188 页。
② 《马克思恩格斯选集》第 1 卷，人民出版社 2012 年版，第 188 页。
③ 《马克思恩格斯选集》第 1 卷，人民出版社 2012 年版，第 188 页。
④ 《马克思恩格斯选集》第 2 卷，人民出版社 2012 年版，第 84 页。
⑤ 《马克思恩格斯选集》第 3 卷，人民出版社 2012 年版，第 397 页。
⑥ 《马克思恩格斯选集》第 3 卷，人民出版社 2012 年版，第 144 页。

性，强调必须要"经历阶级斗争的几个不同阶段"① 才能实现由资本主义向共产主义的过渡。正如后来列宁所指出的，马克思在《资本论》中所进行的研究，科学地揭示了资本主义社会有机体的"产生、生存、发展和死亡以及这一机体为另一更高的机体所代替的特殊规律（历史规律）"②，从而阐明了社会有机体的发展是一个自然历史过程的观点。

（二）乡村社会治理目标的系统性设定

综上所述，马克思视域下的社会有机体是标志着社会各个要素和环节"同时存在而又互相依存"、囊括全部社会关系的总的范畴，是对人类社会整体性、全面性、联系性、动态性的高度概括。"这种有机体制本身作为一个总体有自己的各种前提，而它向总体的发展过程就在于：使社会的一切要素从属于自己，或者把自己还缺乏的器官从社会中创造出来。有机体制在历史上就是这样生成为总体的。生成为这种总体是它的过程即它的发展的一个要素。"③ 按照马克思关于社会有机体科学内涵的理论观点，人类社会是由众多要素和环节构成的一个不断变化着的有机统一整体，其中各要素、各环节之间是相互联系、相互影响、相互作用的，而不是各要素、各环节的简单拼凑与无序堆积。马克思的这一重要理论观点，为我们科学设定乡村社会治理目标奠定了理念基础、提供了方法指导。对于乡村社会治理目标，必须进行全盘性考量、整体性设定，而不能囿于一方、顾此失彼：在横向上，乡村社会治理的目标必须具有全面性，即最大限度地涵盖乡村社会发展的各个层面，从乡村社会的和谐稳定到全体农民的利益福祉再到农民个体的全面发展，每个层面都应在乡村社会治理的蓝图上得到整体性呈现；在纵向上，乡村社会治理的各个目标必须桴鼓相应、相互促进，形成整体发展合力，从而全面提升乡村社会治理水平，努力打造"善治乡村"。正如习近平总书记所强调的，社会治理是一项复杂的社会工程，必须增强治理的整体性与

---

① 《马克思恩格斯选集》第 3 卷，人民出版社 2012 年版，第 143 页。
② 《列宁全集》第 1 卷，人民出版社 1984 年版，第 136 页。
③ 《马克思恩格斯全集》第 30 卷，人民出版社 1995 年版，第 237 页。

协调性。① 具体而言，乡村社会治理目标设定须实现如下三个维度的整体性统一。

1. 民之安：维护乡村社会的和谐安定

进行社会治理，最根本的目标在于实现社会和谐、国民幸福。② 所谓社会和谐，是指通过社会治理，实现社会的和谐安定有序；所谓国民幸福，是指通过社会治理，使国民过上幸福安康的美好生活。当然，实现社会和谐是实现国民幸福的前提，因而是进行社会治理的首要目标。如果没有社会的和谐安定有序，就谈不上国民的幸福安康。党的十八届三中全会在提出实现国家治理体系与治理能力现代化目标的同时，也提出了"创新社会治理体制"的现实任务，并将"最大限度增加和谐因素""有效预防和化解社会矛盾""确保人民安居乐业、社会安定有序"视为"社会治理体制创新"的重要内容和基本要求。众所周知，社会和谐是中国特色社会主义的本质属性，是党和人民不懈追求的社会理想。"没有和谐稳定的社会环境，社会文明就无从谈起，一切改革发展也无从谈起，再好的规划和方案都难以实现，已经取得的成果也会失去。"③ 依此而论，乡村社会的和谐安定是实现乡村发展与振兴的前提条件，是关系广大农民切身利益的头等大事，因而也理应是乡村社会治理的首要目标。特别是由于我国是一个农业大国，乡村常住人口众多，因此，保持乡村社会和谐安定具有特殊重要的意义。完全可以这样说：没有乡村社会的和谐安定，就不可能有全国社会的和谐安定，也就不可能有真正意义上的社会治理现代化。

自改革开放以来，伴随着乡村经济结构和利益关系的巨大调整，乡村社会出现了多种不和谐、不稳定因素。这些因素的出现和积聚，进一步凸显了通过乡村社会治理维护乡村社会和谐安定的必要性和重要性。

---

① 《坚持走中国特色社会主义社会治理之路 确保人民安居乐业社会安定有序》，《人民日报》2017年9月20日第1版。

② 张凯兰：《价值·目标·途径：社会治理创新的系统思考》，《中国井冈山干部学院学报》2014年第3期。

③ 中共中央宣传部：《习近平新时代中国特色社会主义思想三十讲》，学习出版社2018年版，第236页。

"乡村社会治理于乡村秩序构建的意义，主要是通过一定的制度与机制以及管理和控制行为，在社会生活中促成平稳的、常态化的社会关系，并在社会运行过程中处理问题及矛盾，维持社会关系的稳定与协调。"①在推进乡村社会治理的过程中，欲实现乡村社会和谐安定之目标，须抓好如下四个基本环节：一是"解矛盾"，即要从源头着手，畅通农民的利益表达渠道，综合运用民主、法治、协商等多种手段化解和处理乡村社会的各种利益矛盾，努力实现小事不出村、大事不出镇、矛盾不上交，"积极推动解决广大人民群众最关心最直接最现实的利益问题，不断打牢和巩固社会和谐稳定的物质基础"②；二是"保安全"，即要保障乡村社会公共安全，加大乡村社会执法监管力度，及时排解安全隐患，加强乡村居民安全意识教育，提升乡村社会的防灾救灾能力，使农民在生产生活中更具安全感；三是"提素质"，即要不断提高农民的思想道德素质，强化其社会责任意识、奉献意识、规则意识，增强其维护乡村社会和谐安定的主体性与自觉性；四是"强主体"，即要提升县乡党委与政府、村（居）委会、乡村社会组织等各治理主体协同维护社会和谐安定的能力和水平，切实为农民的美好生活与全面发展营造良好的乡村社会环境。

2. 民之利：增进农民群众的利益福祉

中国共产党自成立以来，就宣布自己是代表无产阶级和广大人民群众利益的政党，并始终坚持把全心全意为人民谋利益作为党的奋斗目标和工作判断标准。习近平总书记在十八届中央政治局常委同中外记者见面时郑重指出：人民对美好生活的向往，就是我们的奋斗目标。这一庄严宣誓，充分表明我们党把满足人民利益确立为治国理政的核心价值。党的十八大以来，以习近平同志为核心的党中央在带领中国人民推进改革开放和新时代中国特色社会主义建设的新征程中，进一步将这一奋斗目标升华为"中华民族伟大复兴的中国梦"，并强调中国梦的实质就是

---

① 陆益龙：《乡村社会治理创新：现实基础、主要问题与实现路径》，《中共中央党校学报》2015 年第 5 期。

② 中共中央宣传部：《习近平新时代中国特色社会主义思想三十讲》，学习出版社 2018 年版，第 237 页。

第三章　马克思社会有机体理论视域下的乡村社会治理目标系统化

实现国家富强、民族振兴、人民幸福，其最终落脚点就是让广大人民过上美好的幸福生活。可以说，把人民对美好生活的向往涵育在中国梦的理念之中，既阐释了中华民族的历史命运，又抓住了人民群众的内心期待，更宣示了中国共产党的根本价值追求。党的十九大报告再次强调"始终把人民利益摆在至高无上的地位"，把增进民生福祉作为发展的根本目的，这充分体现了人民利益在党的执政理念和执政实践中的极高位置。

社会治理作为新时代中国特色社会主义建设的重要内容和中国共产党治国理政的重要任务，无疑也必须落实"满足人民对美好生活的向往""把人民利益摆在至高无上的地位"的科学理念。维护和增进广大人民群众的根本利益，应该是创新优化社会治理的核心价值和根本归宿。正如党的十八届三中全会强调指出的："创新社会治理，必须着眼于维护最广大人民的根本利益"，"努力为社会提供多样化服务，更好满足人民需求"。开展社会治理，就是为了满足人民群众的生活需要即民生需要，教育需要、劳动就业需要、养老需要等民生需要是社会治理的核心客体。[①] 如全体人民一样，农民也"期盼有更好的教育、更稳定的工作、更满意的收入、更可靠的社会保障、更高水平的医疗卫生服务、更舒适的居住条件、更优美的环境、更丰富的精神文化生活"[②]，这是广大农民的利益福祉之所在，亦应成为乡村社会治理的根本价值追求。农民生活是否获得改善、农民权益是否得以保障、农民心情是否真正舒畅，应该成为检验乡村社会治理工作成效的根本标准。换言之，乡村社会治理绝不能单纯追求乡村社会的和谐安定，而要紧紧围绕广大农民的利益福祉，不断改善其生活质量、提升其幸福指数。这就要求在乡村社会治理中必须坚持以农民为本、为农民服务的基本原则，"从解决群众最关心最直接最现实的利益问题入手，做好普惠性、基础性、兜底性民生建设，全面提高公共服务共建能力和共享水平，满足老百姓多样

[①] 高健、秦龙、杨乃坤：《论习近平中国特色社会治理思想的核心内容》，《学术探索》2017年第8期。

[②] 中共中央宣传部：《习近平新时代中国特色社会主义思想三十讲》，学习出版社2018年版，第69页。

化的民生需求，织就密实的民生保障网"①，以此不断增进农民群众的利益福祉。乡村社会治理的过程，实质上就是通过县乡党委与政府、村（居）委会、乡村社会组织等多元主体之间的良性互动与合作，在最大程度上实现对农民公共生活的合作管理和对乡村公共服务的合作供给，进而实现农民公共利益最大化的过程。如果在乡村社会治理中不去认真解决关系农民切身利益的社会民生问题，不把广大农民群众的根本利益实现好维护好发展好，而是就治理谈治理，那么乡村社会治理现代化就会迷失方向甚至适得其反。

3. 民之善：推动农民个体的全面发展

促进人的向善向好、实现人的全面发展，是马克思主义的最高命题和社会发展的终极目标。党的十九大报告指出：人民群众是历史的创造者，是决定党和国家前途命运的根本力量，一切工作必须以人民群众为根本，社会治理亦是如此。人是社会的主体，社会发展归根结底应该是为了人自身，社会治理目标归根结底也应在于满足人的本质的需要，而人的本质的需要的一个重要方面在于人自身的全面发展。诚如《中共中央关于制定国民经济和社会发展第十三个五年规划的建议》所强调的，社会治理必须始终"坚持以人民为中心的发展思想，把增进人民福祉、促进人的全面发展作为发展的出发点和落脚点"。农民作为乡村社会的主人，无疑是乡村进步发展与和谐稳定的主力军，也是乡村社会治理的根本依靠力量和最终服务对象。农民这些地位和作用的实现，取决于农民个体的全面发展及其素质的全面提高。因此，推动农民的全面发展，理应成为乡村社会治理的重要目标。如果回避农民自身的全面发展，而单纯追求社会安定和农民安康，这样的乡村社会治理也就偏离了"以人为本"的正确方向。

农民的全面发展具有多重内涵，具体表现为其身体素质、文化水平、劳动技能、思想品德等多方面的提升。促进农民的全面发展，就是要确保农民的精神和身体、个体性和社会性都得到充分而自由的发展，

---

① 《落实创新协调绿色开放共享发展理念 确保如期实现全面建成小康社会目标》，《人民日报》2016年1月7日第1版。

使他们不仅生活安定、物质富裕，而且思想充实、精神愉悦。鉴于此，在乡村社会治理中，欲促进农民全面发展，理应切实做好以下工作：首先，为农民提供完善的健康管理服务和家庭医生签约服务，促进疾病防控防治，并广泛开展健康教育活动，倡导健康科学的生活方式，使每一个农民都养成良好的卫生习惯，自觉提升自身的身体素质，从而推动健康乡村建设；其次，大力发展乡村教育事业，加强对农业职业经理人、经纪人、文化能人、乡村工匠、非遗传承人等实用人才的培养扶持力度，让农民学有所教、学有所成、学有所用，成为具有较高文化水平的新时代劳动者；再次，通过建立配套制度、实行职业教育、开展职称评定等措施，培育有文化、懂技术、会经营的新型职业农民，以便为从根本上破解"三农"难题、实现乡村社会治理现代化提供人才支撑；最后，加快农村公共文化建设，提升农村精神文明水平，优化农民的价值观念和精神风貌，在乡村培育文明乡风、良好家风、淳朴民风。

以上"社会和谐—群众利益—个体发展"，构成了乡村社会治理的三维目标体系。三者互为条件、相得益彰，每个方面都意义重大、不可或缺，形成了一个相互联系的有机整体。其中，维护乡村社会的和谐安定是乡村社会治理的首要目标，是增进农民群众利益福祉和推动农民个体全面发展的前提与保障；增进农民群众的利益福祉则是乡村社会治理的根本目标和核心诉求，广大农民只有真正获得了教育、就业、医疗、社保、环境等各方面的福利和实惠，才谈得上乡村社会的和谐安定以及每个农民的全面发展；实现农民个体的全面发展则是乡村社会治理的最终目标，前两者归根结底都是为此服务的。在厘清三者之间关系的基础上，对这三重目标唯有系统设定、统筹协调、整体推进，才能保证乡村社会治理的健康发展。

二　马克思的社会有机体结构论与乡村社会治理目标的整体性实现

（一）马克思的社会有机体结构论

社会有机体既然是由社会各要素和环节构成的统一整体，那么，必然存在各要素和环节之间的组合关系,即社会结构。没有一定的社会结构为支撑,就无法称其为社会"有机体"。因而,对社会有机体的深度解析,必然涉及社会结构问题。社会结构理论作为马克思社会有机体理论的重要组成部分,在马克思唯物史观中占有突出地位,是马克思解开"历史之谜"、创立唯物史观的重要理论支撑。① 正如马克思在 1859 年写的《〈政治经济学批判〉序言》中所指出的,关于社会结构的研究成果是用于指导他的"研究工作的总的结果"②。

关于社会有机体的基本结构,马克思在《〈政治经济学批判〉序言》中作出过如下经典性论述:"人们在自己生活的社会生产中发生一定的、必然的、不以他们的意志为转移的关系,即同他们的物质生产力的一定发展阶段相适合的生产关系。这些生产关系的总和构成社会的经济结构,即有法律的和政治的上层建筑竖立其上并有一定的社会意识形式与之相适应的现实基础。物质生活的生产方式制约着整个社会生活、政治生活和精神生活的过程。"③ 在此论述中,马克思明确了社会有机体的三个层面的基本构成要素,即生产力、生产关系(经济基础)、上层建筑(包括法律的和政治的上层建筑,以及思想的上层建筑即意识形态),这三个层面的构成要素是相互联系、相互作用的。人类社会之所以能够称为"有机体",重要原因就在于这些构成要素之间的有机联系性。处于社会有机体之中的人们,基于物质交往和精神生产活动而结成了经济关系、政治关系、文化关系等社会关系,开辟了经济生活、政治生活、文化生活等生活领域,由此形成了社会的经济结构、政治结构、文化结构等结构层次。社会结构就是一种以"现实的个人"为纽带,以人的实践活动为基础,经济生活、政治生活、精神生活交织叠加的网络型运行体系。

1. 经济结构论

人的存在是社会关系产生的基础,是社会结构生成的前提。没有人

---

① 杜玉华:《论马克思社会结构理论的基本涵义及其特征》,《湖南师范大学社会科学学报》2012 年第 2 期。
② 《马克思恩格斯选集》第 2 卷,人民出版社 2012 年版,第 2 页。
③ 《马克思恩格斯选集》第 2 卷,人民出版社 2012 年版,第 2 页。

第三章 马克思社会有机体理论视域下的乡村社会治理目标系统化

的存在与发展，就谈不上社会关系的产生和社会结构的生成，而人的存在与发展有赖于物质活动的开展和物质生活的保障。马克思指出："社会结构和国家总是从一定的个人的生活过程中产生的。"[1] 要而言之，社会结构发端于人的产生和存在，其存续基础和动力来自人们的衣、食、住、行等生活需求的满足。为了满足这些生活需求，人们一方面要进行物质生活资料的生产，以获取维持生存所必需的食物、衣物、住房等生活必需品以及生产这些生活必需品所需要的各种劳动资料，另一方面要进行人自身的生产即种族繁衍，以延续人的生命和源源不断地提供劳动者。在进行物质生产、发展生产力的过程中，人们都必然要结成一定的关系即生产关系，而"生产关系的总和构成社会的经济结构"[2]，即包含着生产、分配、交换、消费等各种经济要素和经济环节的社会物质生活领域。

在社会有机体的结构之中，经济结构的地位重要而显赫。马克思指出："在一切社会形式中都有一种一定的生产决定其他一切生产的地位和影响，因而它的关系也决定其他一切关系的地位和影响。"[3] 完全可以说，物质生产决定着"其他一切生产"，经济关系决定着"其他一切关系"，经济结构决定着"其他一切"结构，物质生活决定着"其他一切"生活。经济结构是"法律的和政治的上层建筑竖立其上并有一定的社会意识形式与之相适应的现实基础。物质生活的生产方式制约着整个社会生活、政治生活和精神生活的过程"[4]。自古及今，不论处于何种社会发展阶段，都是先有人们的物质生产活动，然后才有政治、法律、哲学、艺术、宗教等上层建筑的构建活动；先有人们的物质生活，然后才有人们的社会生活、政治生活和精神生活；先有社会的经济结构，然后才有社会的政治结构、文化结构。经济结构在社会有机体中占据基础性、决定性地位，政治结构和文化结构都是建立在经济结构基础之上并与之相应、受其制约的，经济结构的变化迟早都会在政治结构和

---

[1] 《马克思恩格斯选集》第1卷，人民出版社2012年版，第151页。
[2] 《马克思恩格斯选集》第2卷，人民出版社2012年版，第2页。
[3] 《马克思恩格斯选集》第2卷，人民出版社2012年版，第707页。
[4] 《马克思恩格斯选集》第2卷，人民出版社2012年版，第2页。

文化结构中反映出来。

2. 政治结构论

政治是经济的必然产物与集中表现。人们在进行经济生产、满足自身物质生活需要的同时，必然也会开展一定的政治活动，以满足自身的政治生活需要，因而，处于经济关系之中的人们也会存在于一定的政治关系之中。马克思指出："以一定的方式进行生产活动的一定的个人，发生一定的社会关系和政治关系。"[1] 经济结构源于人们的生产关系，政治结构自然也源于人们的政治关系。失却了政治关系和政治结构，仅有生产关系和经济结构，也不能称其为社会有机体。所谓政治结构，是指由政府、军队、警察、法院、监狱等政治设施和政治法律制度所构成的政治关系总和，即政治上层建筑。"政治结构不同于以经济利益为导向的经济结构，也不同于靠思想引导和道德教化来发挥作用的文化结构，它有着特殊的存在方式和作用规律，是一种保卫性结构，其凭借国家政权的强制力量，制定一整套规则将人们的一切活动限定在一定范围之内，以保证社会的稳定有序发展。"[2]

尽管经济决定政治、政治结构是基于经济结构而产生并为经济结构服务的，但政治结构的存在和发展也具有一定的相对独立性，它并不会随着经济结构的发展变动而亦步亦趋，而是因受制于多种因素，与经济结构的发展变动具有不同步性、不一致性。正如恩格斯所总结的："社会的政治结构决不是紧跟着社会经济生活条件的这种剧烈的变革立即发生相应的改变。"[3] 虽然政治结构与经济结构并不"同频共振"，但它与经济结构密切关联、相互影响，经济结构的变化迟早会引起政治结构的变化，政治结构也总能对经济结构产生一定的反作用，或保障着经济结构的进步完善，或阻碍着经济结构的良性发展，从而表现出它在社会有机体之中的"存在感"与"影响力"。正因如此，所谓的"经济结构唯一论"或"经济结构万能论"都是错误而有害的。我们在认识和发展

---

[1] 《马克思恩格斯选集》第1卷，人民出版社2012年版，第151页。

[2] 杨烁、孙迪亮：《马克思社会结构理论视域下乡村治理的三维解析》，《宁夏党校学报》2019年第6期。

[3] 《马克思恩格斯选集》第3卷，人民出版社2012年版，第482页。

社会有机体时，断不可忽视了政治结构这一重要因素。

3. 文化结构论

与唯心主义坚持思维决定存在的基本立场不同，马克思唯物史观主张存在决定思维、社会存在决定社会意识，并从这一唯物主义本体论出发，高度重视经济因素在社会有机体存在与发展中的决定性地位。尽管如此，马克思唯物史观并不否认思想文化因素的作用，而是把它视为"可以通过经验来确认的、与物质前提相联系的物质生活过程的必然升华物"①。在马克思看来，思想文化因素是人们物质生产实践活动的抽象衍生物，它从意识层面反映了社会有机体的各项活动并为之服务。易言之，政治思想、法律思想、道德、文学、艺术、宗教、哲学等一切思想文化因素都是对社会存在的反映，它们决定于并服务于社会存在，对于社会有机体的发展具有重要引领作用，"文化上的每一个进步，都是迈向自由的一步"②。这些思想文化因素构成社会的文化结构和人们的"精神生活"领域，它是人们运用精神创造的方式对社会生活中积累的经验和智慧进行筛选、加工和提炼以满足人类精神需要的产物。③

文化结构与经济结构、政治结构密切关联，同中有异。从其产生根源来看，文化结构与经济结构、政治结构一样，都是"人的创造性的对象化活动，是人的本质力量的对象化，是人类实践活动的产物"④，三者皆为人们认识和改造世界的能力的反映。但从三者的存在形式来看，则大不相同：经济结构和政治结构主要是以有形的实体形式存在的，而文化结构更多地表现为一种无形的非实体存在，是影响社会有机体发展的一种无形力量。这种无形力量的实际作用，是通过人民群众对它的领会和掌握而发挥出来的。正如马克思在评价"理论"的作用时所指出的：理论一经掌握群众，才会变成能够改变现实的物质力量。

---

① 《马克思恩格斯选集》第1卷，人民出版社2012年版，第152页。
② 《马克思恩格斯选集》第3卷，人民出版社2012年版，第492页。
③ 蔡青竹：《马克思社会结构理论的整体性》，《重庆社会科学》2016年第3期。
④ 冯旺舟：《论马克思主义文化观及其现实启示》，《理论导刊》2014年第12期。

(二) 乡村社会治理目标的整体性实现

按照马克思的社会有机体结构论，社会有机体是由建立在生产力基础之上的生产关系（经济基础）、政治上层建筑、意识形态三个基本层面构成的统一整体，由此构成了人们的经济生活、政治生活、文化生活三大生活领域。马克思社会有机体结构论，为我们科学谋划社会主义建设布局提供了理论指导，要求我们整体性地统筹推进社会主义经济建设、政治建设、文化建设以及在此基础之上的社会建设。恩格斯指出："我们把握不住两者的联系，就会陷入一个接一个的矛盾之中。"[①] 社会有机体的结构性、整体性，要求实现经济建设、政治建设、文化建设、社会建设之间的整体统筹和均衡协调，以保障人民美好生活需要的全面满足。党的十九大报告指出，我国社会主要矛盾已经转化为人民日益增长的美好生活需要和不平衡不充分的发展之间的矛盾，这一矛盾在乡村社会表现得尤为突出，即由于城乡发展特别是乡村发展的"不平衡不充分"，农民的美好生活需要受到很大制约。其实，农民对于美好生活的追求是全方位、多层面的，涉及衣、食、住、行、乐等各个方面，是农民的物质生活、政治生活、精神生活、社会生活的有机统一与完整图景。邓小平在谋划我国社会主义改革与建设事业时早就指出，发展是硬道理、是解决我国所有问题的关键。因此，在开展乡村社会治理、实现"民之安""民之利""民之善"治理目标的过程中，不应该就"社会治理"论"社会治理"，而必须着眼于乡村社会的整体发展，在大力发展乡村社会事业的同时，综合推进乡村的经济发展、政治发展、文化发展，集乡村社会治理与乡村经济治理、乡村政治治理、乡村文化治理等多维治理于一体，实现乡村社会各领域治理的科学统筹。

1. 乡村社会治理应以乡村社会事业发展为关键

乡村社会治理的直接目标在于解决乡村社会领域存在的问题，但是社会问题是极其复杂的，乡村社会问题亦是如此。解决这些乡村社会问题，关键途径是加快乡村教育、就业、劳动、养老、医疗卫生等乡村社

[①] 《马克思恩格斯全集》第 26 卷，人民出版社 2014 年版，第 725 页。

会事业的发展。乡村社会问题的复杂性、关联性，决定了乡村社会事业发展的内容具有显著的整体性特征。作为一个有机统一的整体，乡村社会事业发展的内容是由多个相互联系、相互作用的部分构成的，各部分的发展状况及其变化对乡村社会事业的整体发展具有重要影响，甚至具有决定性作用，亦如"木桶效应"中短板决定着木桶的最大容量。这就要求我们必须统筹兼顾乡村社会事业各部分内容的发展与优化，坚持从全局出发，准确认识各部分的发展现状与发展规律，既突出重点，又兼顾其他，实现各部分的均衡协调发展，从而达到整体功能大于各部分功能之和的乡村社会治理最优目标。鉴于当前乡村社会事业的总体滞后性和结构不平衡性，应尤为重视和强化以下几方面的发展内容。

第一，恪守利益公平原则的社会保障制度体系。乡村社会治理的根本目标和最终落脚点在于增进广大农民的利益福祉。要实现这一目标，首要的是必须保障农民的基本生活需求，在提升乡村经济发展效率的同时力求利益公平。而建立系统完善的乡村社会保障制度体系，则是维护农民利益公平的基本条件。所谓乡村社会保障制度，是指国家或社会为保障农民的基本生活和福利而提供物质帮助的各项政策、规章制度和措施的统称。乡村各项社会保障制度密切关联、相辅相成，且均以追求利益公平为主旨，从而构成了主旨一致、环环相扣的社会保障制度体系。这一制度体系通过为广大农民特别是乡村弱势群体提供必要资助，有助于缩小城乡居民的收入差距，增强农民的获得感、安全感与幸福感，因而理应成为乡村社会事业发展的重要内容和乡村社会治理的重要目标。但反观我国长期以来的城乡利益分配格局可知，在城乡社会之间以及乡村社会内部存在较大的利益分配差距，农民养老医疗保障弱、乡村老年人口生活苦等问题均是城乡利益分配不公的具体表现，也是乡村社会治理面临的难题。近年来，我国加快构建了一整套基本涵盖城乡的社会保障制度，包括居民医疗保险制度、居民养老保险制度、九年义务教育制度、社会救济制度等，从而有效促进了上述难题的解决，在很大程度上提升了农民的利益共享水平。但就目前来说，我国社会保障制度体系仍处于不容乐观的城乡失衡之中，表现出统一性与公平性的先天不足，从而导致其运行效率低下和资源浪费，阻碍了城乡一体化发展进程。因此，在发展乡村社会事业的过程中，不仅要把社会保障制度体系建设作为其重要内容，而且要以现实问题为导向，不断推进社会保障制度创新，加快完善涵盖乡村失业、养老、社会救济、社会福利、最低生活保障等方面的社会保障制度，构建起能够使农民生活更加幸福、乡村社会更加和谐的社会保障体系。

第二，促进城乡融合发展的基本公共服务体系。城乡融合发展作为解决"三农"问题的根本途径，其面临的最大难题在于如何推进城乡公共服务均等化。为此，党的十九大报告将公共服务体系建设与"加强和创新社会治理"紧密联系起来，强调必须把向全体社会成员提供满足基本生活需要的各项公共服务作为社会治理的重要内容和重要条件。具体到乡村社会治理而言，同样离不开旨在促进城乡融合发展的基本公共服务体系建设。基本公共服务是由政府主导、旨在保障全体公民生存和发展基本需要、与经济社会发展水平相适应的公共服务。《"十三五"国家基本公共服务清单》具体规定了包括公共教育、劳动就业创业、社会保险、医疗卫生、社会服务、住房保障、公共文化体育、残疾人服务等 8 个领域的 81 个项目，这些项目的实施和建设对于保障农民基本生活、推动城乡公共服务均等化、实现乡村社会善治无疑具有重要意义。但由于受城乡二元结构的长期影响，目前我国城乡之间的基本公共服务水平仍存在较大差距，乡村基本公共服务供给严重不足，乡村不同地区之间的发展亦不平衡，多数地区无法满足农民日益增长的基本公共服务需求。因此，在实施乡村振兴战略的新背景下发展乡村社会事业、优化乡村社会治理，必须适应城乡经济社会一体化发展的趋势和要求，以基本公共服务均等化为导向，加快建立健全覆盖全民、普惠共享、城乡一体的基本公共服务体系，特别是要着力提高乡村的基本医疗服务水平，完善乡（镇）级卫生院、村级卫生室等医疗服务机构的服务功能，并多方面提高乡村文化教育水平，加强乡村公共文化建设，促进城乡文化教育资源的均衡配置和共有共享，优先解决广大农民普遍关心的教育公平、优质医疗、公共文化生活等切身利益问题，以推动城乡融合发展。

第三，满足乡村基本需要的公共物品供给体系。乡村社会治理不仅需要向农民提供公共服务，也需要做好公共物品的供给。公共服务和公共物品作为公共事务中并列互补的消费性要素，都是实现社会资源为民所用的重要体现。乡村公共物品是与乡村私人物品相对而言的，主要包括乡村的水利设施、公路、农业生产机械设备、农业防护林、农民生活基础设施等，具有消费的非排他性、非竞争性等特征。乡村公共物品的这一特征，要求其供给主体必须具有公共性，主要是政府、社会组织等。在公共事业发展相对薄弱的乡村社会，完备的公共物品供给体系成为当前满足农民美好生活需要的必然选择，因而也是乡村社会治理应予以关注的重要问题。乡村公共物品的供给旨在服务于乡村经济社会的整体发展和全体农民生活的改善，而不是服务于个别地区和个别农民。但就目前来看，乡村公共物品供给的总体水平较低，其供给数量不足、供给质量不高、供给流程不畅、供给分配不均等问题较为严重，因此，必须把乡村公共事业发展统一纳入城镇化建设规划，把构建完善而高效的公共物品供给体系作为乡村社会事业发展和乡村社会治理的重要内容，加快对乡村的道路、公共交通通信、自来水、电力供应、网络信息等基础设施的建设与完善，使农民切实感受到因基础设施完善而给自身生产生活带来的便利，以便在切实提升乡村社会治理水平的同时不断补益广大农民美好生活的物质需要。

第四，维护乡村公共安全的社会治安防控体系。维护乡村社会安定是乡村社会治理的首要任务，而乡村公共安全则是乡村社会安定的题中应有之义。公共安全是指社会与公民个人从事和进行正常的生活、工作、学习、娱乐、交往所需要的稳定的外部环境和秩序。[1] 保证乡村公共安全是实现乡村社会"善治"的基本要求和农民安居乐业的首要前提，而维护乡村公共安全必须建立健全乡村社会治安防控体系，即在县乡党委与政府的统一领导下，充分发挥政法部门特别是公安机关的骨干作用，组织和依靠各部门、各单位与人民群众的力量，综合运用多种手段预防和惩治违法犯罪，化解乡村社会不安定因素，确保乡村社会治安良好。只有大力推进乡村社会治安防控体系建设，才能打造和谐稳定的

---

[1] 杨述明、马德富：《中国乡村社会治理》，湖北人民出版社2016年版，第71页。

平安乡村，为乡村社会事业发展和乡村社会治理奠定坚实的秩序基础。在当前乡村社会发展的转型期，乡村社会公共安全面临诸多挑战，尤其是黄赌毒盗拐骗、扰乱市场秩序、非法宗教活动等违法犯罪行为屡禁不止，村霸横行、官霸勾结等问题时有发生，严重扰乱了乡村社会公共安全秩序，大大降低了广大农民的安全感与幸福感。这一系列挑战都要求在乡村社会事业发展和乡村社会治理中务必加强社会治安防控体系建设，为平安乡村构筑起坚不可摧的安全屏障。具体而言，在乡村社会治理中，应高度重视对重大决策的社会利益风险进行评估，以保证乡村社会各项政策的科学性、可行性、有效性，从源头上预防和减少乡村社会利益矛盾；应不断完善社会矛盾排查预警机制，通过广泛运用大数据信息技术，对于乡村社会矛盾做到提前预防、及时发现、尽快处置；应努力实现乡村社会矛盾的多渠道化解，推动人民调解、行政调解、司法调解三者有机结合，使农民群众的内部矛盾有处可诉、有理可明、有法可解。

从社会保障、服务提升、物品供给到安全防护，以上四个层面的内容涵盖了乡村社会事业发展的若干基本领域，有助于形成充满活力、和谐有序的全方位的乡村社会治理格局。欲实现乡村社会治理的整体性优化，就必须统筹兼顾乡村社会事业四个层面的一体化建设。唯有如此，才能提升乡村社会的整体价值，使乡村社会真正成为以统筹兼顾、全面发展、和谐善治为目标取向的美好社会。

2. 乡村社会治理应以乡村经济发展为基础

社会有机体作为经济、政治、文化等要素的有机统一，其存在和发展的根本基础在于物质生产。马克思将人类生产物质生活本身视为社会有机体的"第一个历史活动"，他在1868年7月致路德维希·库格曼的信中强调指出："任何一个民族，如果停止劳动，不用说一年，就是几个星期，也要灭亡，这是每一个小孩子都知道的。"① 由此，足可见以物质生产为主题的经济活动对于社会有机体的重要意义。当然，人们的物质生产并不是彼此孤立地进行的，而总是在一定的生产关系中进行

---

① 《马克思恩格斯选集》第4卷，人民出版社2012年版，第473页。

第三章 马克思社会有机体理论视域下的乡村社会治理目标系统化

的,生产力和生产关系共同构成了社会有机体的经济基础,经济基础是社会有机体赖以确立的主要基石和永续发展的决定力量。马克思主义虽不主张"经济万能论",但坚持"经济决定论",认为经济基础决定上层建筑、经济发展是社会事业发展的基础。经验事实表明,任何一个社会的健康发展和科学治理,都是建立在坚实的经济基础之上的;社会治理中遇到的各种"疑难杂症"都可以从经济因素中得以解释,并在经济发展中得以破解。

同理,乡村社会的治理与发展离不开强大的经济支撑,乡村经济发展是乡村其他事业发展的根本前提与基础。要实现乡村社会治理的"善治",必然有赖于一定的物质条件和经济基础。只有具备了牢固的经济基础,各项惠及农民切身利益的乡村公共事业才能得以建设和发展,以农民为主体进行乡村社会治理也才能有坚实的物质基础。易言之,乡村经济发展及其基础上的农民生活之富裕,是推进乡村社会治理、提升乡村社会治理水平的根本支撑。它不仅可以为乡村社会治理提供有力的物质保障,而且能够为乡村社会治理主体的发育、成长、成熟提供肥沃土壤。乡村社会领域存在的诸多矛盾和问题,从表面上看仅是社会问题,但从实质上看皆可归结为经济利益问题。唯有大力发展乡村经济,注重保障和改善民生,实现农民共同富裕,才能从源头上解决乡村社会问题。

相对于城市而言,我国乡村的经济发展水平总体偏低,特别是有些乡村地区目前仍延续着传统小农经济的发展模式,农业经济的弱质化和集体经济的空虚化仍未根本改观,导致有些农民收入偏低、生活困苦,社会矛盾和问题丛生,从而在根本上制约着乡村社会治理的进程与水平。因此,在进行乡村社会治理时,必须高度重视经济发展对社会发展的重要性、经济治理与社会治理的关联性,通过推动乡村经济发展进而提升乡村社会治理水平。

第一,粮食安全为先。

古人云:王者以民为天,而民以食为天。粮食是关乎国计民生的重要战略物资和人们赖以生存的基本生活资料。不管在何种国度、何种社会制度下,增加粮食生产、确保国家粮食安全都是乡村社会发展的首要经济目标乃至政治任务。就乡村社会治理而言，其根本目标在于维护和增进广大农民的根本利益，而农民根本利益无疑是以"吃饱饭"为前提和起点的。特别是对于作为农业大国和人口大国的中国来说，保障国家粮食安全具有特殊重要的意义。正如习近平总书记所指出的："粮食问题不能只从经济上看，必须从政治上看，保障国家粮食安全是实现经济发展、社会稳定、国家安全的重要基础。"[1] 长期以来，虽然粮食工作在我国被高度重视且颇有实效，但在实现乡村振兴、推进农业农村现代化的进程中，国家粮食安全仍面临着诸多挑战。首先，从国内来看：一是包括粮食生产在内的农业可持续发展能力不足，"价格'天花板'、成本'地板'挤压和补贴'黄线'、资源环境'红灯'约束，很可能是今后一个时期农业发展面临的重要瓶颈"[2]；二是耕地损耗问题始终没有得到彻底解决，每年都有大量耕地因工业化和城镇化而被侵占，"虽说国家对耕地有占补平衡的法律规定，但占多补少、占优补劣、占近补远、占水田补旱地等情况普遍存在，特别是花了很大代价建成的旱涝保收的高标准农田也被成片占用"[3]，耕地面积减少严重威胁国家粮食安全；三是由于种粮收益降低，许多农民种粮积极性下降，转而选择进城务工或在乡村从事非农产业，乡村空心化、农民老龄化现象严重，农业发展后继无人、"谁来种粮"的问题危及国家粮食安全；四是我国巨量的人口规模、城镇化的推进、人们消费结构的升级和生活质量的改善，导致国内粮食需求量的刚性增长，而且"粮食等农产品消费快速增长的趋势还会持续，相当长时期都不会逆转"[4]。其次，从国际上看：一是受金融危机等多种因素的影响，国际粮价波动显著，而伴随着经济全球化的深入发展，国内粮价和国际粮价之间的关联性也不断增强，国

---

[1] 中共中央文献研究室：《十八大以来重要文献选编》上，中央文献出版社2014年版，第661页。

[2] 中共中央党史和文献研究院：《习近平关于"三农"工作论述摘编》，中央文献出版社2019年版，第91页。

[3] 中共中央文献研究室：《十八大以来重要文献选编》上，中央文献出版社2014年版，第663页。

[4] 中共中央文献研究室：《十八大以来重要文献选编》上，中央文献出版社2014年版，第661页。

际粮价波动必定会导致国内粮价不稳和粮食供给起伏，从而对国内粮食安全构成潜在威胁；二是世界各国的粮食供求很不均衡，2017年全球共有51个国家、约1.24亿人面临严重粮食短缺，较此前一年增加1100万人[1]，而近年来我国粮食"需求的快速增长和结构的不断变化，产需缺口不断加大，进口持续大幅增加"[2]，2019年10月国务院发布的《中国的粮食安全》白皮书显示，2018年我国包括大豆等油料和饲料在内的粮食进口总量为11555万吨，比1996年增长944.8%，粮食进口总量的强劲无疑会对国内粮食生产造成一定冲击。面对上述国内外挑战，保障粮食安全必须把握一个"根本前提"、一个"基本原则"、一个"必要保障"。

一是以坚守耕地红线为根本前提。粮食安全能否确保，首要的决定性因素在于耕地资源是否充足。无论何时何处，提高粮食产量、保障粮食安全的关键在于扩大耕地面积。虽然我国国土面积广阔，但是耕地面积所占比重却相对较少，人均耕地面积更是捉襟见肘，这就使得可用于粮食生产的耕地先天不足。同时，土地污染、厂房兴建、道路等基础设施建设、城镇化的推进等人为因素，导致对耕地占用的增加和耕地保有量的减少，这不可避免地会使国家粮食安全受到冲击。习近平总书记指出，"保障国家粮食安全的根本在耕地，耕地是粮食生产的命根子"[3]。如果耕地面积不稳定、不充足，就根本无从保证粮食安全。因此，必须坚守耕地红线、落实"藏粮于地"战略，既要牢固树立"坚守耕地红线就是守住国人的口粮底线"的科学理念，确保现有的耕地面积基本稳定，又要努力改善耕地质量，提高耕地肥力和粮食单产量。同时，要依法规范农村土地流转，防止土地用途发生根本性变化，"特别要防止一些工商资本到农村介入土地流转后搞非农建设、影响耕地保护和粮食

---

[1] 韩硕：《"中国的发展为其他国家提供了宝贵经验"》，《人民日报》2018年10月18日第21版。

[2] 中共中央文献研究室：《十八大以来重要文献选编》上，中央文献出版社2014年版，第660页。

[3] 中共中央文献研究室：《十八大以来重要文献选编》上，中央文献出版社2014年版，第662页。

生产等问题"①。总之，国家粮食安全的根本前提在于坚守耕地红线，完善农村耕地保护与利用制度。

二是以立足国内、适度进口为基本原则。开放、互补、交融，是当今世界经济发展的大势和主流。对中国而言，增加粮食产量、确保粮食安全，不必也不可能完全凭一己之力，而应当充分利用国内外两个市场、两种资源，坚持"立足国内、适度进口"的基本原则。一方面，必须立足国内来解决人们的吃饭问题。"世界上真正强大的国家、没有软肋的国家，都有能力解决自己的吃饭问题。"② 特别是鉴于当前国际粮食市场的强竞争性和不稳定性，每个国家都很重视本国的粮食安全，这就更要求我们立足本国国情，坚持"自端饭碗"的原则。只有立足于粮食基本自给，才能掌握粮食安全主动权，进而才能掌控经济社会发展大局。"我们的立足点、着眼点是，绝不能买饭吃、讨饭吃，饭碗里必须主要装我们自己生产的粮食。"③ 正如《国家粮食安全中长期规划纲要（2008—2020年)》所要求的，中国粮食自给率须稳定在95%以上，其中稻谷、小麦要保持自给，玉米要保持基本自给。另一方面，立足国内并非绝对意义上的完全自给自足，"在国内粮食生产确保谷物基本自给、口粮绝对安全的前提下，为了减轻国内农业资源环境压力、弥补部分国内农产品供求缺口，适当增加进口和加快农业走出去步伐是必要的"④。换言之，在立足国内自给的前提下，既适时、适度增加粮食进口，又让国内有实力的粮食企业走出去、培植中国自己的大粮商，应成为国家粮食安全战略必要而有益的补充。"立足国内"与"适度进口"之间存在着确定不移的主辅关系，二者相辅相成，共同服务于"确保粮食安全"的国家战略。

---

① 《依法依规做好耕地占补平衡 规范有序推进农村土地流转》，《人民日报》2015年5月27日第1版。
② 中共中央文献研究室：《十八大以来重要文献选编》上，中央文献出版社2014年版，第661页。
③ 中共中央文献研究室：《十八大以来重要文献选编》上，中央文献出版社2014年版，第662页。
④ 中共中央文献研究室：《十八大以来重要文献选编》上，中央文献出版社2014年版，第666页。

三是以节粮储粮为必要保障。勤俭节约是我国自古就有的优良传统，节俭之风不应因物质富裕而被遗忘，必须牢记"一粥一饭当思来之不易"的古训。特别是在全球粮食安全形势不稳和国内粮食种植面积萎缩的情况下，保障国家粮食安全更须增强节约粮食的意识。然而，随着国民经济的发展和人们生活质量的提高，我国在粮食的生产、流通、加工、消费等各种环节出现了大量的浪费现象，这显然有悖于维护粮食安全的基本要求。为了应对这种现象，必须两手齐抓：一方面，务必节粮。要认真做好"节约粮食光荣、浪费粮食可耻"的宣传教育工作，坚决遏制"舌尖上的浪费"，不仅要让节粮之风遍布各级各类学校和各个单位食堂，还要将它送入千家万户之中，通过节粮宣传形成"人人爱粮，人人节粮"的优良社会风尚。与此同时，还应"注重解决粮食在收储、销售、加工过程中的浪费"[1]，做到全方位、全过程节粮。另一方面，合理储粮。《礼记·王制》有云："国家无九年之蓄，曰不足；无六年之蓄，曰急；无三年之蓄，曰国非其国也。"可见，搞好粮食储备调节对于治国理政也至关重要。要做好合理储粮工作，一是"要调动市场主体收储粮食的积极性，有效利用社会仓储设施进行储粮"[2]；二是"要管好用好储备粮，这是保百姓饭碗的粮食，不能平时老说库盈囤满，真到急用时却拿不出来"[3]；三是对于国家粮库的违法违纪现象"要严肃查处，决不能任由'粮耗子'折腾糟蹋"[4]。

第二，结构优化为基。

马克思唯物辩证法告诉我们，结构影响功能，功能提升有赖于结构优化。调整优化乡村经济结构，是加大乡村经济发展速度与规模、提高乡村经济发展效益与质量的必要基础。所谓的乡村经济结构优化，最基

---

[1] 中共中央文献研究室：《十八大以来重要文献选编》上，中央文献出版社2014年版，第668页。

[2] 中共中央文献研究室：《十八大以来重要文献选编》上，中央文献出版社2014年版，第665页。

[3] 中共中央文献研究室：《十八大以来重要文献选编》上，中央文献出版社2014年版，第665页。

[4] 中共中央文献研究室：《十八大以来重要文献选编》上，中央文献出版社2014年版，第665页。

本的有两个方面。

一是要优化乡村产业结构。优化乡村产业结构、实现一二三产业的协调优质发展，是确保乡村"产业兴旺"和经济发展的首要基础。为此，一方面，必须加大农业结构调整的广度与深度，延深农业产业链条和增值空间，开发具有发展潜力的新型农业业态，切实提高农业现代化水平；另一方面，应着力改变单一的农业型经济发展思路，摆脱为城市发展单纯提供原料的依附型经济发展模式，建立立足乡村自身优势、以自我创新发展为主的开放型经济模式，促进乡村产业结构的改造升级，发展具有地方特色的田园综合体和休闲旅游业，提高农业工业化和乡村城镇化水平，促进乡村一二三产业融合发展和兴旺发达，并在此基础上扩展农民增收渠道、提高农民收入水平。作为以促进乡村经济发展为"硬道理"的县乡政府，要出台有利于乡村各项产业发展的政策措施，合理配置经济资源，平衡乡村各产业的发展，特别是要因地制宜地引导和鼓励乡村第二、第三产业的发展，切实改变乡村产业结构单一化现状。在调整优化乡村经济结构的基础上，要适当扩大乡村经济规模、提高规模经济效益，特别是要开展农业规模集约经营。按照马克思、恩格斯等经典作家的观点，建立在规模经营基础上的社会化大生产，是社会主义得以建立和巩固的必备的物质基础，分散的小生产与社会主义方向是相悖的。农业作为国民经济的基础，要完成自身的现代化改造，尤其需要实现规模集约经营，改变目前的"小而散"状态。恩格斯晚年在《法德农民问题》中明确指出，小农和小农生产面对自身必然灭亡的命运，当然不能坐以待毙，无产阶级政党对此也不能坐视不管，唯一的出路是让农民在私人占有变为公共占有的基础上实行大规模的生产经营："现在我们来让农民有可能不是为了资本家的利益，而是为了他们自己的共同利益自己进行大规模经营。难道不能使农民理解，这是为了他们自己的利益，这是他们唯一得救的途径吗？"[①] 就当今世界来看，虽然小农生产在包括中国在内的诸多国家还具有较广的适应性和较强的生命力，但它在本质上是无法与社会主义长久相容的，社会主义永远不可能

[①] 《马克思恩格斯选集》第 4 卷，人民出版社 2012 年版，第 371 页。

以小农生产作为自身存在和发展的经济基础,现代化的大农业和规模经济才应是社会主义的目标追求。正如邓小平在我国改革开放后所强调的,发展适度规模经营、实现农业的"第二次飞跃",是我国农业农村现代化的必由之路。习近平总书记也强调:"规模经营是现代农业发展的重要基础,分散的、粗放的农业经营方式难以建成现代农业。"① 虽然家庭经营与农业现代化并不相悖,日本等国就是在家庭经营基础上实现农业现代化的,但是,家庭经营的生产要素应该是集成的、规模的,而不应是分散的、微型的。为此,国家应在加快培育新型职业农民队伍和家庭农场、种田大户、涉农龙头企业等新型农业经营主体的同时,通过完善土地流转、资金支农等方面的政策规范,鼓励和引导小农户在优化家庭内部要素供给的基础上,通过各类要素市场获取家庭外部的土地、资本、劳动力、技术等生产要素,开展农业的规模化、专业化经营,并不断完善农业生产社会化服务体系,为大规模经营创造条件。当然,由于农村各地情况千差万别,某个农村地区何时、通过何种方式推进土地连片开发和农业规模经营,必须因地制宜,充分考量当地的农业发展水平和广大农民意愿,切不可"一刀切"或"偏大求广",脱离当地实际,片面追求农业生产经营规模升级。

二是要优化乡村人才结构。不论何时何地,人才都是经济发展的第一资源和决定性要素。特别是对于经济文化相对落后、各类人才相对短缺的广大乡村地区,更需要重视人才、培育人才、聚合人才、用好人才,其中尤其值得关注的是农业人才短缺及其再造问题。这是因为,农业始终是国民经济发展的基础、农业人才始终是影响农业发展效益的关键因素,但随着农村经济结构的非农化和农村城镇化,经营农业的比较效益偏低,越来越多的农业劳动力选择进城务工,其中不乏乡村经济社会发展所需的优秀人才。留守农民经营农业特别是种植粮食的积极性也明显下降,而"农二代"则普遍存在着"不愿种地""不会种地"的离农心态。故此,面对十几亿人口的吃饭问题,"谁来种地"成为亟须解决的现实问题。"'谁来种地'这个问题,说到底,是愿不愿意种地、

---

① 习近平:《论坚持全面深化改革》,中央文献出版社2018年版,第259页。

会不会种地、什么人来种地、怎样种地的问题。核心是要解决好人的问题。"① 要解决这个问题，首先要强化利益诱导，调整优化工农业利益分配格局，让农民种地有利可图，努力提高种地农民的收入，绝不能让农民因种地而吃亏，以此留住和吸引农村优秀人才。在此基础上，要着力构建职业农民队伍，"加大农业职业教育和技术培训力度，把培养青年农民纳入国家实用人才培养计划，确保农业后继有人"②。同时，要加快培育家庭农场、专业大户、农民合作社等新型农业经营主体，吸引大学毕业生、城市优秀人才到乡村创业发展，从而稳定和优化乡村人才队伍结构。作为县乡政府，要通过政策惠农、资金惠农、人才惠农等方式，帮助农民增强抗御自然风险和市场风险的能力，为各类人才回乡创业营造良好的环境和条件。

第三，科技创新为要。

科技的发展带动社会的进步，同样推动着乡村经济的现代化转型与科学发展。特别是在我国人口越来越多、耕地越来越少、资源约束趋紧的情况下，传统的资源追加型经济发展模式已不再适应新时代乡村振兴和农民美好生活需要，必须转而求助于科技的力量。科技进步与创新，是推动乡村经济优质高效快速发展的最重要动力。故此，在乡村社会治理中，应贯彻落实科技创新驱动发展战略，实现科技兴农、兴村、兴乡。特别是在促进现代农业建设的过程中，必须彻底摒弃"以地取胜""以人取胜""以资金取胜"的传统观念，转而坚持"以技取胜"，实施科教兴农、人才强农战略，坚持走依靠科技进步和劳动者素质提高的内涵式发展道路，加快建立健全现代农业技术体系，"给农业插上科技的翅膀，按照增产增效并重、良种良法配套、农机农艺结合、生产生态协调的原则，促进农业技术集成化、劳动过程机械化、生产经营信息化"③。

---

① 中共中央文献研究室：《十八大以来重要文献选编》上，中央文献出版社2014年版，第678页。
② 中共中央文献研究室：《十八大以来重要文献选编》上，中央文献出版社2014年版，第679页。
③ 习近平：《认真贯彻党的十八届三中全会精神 汇聚起全面深化改革的强大正能量》，《人民日报》2013年11月29日第1版。

欲真正做到"以技取胜"、落实科教兴农战略，尤其须在"用""种""才"三个环节下功夫：所谓"用"，就是要实现农业科技创新与乡村生产经营的紧密结合，切实提高农业科技成果的转化率、应用率，"舍得下气力、增投入，注重创新机制、激发活力，着重解决好科研和生产'两张皮'问题"[1]；所谓"种"，就是在科技创新的基础上加强农产品优良品种的研发与培育，搞好民族种业，"抓紧培育具有自主知识产权的优良品种"[2]；所谓"才"，就是要助力乡村产学研多元主体的深入合作，为乡村经济发展培养和注入一批专业强、技术硬、素质高的人才队伍，并通过创建形式多样的乡村创新创业综合服务平台，为乡村创新创业群体提供政策优惠、启动资金、知识产权、生产经营等多方面的支持与帮助，以此提升乡村经济发展的速度和质量，筑牢乡村社会治理的物质基础。

3. 乡村社会治理应以乡村民主政治发展为保障

马克思认为，处于社会有机体之中的人们在从事各种经济活动的过程中，势必会进行某种形式的政治活动，并在此基础上形成多样化的政治关系。这些政治活动、政治关系以及相应建立起来的政治机构、政治组织、政治制度，共同构成社会有机体的政治结构。政治结构在社会有机体中有其独特的地位和作用，它不同于人口因素与自然因素的前提性与基础性，也不同于经济结构的主导性、决定性，更有别于文化结构的潜移默化性，它是维护社会有机体和谐稳定的重要力量，而这种力量的主要来源在于政治民主。由于社会有机体是人们所结成的一切社会关系的沉淀，唯有处理好人与人之间的关系尤其是利益关系，才能保证社会有机体的稳定有序，而政治民主的作用正在于此。马克思明确指出，与君主制完全不同的是，"在民主制中，任何一个环节都不具有与它本身的意义不同的意义。每一个环节实际上都只是整体人民的环节"[3]。在

---

[1] 中共中央文献研究室：《十八大以来重要文献选编》上，中央文献出版社2014年版，第664页。

[2] 中共中央文献研究室：《十八大以来重要文献选编》上，中央文献出版社2014年版，第664页。

[3] 《马克思恩格斯全集》第3卷，人民出版社2002年版，第39页。

《共产党宣言》中，马克思在论及无产阶级革命和无产阶级政党的目标任务时，还明确提出了"工人革命的第一步就是使无产阶级上升为统治阶级，争得民主"①的要求。在马克思看来，民主是现代社会的理想状态，国家、政治制度、法律等一切政治因素都应为人民而存在并成为"人民的自我规定和人民的特定内容"②，从而为有效协调人民的共同利益、特殊利益与个体利益之间的关系，进而为保障社会的稳定发展提供了可能。

不仅如此，民主也是社会治理之所需，民主化是治理区别于管理的一个基本特征。对于乡村社会治理而言，同样要求将追求民主置于重要地位。假如一个乡村地区不开言路、压制民主，以致民意表达不畅、民心涣散不宁、民权无从保障，那么，这样的地区就无法开展真正意义上的社会治理。而民主与自治是密不可分的，自治本身就是民主的重要表现。③ 在民主框架内，自治越发展，其现代民主元素越丰厚，中国特色社会主义民主政治大厦就越牢固。④ 在中国现有的政治语境下，发展乡村民主的核心在于完善村民自治，而完善村民自治也是乡村社会治理的重要目标和重要条件。在关于乡村社会治理的理论研究与事实经验中，村民自治均是实现广大农民自我管理与自我服务的基本依凭，是体现乡村社会治理民主本质的必然要求。当前，要完善村民自治，进而更好地推进乡村社会治理，须采取如下基本措施。

第一，强化村民自治制度的完善与落实。民主制度化是落实人民民主权利、保障民主政治发展的必然要求。邓小平早在改革开放之初就指出："为了保障人民民主，必须加强法制。必须使民主制度化、法律化。"⑤ 特别是在民主意识不浓、"人治"传统较重的广大乡村，如果没有缜密完善、行之有效的民主制度作保障，农民的民主权利必定难以落

---

① 《马克思恩格斯选集》第 1 卷，人民出版社 2012 年版，第 421 页。
② 《马克思恩格斯全集》第 3 卷，人民出版社 2002 年版，第 41 页。
③ 马金芳：《社会组织多元社会治理中的自治与法治》，《法学》2014 年第 11 期。
④ 徐勇：《民主与治理：村民自治的伟大创造与深化探索》，《当代世界与社会主义》2018 年第 4 期。
⑤ 《邓小平文选》第 2 卷，人民出版社 1994 年版，第 146 页。

实，乡村社会的民主治理必定难以推进。长期以来，我国乡村地区普遍实行基层群众自治制度，村民委员会和居民委员会是最主要的群众性自治组织。其中，村民自治制度存在的历史更为久远，它包括民主选举、民主决策、民主管理、民主监督四大环节的明确规范和要求。从理论上讲，有这四个环节的完善制度保障，完全可以实现村民的自我组织、自我管理、自我教育、自我监督、自我服务，从而保障村民的民主权益，展现乡村社会治理的民主本质。但就村民自治制度的具体实施来看，还存在不少的阻碍和难题，其实施效果并不尽如人意，特别是在"村两委"选举中普遍存在的拉票、贿选、暴选、胁迫村民投票、暗箱操作等现象，以及某些乡村地区较为猖獗的黑恶势力的存在，扰乱和践踏了乡村社会民主秩序，给乡村社会的民主治理带来了挑战。因此，必须针对这些问题和挑战，采取切实可行的策略措施，以真正完善和落实村民自治制度，强化村民委员会的自身建设及其自治功能，建立健全能够汇聚乡村各方意见建议、满足不同群体利益诉求的民主制度和组织体系，营造乡村社会治理人人有责的民主氛围，确保广大农民真正成为乡村社会治理的决策者、参与者和受益者，从而使社会主义民主在乡村社会得以充分实现。

第二，增强农民的民主意识和政治参与能力。农民是乡村社会的主人，村民自治制度的落实和乡村社会民主治理的推进，归根结底要依靠农民自身。但农民不会自然而然地成为乡村社会民主治理的参与者和推进者，要想使农民自觉参与到乡村社会的民主治理之中，前提是增强农民的民主意识和政治参与能力，使之充分认识到自身在乡村社会治理中的主体职责并自觉履行之。列宁当年在领导苏俄民主建设时所提出的"文盲是站在政治之外的"之教导，至今仍适切于当下我国的乡村社会治理。但不可否认的是，目前我国多数农民的受教育水平和文化素质较低，其政治参与意识和自治能力薄弱，他们对自身民主权利的重视远远低于对经济发展和物质利益的重视，这就使得多数农民在日常村务管理中往往处于不主动、不情愿的地位，从而为村民民主选举中的贿选、暴选等不正常现象提供了可乘之机。因此，要推进乡村社会民主治理，必须从增强农民的民主意识和政治参与能力这一"内力"着手，引导农民主动纠正"重物质、轻精神,重经济、轻政治,重管理、轻治理"的思想偏见,自觉学习政治法律知识,增强民主意识、权利意识和主体意识,提升自我管理和民主管理能力,从而真正把乡村社会民主治理的权利掌握在自己手中。

第三,妥善处理"乡政"与"村治"的关系。从理论上讲,村(居)委会是广大农民实行民主选举、民主决策、民主管理、民主监督的自治组织,并不隶属于、被领导于县乡政府,任何党政组织都不得干涉或剥夺村民的自治权利。但由于主客观多种因素的影响,村(居)委会的自治组织地位尚未得到充分保障,甚至在很多时候蜕变为乡镇政府事实上的派出机构,不得不看乡镇政府或某些强恶势力的眼色行事。有学者早在十多年前就剖析了此类问题,提出了"被动"自治、"精英"自治、"铁幕"自治之说,即村民自治在实际运行中容易异化为乡镇政府干预下的"被动"自治、异化为村干部的"精英"自治、异化为乡村黑恶势力或宗族势力的"铁幕"自治。[1] 如今十多年过去,但此类问题仍然存在,甚至有增无减,从而成为乡村社会民主治理的一大障碍。因此,要确保村民自治制度的实施和农民民主自治权利的落实,必须正确处理"乡政"与"村治"的关系,尤其是要合理框定乡镇政府在乡村社会治理中的权责边界,确保乡镇政府对村级事务只有指导、协调、帮助之责,而无指令、限制、打压之权,实现乡镇政府由行政型、命令型政府向服务型、指导型政府的转变,给足村级自治组织自我管理、自我发展的自由与空间。

第四,加强乡村社会协商民主机制建设。协商民主意味着在坚持人民当家做主原则的基础上进行相关事务的协商与处理,是强化"上下"沟通交流的重要机制与渠道。但在目前的乡村社会治理实践中,在县乡政府与村(居)两委之间尚未建立起真正的协商民主机制。虽然村(居)两委代表的是"民意",但在现实生活中乡镇政府为完成上级交予的任务,以及出于自身政绩的考虑,往往越俎代庖,强力干涉村(居)两委的工作,使得两者之间成为一种强制性而非协商民主式的关

---

[1] 戴均:《协商民主:村民自治可持续发展的政治诉求》,《人文杂志》2009年第2期。

系。同时，在乡村社会内部之间也并未建立起科学的协商民主机制。比如，乡村社会中有些基层党组织习惯于自我决定，缺乏协商民主的意识；有的村干部对乡村事务大包大揽，缺乏与民众的协商与交流；多数村民自身也缺乏协商民主的意识，成为乡镇政府与村（居）两委命令与政策的"接收机"；"乡政"之间、乡村社会内部监督问责机制不健全，难以推动协商民主的实施以及村民监督作用的实现。鉴于这些问题，须着力加强乡村社会协商民主机制建设，特别是要彰显民众的主体地位、坚持平等讨论的原则，即在乡村社会治理过程中，在面对重要事项的决策与实施时，包括县乡政府、村（居）两委、村民代表、乡村社会组织在内的各主体之间应通过"圆桌会议"的形式，在平等对话的基础上讨论决定相关事宜，以便把各治理主体和广大农民的智慧与力量充分汇聚到乡村社会治理实践之中。

4. 乡村社会治理应以乡风文明建设为动力

马克思认为，文化是经济和政治的集中反映，社会有机体每一次向更高阶段的跃升都离不开文化因素作用下的思想解放，比如 19 世纪中叶的德国革命就是从"僧侣的头脑"和"哲学家的头脑"[①] 开始的。一种科学的思想文化一经形成并为群众所掌握和运用，就会对人们的经济生活、政治生活、社会生活产生重要引领作用，进而变为推动整个社会有机体发展进步的强大物质力量。马克思的上述思想启示我们，任何一个社会的发展都离不开思想文化的浸润滋养，特别是对于经济文化发展总体落后、经济发展相对较好但文化发展相对较差的乡村社会而言，更需要强化思想文化的支撑与引领。从这个意义上说，进行乡村社会治理，不可能仅靠乡村经济发展和民主政治发展，还必须辅之以乡风文明建设。所谓乡风，包括乡村道德、乡村思想、乡村文化、乡村风俗等内容，它标识着农民在长期的生产生活实践中积淀而成的心理特征、文化习性和行为习惯，是农民思想文化素质的外在表现和乡村精神文明水平的集中体现。农民作为乡村经济社会活动的基本主体，其思想文化素质是影响乡风文明程度的根本因素，乡风文明程度归根结底要从农民的道

[①] 《马克思恩格斯选集》第 1 卷，人民出版社 2012 年版，第 10 页。

德风尚、思想观念、精神风貌、文化素养等维度加以体现和测评。鉴于乡村经济社会发展的相对落后性和农民日常行为选择的经济导向性，农民思想文化水平的提高绝非自然自为之事，因而必须进行乡风文明建设主体的系统性构建和乡风文明建设内容的系统性安排。

第一，乡村文明建设主体的系统性构建。

明确乡风文明建设的主体所在，即解决"谁来建设"的问题，是有效推动乡风文明建设的逻辑前提和首要条件。乡风文明建设主体不可能也不应该是单一的、孤立的，而应予以系统性构建。从乡村社会的现实情况来看，乡风文明建设主体可以有三大类：一是乡村基层党政组织；二是乡村社会组织；三是以新乡贤为代表的贤达人士。三类主体的相互配合、协同发力，有助于优化乡风文明建设的主体结构，增强乡风文明建设的主体合力。

首先是乡村基层党政组织的主导。根据政学两界的普遍共识，在社会协同治理的组织架构中，"党委领导、政府负责"是不可撼动的原则与基础，绝不能借口"社会协同、公众参与"而放弃或削弱党政组织在社会治理中的主导作用和领导职责。具体到乡风文明建设而言，包括县乡（镇）两级党委政府和村（居）"两委"在内的乡村基层党政组织，作为领导主体必须发挥好领航定向、资源供给、政策支持等重要作用。当然，从目前全国各地的事实情况来看，很多乡村基层党政组织对于乡风文明建设的领导主体责任已有所落实，但在认识上、行动上都存在不足：一方面，认识上存在迷误。这主要表现在：不能辩证认识和正确处理乡风文明建设与经济建设的逻辑关系，或者"偏执一方"，即过于偏重经济建设，而轻视乃至忽视乡风文明建设；或者"两方对立"，即认为乡风文明建设势必会分散党政部门的精力、耗占经济建设的资源，因而会干扰乃至阻碍经济建设。另一方面，行动上存在偏差。由于未能认清自身在乡风文明建设中所处的地位与所承担的职责，甚至把乡风文明建设视为宣传部门和文明委的专属性工作，因而在行动上不够积极主动，对乡风文明建设所必需的工作队伍、技术设备、资料设施、活动场所，缺乏应有的经费投入和政策支持。这种状况，凸显了乡村社会组织和贤达人士参与乡风文明建设的必然性和重要性。

其次是乡村社会组织的参与。乡风文明建设是一项艰巨庞杂的系统工程，不仅需要党政组织的主导和推动，也需要包括乡村社会组织在内的社会力量的参与和配合，这也是创新乡村社会治理、丰富乡村公共生活的题中之义。在近年来的"中央一号文件"及其他涉农会议与文件中，乡村社会组织被明确定位为服务性、公益性和互助性组织，并在促进乡风文明和乡村善治等方面被赋予诸多功能。就目前来看，多数乡村社会组织对乡风文明建设的推动作用虽然已有所显现，但不够显著：基于经济动因而形成的农产品行业协会、农民合作社等经济性组织，大多致力于参与乡村经济发展、获取经济利益，而普遍缺乏参与乡风文明建设的主动性和持续性；花会、灯会、庙会等传统公益性组织虽然在乡村存在已久且至今仍深受许多农民欢迎，但因其活动内容的时令性和活动范围的狭小性，在乡风文明建设中的作用极其有限；红白理事会、老年人协会、打工者协会等社会性组织和舞蹈队、戏迷队、锣鼓队等娱乐性组织在某些乡村虽已普遍存在，但因其起步较晚、实力较弱，也难以承担促进乡风文明建设之重任。乡村社会组织对乡风文明建设的参与不足，自然也需要贤达人士的弥补。

最后是以新乡贤为代表的贤达人士的协同。吸纳以新乡贤为代表的贤达人士参与乡风文明建设，是创新乡村社会治理的题中之义。其一，新乡贤能够作为乡村基层党政组织的"智囊"或"助手"，向农民宣传讲解党和国家关于乡风文明建设的政策与精神，从而助推乡风文明建设。鉴于农民的文化程度与认知水平，他们对于中央的政策与精神未必都能轻易地知晓、理解、认可与接受。新乡贤因为产生于农民之中、生活于农民之列，言行方式与农民相仿、思想感情与农民共通，因而能够帮助基层党政组织以农民易于接受的方式实现中央政策与精神的通俗化、本土化和接地化，或者作为乡村基层党政组织的"代理人"直接向农民宣讲中央相关政策与精神。据报道，曾任安徽省涡阳县李大小学校长的杨献民退休后就在村里长期举办道德讲堂和道德板报，借此宣传党和国家的农村政策，从而提高了农民的政治意识和道德觉悟，促进了乡风文明建设。① 此外，新乡贤还可以在乡村基层党政组织的支持下，对乡村中破坏公序良俗、有违社会公德的人和事予以道德谴责、形成舆论压力，从而促使农民养成良善的行为习惯，矫治不文明乡风。比如，在江苏省太仓市双凤镇庆丰村就有一支由曹瑞钦等新乡贤引领的社会公德评议团，该团以"评议农民道德行为"为活动宗旨，有效抵制和惩戒了乡村中的假恶丑，使真善美得以弘扬、正能量得以传播。② 其二，新乡贤能够作为乡村社会组织的"强化剂"，助推乡村社会组织的发展，从而增大其对乡风文明建设的促进作用。这样说的理由在于：一方面，组织成员数量不多、专职人员偏少，且这些组织人员的专业知识、技术水平与管理能力薄弱，是多数乡村社会组织发展中难以克服的人才瓶颈。此时，那些智识水平相对较高的新乡贤若能加入乡村社会组织，并就乡村社会组织发展予以必要的咨询建议、辅佐导向和评估监督，则能够为乡村社会组织提供更多的优质人力资源，从而增强乡村社会组织发展的人才基础。而从目前发展质量较高的某些乡村社会组织的人员构成来看，其领头人及核心成员往往本身就是新乡贤。另一方面，乡村社会组织在建立和发展中普遍存在经济条件差、经费来源窄、筹资能力弱等现实困难，而拥有较强经济实力和社会资本的新乡贤则能够凭借自身的优势，或者直接投资组建新的社会组织，或者为既有的社会组织注入必要的经济资源，从而改善社会组织发展的物质基础和社会环境，使其助力乡风文明建设具备必要的硬件条件。

第二，乡风文明建设内容的系统性安排。

如上所述，乡风是对乡村道德、乡村思想、乡村文化、乡村风俗等多个层面的综合性反映，这就要求对乡风文明建设的内容进行系统性安排，而不能顾此失彼。基于乡村发展实际状况，目前乡风文明建设的主要内容应包括践行核心价值观、开展公共文化活动、保护传承优秀传统文化三个方面。

首先，推动社会主义核心价值观融入农民日常生活。

---

① 刘心珠：《杨献民：闲不下来的小学校长》，《亳州晚报》2017年4月20日第6版。
② 蒋芳、蔡玉高、王珏玢：《乡村治理说乡贤》，《半月谈》2015年第15期。

乡风文明建设有赖于社会主义核心价值观的引领与统摄，核心价值观是树立乡风文明的"圭臬"和旗帜，是文明乡风最深沉、最持久的动力。培育和弘扬核心价值观是一项凝魂聚气、强基固本的基础工程，其要义是把核心价值观融入人们的日常生活。正如习近平总书记所指出的："一种价值观要真正发挥作用，必须融入社会生活，让人们在实践中感知它、领悟它。要注意把我们所提倡的与人们日常生活紧密联系起来，在落细、落小、落实上下功夫。"[1] 由于农民占我国人口的大多数，因此，核心价值观要融入人们的日常生活，关键是融入农民的日常生活。使社会主义核心价值观在乡村落地生根、融入农民日常生活，是乡风文明建设的重要内容和乡村社会治理的重要内驱力。自改革开放以来，受各种不良因素的冲击，拜金主义、个人主义等不良价值观在某些乡村地区大行其道，核心价值观未能有效地引领乡村文化，"农民们沉溺于对物质与利益的追逐，已经不知道用什么文化来统领他们的精神世界"[2]。相较于党政部门自上而下的宣传说教，包括乡村道德模范、身边好人在内的新乡贤群体，由于他们本身就生活在农民群众之中且有着高于普通农民的文明素养和道德觉悟，因而能够在乡村日常生产和生活中更为有效地宣传核心价值观，以使农民的价值有引领、操守有规范、行为有法度，进而助推乡风文明建设。正如2014年9月召开的培育和践行社会主义核心价值观工作经验交流会所强调的：发挥新乡贤的示范引领作用，用他们的嘉言懿行垂范乡里，涵育文明乡风，让社会主义核心价值观在乡村深深扎根。[3] 具体而言，新乡贤的示范引领作用体现在两个方面。

一方面，新乡贤能够有效宣传核心价值观。核心价值观的内容虽被概括为简洁明了的24个字，但对文化程度不高的普通农民来说，则难以准确理解其深刻内涵，而很多地方所惯常使用的拉横幅、绘壁画、发

---

[1]《把培育和弘扬社会主义核心价值观 作为凝魂聚气强基固本的基础工程》，《人民日报》2014年2月26日第1版。
[2] 赵霞：《传统乡村文化的秩序危机与价值重建》，《中国农村观察》2011年第3期。
[3]《培育和践行社会主义核心价值观工作经验交流会发言摘编》，《人民日报》2014年9月16日第14版。

传单等宣教方式，亦未必收到理想的宣教效果。新乡贤作为来自农民的"草根精英"，可凭借自己的学识或威望以及与农民的天然联系，较易实现核心价值观内容的本土化、大众化、形象化，并能以通俗易懂的语言和农民喜闻乐见的方式宣传核心价值观，因而更容易为农民所认同和接受，其效果自然也会优于自上而下的宣教与灌输。以四川省宜宾市高县四烈乡闫村编修族谱和家训活动为例，即可窥见新乡贤借助族谱、家训宣传核心价值观的匠心与实效。为实现"村容整洁、风气纯朴、村民友善"之目的，作为该村老党员的贾延川、贾联根等新乡贤自2016年起带领村民编修族谱和家训。在编修的过程中，他们不仅以核心价值观作为族谱和家训的内容取舍标准，取其精华、去其糟粕，而且适时恰当地将核心价值观的相关内容融入其中，组建了宣传核心价值观的乡贤议事会，创作了契合核心价值观内容的藏头诗和乡学教材，从而开创了富有特色、卓有成效的核心价值观宣传路径。此外，许多新乡贤还借助于乡村版孔子学堂这一平台，把宣传核心价值观融于优秀传统文化的传承与普及中。在山东省济南市长清区中楼子村开办孔子学堂的王奎章、在德州市夏津县拐儿庄孔子学堂志愿服务的退休教师李风林，都是借助传承弘扬儒家优秀文化进而传播宣教核心价值观的新乡贤典范。

另一方面，新乡贤能够自觉践行核心价值观。新乡贤对于普通农民的价值引领，不仅在于"言传"，亦在于"身教"，且在多数情况下"身教"甚于"言传"。众多事实表明，新乡贤通过身体力行、率先垂范，悄无声息地践行着核心价值观，并以自身实际行动所产生的影响力和感染力，潜移默化地强化了农民对核心价值观的心理认知、情感认同与实际践行。比如，媒体广为报道的安徽省马鞍山市的农民企业家鲁礼玉，就是这方面的一个范例：他在"添绿自然、产业报国"的理念驱动下，自愿放弃城市优越的生活环境而回到老家绿化荒山，成立"和县润泽园林绿化有限公司"，效力于当地乃至国家经济社会发展，可谓"爱国"；作为一位年近古稀的老人，他投资3000多万元用于开垦荒山造林达1200多亩，常年坚持每天清晨上山、傍晚下山，精心呵护着那片绿林，可谓"敬业"；作为一位心系家乡父老的"热心肠"，他不图享受与回报，在家乡捐资修路挖塘、扶弱济困，热情帮助乡亲创业致富，可谓"友善"。"对民众而言，对理论的认识再深刻，也不如在情感上产生了共鸣更能巩固价值认同。"① 在这样的新乡贤的示范与引领之下，必会有越来越多的农民在情感上认同、在行动中践行核心价值观，从而使核心价值观在乡村深深扎根。

其次，有效开展乡村公共文化活动。

乡村公共文化活动是文明乡风的重要表征和乡风文明建设的重要内容，也是衡量农民生活幸福指数的重要指标。自农村改革以来，伴随着人民公社的解体、商品经济的发展和集体经济的弱化，乡村社会的同构性和公共性日渐式微、异质性和流动性日益增强，由此导致包括文化场所、基础设施、文化服务投入在内的乡村公共文化服务体系的"空心化"加剧，乡村公共文化生活的衰减化、功利化、庸俗化、荒漠化问题突出。在很多乡村，并不多见的公共文化活动要么无人问津、要么单调乏味，农民更倾向于各类关门闭户的私人文化，往往选择把看电视、上网、搓麻将、打纸牌作为主要的精神消遣方式，而个别地区存在的"丧事跳艳舞""新春聚众赌"等另类现象，更凸显出农民文化消费之畸形和精神世界之空虚。此情此景，既无助于乡村社会归属感和凝聚力的增强，也有悖于广大农民对美好生活的向往。

对于开展乡村公共文化活动，乡村基层党政部门当然责无旁贷。但鉴于党政部门财力精力的有限性、乡村地区面积的广袤性和乡村公共文化活动的"草根性"，主要靠乡村基层党政部门开展乡村公共文化活动显然是不现实的，必须发动引导村（居）委会和新乡贤等乡村民间力量投入其中。如此，既能弥补党政部门力量之不足，又能贴近农民实际需求、提高公共文化活动实效。比如，长期作为华西村负责人的吴仁宝，向来秉持"既要富口袋又要富脑袋"的理念，他在带领华西村民实现经济繁荣和物质富裕的同时，还通过多种形式开展公共文化活动、加强对村民的思想道德教育，比如，为了教育村民感恩党的富民政策、遵守社会公德与法纪，华西村艺术团创作了在村民中广为传唱的《和

---

① 杨军：《新乡贤在培育社会主义核心价值观中载体作用探究》，《文化学刊》2015年第3期。

谐华西》《唱华西》《诚信典范》等文艺作品,吴仁宝本人还亲自创编了《十富赞歌》《十穷戒词》等通俗易懂的曲目;为了用优秀传统文化和红色文化感召村民,华西村的大街小巷都建有不同时代的英雄模范人物的塑像供人们观瞻。这些举措,不仅为华西村赢得了"全国文明村镇""全国文化典范村示范点""天下第一村"等诸多美誉,而且有力促进了华西村民物质富裕和精神富有的"双赢"。再如,对乡村振兴的责任感、对父老乡亲的眷顾情和对乡土文化的深爱心,近年来也驱使越来越多的新乡贤致力于参与和开展乡村公共文化活动:从山西省阳城县财政局副局长岗位退休、主动回到家乡阳城县河北镇孤堆底村的孙金柱,不忍父老乡亲生活无聊乏味,于是凭借反哺家乡的一腔热忱,自费购买音响设备,组建健身舞蹈队,组织爱好文艺的村民学打太极拳、跳健身舞、唱梆子戏,建起了民俗文化园并指导乡亲们开办农家乐,从而极大地丰富了农民文化生活;湖南科技大学文艺学教授夏昭炎,退休后与妻子杨莲金回到家乡湖南省攸县石羊塘镇谭家垅村,看到村民沉迷于打牌、赌博等不良文化活动,遂自费办起农家书屋、文化活动中心,引导村民从事看书、跳舞、健身等有益身心健康的活动,从而使当地村风民风大大改观。[①] 事实证明,新乡贤通过参与和开展乡村公共文化活动,不仅加深了与农民的联系和感情、增强了在农民中的认同和威望,而且改善了农民的生活质量、优化了当地的文化环境,从而成为乡风文明建设的重要推动力。

在开展乡村公共文化活动、优化乡村文化环境的同时,也应逐步引导农民移风易俗,树立文明健康的思维观念和生活方式。毋庸讳言,当前乡村社会依然存在许多陈规陋习,或红白喜事大操大办,或封建迷信问卜占卦,或宗族宗教势力为非作歹,这些因素阻滞着文明乡风的形成。习近平总书记指出:"移风易俗,提倡文明的健康的生活方式是脱贫致富的必要条件。""现在农村有些地方致富以后就大兴土木修庙建

[①] 余蓉、邹平辉:《夏昭炎:"赤脚教授"回乡躬耕"文化田"》,《阅读》2018年第24期。

坟，求神拜佛，这很值得我们深思。"① 对于农民移风易俗，如果动用行政手段或理论宣传，往往见效不大，甚至会引起农民的心理抵触与行动抗拒。相反，如果让那些与农民并不遥远，甚至就在农民身边的新乡贤以身作则、垂范乡里，则可醇厚人心、敦化民风，在引导农民移风易俗方面收到较好成效。例如，安徽省泗县屏山镇的许多村庄，因为之前每家门前都有一个旱厕，所以经常污水横流、臭味刺鼻，与"生态宜居"的美丽乡村建设格格不入。但在旱厕改水厕的过程中，不少村民为了蝇头小利和村干部讨价还价，导致旱厕改水厕工作步履艰难。此时，村里的新乡贤主动站出来，从自己、亲戚、族人做起，带头拆除旱厕，这项工作才得以顺利推进。再如，福建省石狮市蚶江镇石渔村郭鸿兴老人，也是带头移风易俗的新乡贤中的典范。2016年5月，历来勤劳朴实、乐善好施的郭鸿兴老人不仅简办了自己的八十寿宴，而且带领家人将节省下来的八万元捐给了家乡公益事业，得到了社会各界的一致赞誉。正是因为这些新乡贤能够在移风易俗中以身作则、示范引领，文明乡风才在当地逐渐形成。

最后，保护传承乡村优秀传统文化。

习近平总书记强调："一个地区的文化建设内容很多，有一个重要的着眼点就是要弘扬地方的传统文化。"② 保护和传承乡村优秀传统文化，是乡风文明建设的一个重要内容和重要任务。就当下来看，广大乡村面临着农耕文化凋敝荒芜、古村落破旧不堪、古碑刻和古建筑横遭破坏、村志村史无人续写、村容村貌散乱不洁等诸多窘境，因此必须动员组织包括新乡贤在内的各方力量保护和传承乡村优秀传统文化。正如2015年"中央一号文件"所要求的：要弘扬善行义举，以乡情乡愁为纽带吸引和凝聚各方人士支持家乡建设，传承乡村文明。

首先要挖掘保护农耕文化。我国的农耕文化源远流长，农耕文化本是乡村文化的鲜亮底色和主要基因。各具特色的村落建筑和耕作技艺，充满乡土气息的文化资料和节庆活动，丰富多彩的戏曲曲艺和民间艺

---

① 习近平：《摆脱贫困》，福建人民出版社1992年版，第155页。
② 习近平：《摆脱贫困》，福建人民出版社1992年版，第23页。

术,都是农耕文化的构成要素。但受商品经济大潮的洗礼和多元外来文化的渗透,以及农村城市化、农业工业化和农民市民化的冲击,如今农耕文化已日渐匮乏和消弭,甚至为"现代人"所不耻,基于农耕文化孕育而成的耕读传家、守望相助、抱团取暖、敬畏自然等乡村人文道德也日渐褪色。然而,农耕文化的破败与荒芜,对于中国这一历史悠久的农业大国和泱泱文明古国而言,实为无稽乃至讽刺;对于自豪于重农先民之伟业和钟情于"记得住乡音乡愁"的今人而言,也实为无奈乃至伤痛。2018年中央农村工作会议强调指出,必须传承发展农耕文化,走中国特色的乡村文化兴盛之路。新乡贤以"乡"为基、以"土"为念、以"贤"为誉,不管身处何方、职立何业,其乡土观念根深蒂固,对挖掘保护农耕文化也必然情有独钟、可堪重用。比如,山西省阳城县上伏村的退休教师延如意,为保护上伏村几百座民居古建,他历经寒来暑往,自愿搜集整理门匾楹联、古碑石刻及商贾史料20余万字,并为上伏村于2015年12月成功获评"中国景观村落"作出了重要贡献。再如,重庆市北碚区蔡家岗镇天印村的退休教师刘映升,为了挖掘、普及、弘扬农耕文化,他自20世纪80年代就开始收集各种农具以及举办民俗活动时使用的各种器物,历经20余年,耗尽家中积蓄,成功打造了巴渝农耕文化陈列馆,该馆于2006年正式向公众免费开放。此外,他还手绘了家乡1949年前的地图、原创了1000余首乡土诗歌,对馆陈文物的工艺、外观和用途进行了系统介绍,以自己的满腔热情精心浇灌着这朵容易凋败的"乡村文明之花"。

其次要培育和弘扬新乡贤文化。回望历史可见,乡贤文化作为传统乡贤的价值观念与思维方式在社会实践中的结晶,是乡土文化的重要内容和乡村传统文化的重要因素。乡贤文化中虽含有某些糟粕成分和过时的内容,但若经过去粗存精和创新性地转化与发展,完全可以成为丰富乡村公共文化、促成乡村文明乡风的重要资源。2015年"中央一号文件"等中央文件或会议多次强调,要创新乡贤文化,继承和弘扬有益于当代的乡贤文化,传承乡村文明。对于如何培育和弘扬新乡贤文化,中央也有明确要求:其一,将"与社会主义核心价值观相契合、与社会主义新农村建设相适应"作为基本要求。2017年"中央一号文件"

指出,应培育与社会主义核心价值观相契合、与社会主义新农村建设相适应的新乡贤文化。"与社会主义核心价值观相契合",是对新乡贤的内在道德要求,它意味着新乡贤应该以身作则,深刻体会、自觉践行和主动宣传社会主义核心价值观,为普通农民树立直观形象的榜样表率,正确引领他们的价值取向,进而促使社会主义核心价值观真正融入普通农民的日常生活。"与社会主义新农村建设相适应",是新乡贤发挥作用的外部条件和目标指向,即新乡贤应紧紧围绕新农村建设的"20字方针",积极参与和推动农村经济建设、政治建设、文化建设、社会建设和生态文明建设,并在贴近农民日常生活、倾听农民利益诉求、善交农民真心挚情的前提下,以农民喜闻乐见的方式引导农民更新思维方式、促进乡村移风易俗,从而实现乡村发展提质增效与农民生活富裕文明的"双赢"。其二,充分发挥新乡贤个人的作用。新乡贤作为传统乡贤的时代升华者和乡贤文化的铭记信奉者,对于传承弘扬乡贤文化具有天然的情感和动力。在通过新乡贤传承弘扬乡贤文化方面,浙江省的绍兴市上虞县堪称全国之典范,由此形成的"上虞现象"亦蜚声海内外。据介绍,被誉为"乡贤文化持灯者"的新乡贤陈秋强,不忍家乡名贤硕儒彬彬济济却又籍籍无名,于是带头成立了以"挖掘家乡历史,抢救文化遗产,弘扬乡贤精神,服务上虞发展"为工作宗旨的乡贤研究会,该研究会仅在 2001—2015 年间就收集了上虞乡贤 3000 余名,撰写了关于乡贤的文史材料 1000 余篇,出版了《上虞乡贤文化》8 辑,编撰了《上虞文史资料选粹》和《上虞孝德文化》3 册,举办了乡贤名人学术研讨会达 30 余场次,并及时保护性抢修了梁祝文化遗产和祝氏祖堂等多处当地名人故居。[①] 这些做法,不仅传承弘扬了乡贤文化,而且丰富了当地乡村的公共文化活动,因此被浙江省授予全省宣传思想文化工作创新奖,并得到了中央宣传部的积极肯定。

[①] 张艺:《乡贤文化与农村基层治理——以广东云浮乡贤理事会为例》,《广东行政学院学报》2015 年第 5 期。

三 马克思的社会有机体前提论与乡村社会治理目标的关联性支撑

（一）马克思的社会有机体前提论

1. 尊重和保护自然是认识理解社会有机体的前提性维度

"现实的个人"虽然是社会有机体的能动主体和事实上的创造者，但是，人创造社会有机体的活动并非凭空进行的，更不是仅靠头脑中的想象所能实现的，而必须以自然界所提供的各种物质条件为必要前提。马克思、恩格斯早在《神圣家族》中就指出：人们创造物质的生产能力，也只是在物质本身预先存在的条件下才能进行。这里所谓的"预先存在的条件"，无疑也包括直接来源于自然界的先天条件即"自在自然"，以及经人类实践改造而成的"人化自然"。"人对自然以及个人之间历史地形成的关系，都遇到前一代传给后一代的大量生产力、资金和环境，尽管一方面这些生产力、资金和环境为新的一代所改变，但另一方面，它们也预先规定新的一代本身的生活条件，使它得到一定的发展和具有特殊的性质。"[1] 其中，自然界所拥有的土壤、水源、阳光、气候、动植物等各种物质条件，无疑是人类得以产生并赖以生存的首要前提，也是社会有机体存在和发展的自然基础。社会有机体只有不断地从外部自然获取物质、能量、信息等必要资料并与其进行物质交换，才能实现自身的发展运行。从这个意义上说，尊重和保护自然无疑是认识理解社会有机体的前提性维度。[2]

第一，社会有机体是自然界长期发展的产物。人类作为从自然界演化而来的高级物种，同其他动物一样，只有依靠自然环境才能生存。恩格斯指出："人本身是自然界的产物，是在自己所处的环境中并且和这个环境一起发展起来的。"[3] 从生物学的角度来说，人的肉体要想存活，

---

[1] 《马克思恩格斯选集》第1卷，人民出版社2012年版，第172页。
[2] 焦冉：《马克思主义社会有机体理论的多维透析》，《理论与改革》2017年第6期。
[3] 《马克思恩格斯选集》第3卷，人民出版社2012年版，第410页。

第三章 马克思社会有机体理论视域下的乡村社会治理目标系统化

必须依靠食物、水源、衣物、居所、燃料以及进行物质生产所需要的原材料等各种物品,这些物品都直接或间接来源于自然界。"无论是在人那里还是在动物那里,类生活从肉体方面来说就在于人(和动物一样)靠无机界生活,而人和动物相比越有普遍性,人赖以生活的无机界的范围就越广阔。"① 无论在何时何地、何种社会制度下,也无论人们承认与否,人类与自然界都不是对立的、分离的,而始终是互通的、一体的。人类在自然界中产生,并随着自然的发展而不断发展,自始至终都归属于自然界,"我们连同我们的肉、血和头脑都是属于自然界和存在于自然界之中的"②。既然人类如此,那么,由人所构成的社会有机体也必定如此,也是自然界长期发展的产物。在真正的人类社会产生之前,人同自然界的关系如同动物同自然界的关系一样,人作为一种十分孱弱的力量屈服于自然界,自然界作为一种不可抗拒的异己力量与人相对立。后来,随着人的自我意识的觉醒和实践能力的增强,人逐渐意识到"必须和周围的个人来往,也就是开始意识到人总是生活在社会中的"③,由此才形成了真正意义上的人类社会和社会有机体。在马克思看来,"社会是人同自然界的完成了的本质的统一"④。人的实践活动作为人们认识和改造自然界的根本工具,是联结自然界和社会有机体的主要纽带。人们正是通过创造性的实践活动,把"自在自然"转变成"人化自然"并使之成为社会有机体的一部分。正因如此,马克思指出:"任何历史记载都应当从这些自然基础以及它们在历史进程中由于人们的活动而发生的变更出发。"⑤ 显然,没有自然界这个前提条件,就没有人类的安身立命和人类社会的产生发展,社会有机体也就更无从谈起。

第二,社会有机体的发展运行受制于自然界的资源丰腴程度。自然界作为社会有机体正常运转所需物质资料的基本来源,其资源丰腴程度

---

① 《马克思恩格斯选集》第 1 卷,人民出版社 2012 年版,第 55 页。
② 《马克思恩格斯选集》第 3 卷,人民出版社 2012 年版,第 998 页。
③ 《马克思恩格斯选集》第 1 卷,人民出版社 2012 年版,第 161 页。
④ 《马克思恩格斯全集》第 3 卷,人民出版社 2002 年版,第 301 页。
⑤ 《马克思恩格斯选集》第 1 卷,人民出版社 2012 年版,第 147 页。

直接决定着社会有机体的发展水平以及人的生存质量。如上文所述，经济要素是构成社会有机体的基础性因素，物质生产劳动是社会有机体存在和发展的根本基础，它是须臾离不开自然界的，"劳动首先是人和自然之间的过程，是人以自身的活动来中介、调整和控制人和自然之间的物质变换的过程"[①]。物质生产劳动的速度、规模与质量，在很大程度上受制于自然界所能提供的劳动对象和劳动资料。从劳动对象来看，不管是原始森林、江河湖泊、矿产资源、野生动植物等天然存在的劳动对象，还是面粉、木材、土方、布料、钢铁、原油等经后天劳动改造而形成的劳动对象，其最初的来源都是自然界。这些劳动对象的种类多少与数量多寡，显然对经济生产具有直接而显著的影响，进而间接影响着社会有机体的发展运行。从劳动资料来看，它们也直接或间接来源于自然界。在人类社会早期的落后生产力条件下，石头、木棍、树叶、动物骨骼等天然的劳动工具，都是作为劳动资料直接来源于自然界的。后来，随着自然环境的变化和人的劳动能力的增强，多数劳动资料虽然不再从自然界中直接获得，而是通过人的劳动加工改造而成，但这些劳动资料的前身也都是自然界的间接产物，自然界的物产丰盈度决定着可资利用的劳动资料的数量与质量。总之，马克思虽然反对自然决定论，但并不无视地理环境与自然资源对社会的影响，而是充分肯定自然环境对于经济生产和社会发展的重要作用。他认为，"劳动的不同的自然条件使同一劳动量在不同的国家可以满足不同的需要量"[②]，这一差异显然是自然条件本身的差异（包括劳动对象和劳动资料的差异）所导致的。比如，在土壤肥沃的平原地区，其农耕手段一般较为先进，农业单产量相对较高；而在土壤贫瘠的山区，其农耕手段则较为落后，农业单产量相对较低。再如，在矿产资源较为丰富的地区，其采矿业和冶金业通常较为发达，工业发展水平相对较高；而在水资源较为丰富的地区，其养殖业和航运业较为发达，农业发展水平相对较高。

---

① 《马克思恩格斯选集》第 2 卷，人民出版社 2012 年版，第 169 页。
② 《马克思恩格斯选集》第 2 卷，人民出版社 2012 年版，第 240 页。

2. 谨防自然界对社会有机体的侵害与报复

社会有机体依赖于、受制于自然界。自然界对社会有机体而言，可谓是"双刃剑"：一方面，自然界为社会有机体提供着必要的养分和条件，维护着社会有机体的存在与发展；另一方面，由于人类对自然界的不当态度和过度利用，自然界也会对社会有机体予以侵害和报复。自然界对社会有机体的侵害与报复，在马克思所生活的时代已经明确显现。当时，伴随着资本主义工业革命与科技进步，劳动工具在不断更新换代，进而迅速提高劳动生产率的同时，也大大加快了人们对自然界进行改造与利用的步伐。在资产阶级通过"自然力的征服，机器的采用，化学在工业和农业中的应用，轮船的行驶，铁路的通行，电报的使用，整个整个大陆的开垦，河川的通航"[①] 而快速发展生产力、获取巨量社会财富的过程中，资本主义社会的自然环境也遭受了严重侵害，其具体表现在于：首先，工业化破坏了森林，导致气候环境恶化。资本主义工业化的向前发展以及随之而来的社会生产力的迅速飞跃、人们物质生活水平的迅速提高，使人们不由自主地陶醉于自己所编织的虚幻美梦之中，全然忽视了工业化背后所蕴含的潜在危机，浑然不知工业化在促进经济社会向前发展的同时，也导致了气候环境的日益恶化。正如后来恩格斯在《自然辩证法》中所总结的："文明是一个对抗的过程，这个过程以其至今为止的形式使土地贫瘠，使森林荒芜，使土壤不能产生其最初的产品，并使气候恶化。"[②] 其次，资本主义工厂造成人为的空气污染和水源污染。资本主义工厂中蒸汽机的轰鸣，被普遍认为是资本主义时代"最动听的旋律"，它标志着人类社会步入了辉煌的蒸汽时代，但蒸汽机的推广使用和资本主义工厂的扩张蔓延，也导致了严重的空气污染和水源污染问题。以当时的德国为例，"250万人的肺和25万个火炉挤在三四平方德里的面积上，消耗着大量的氧气"[③]。恩格斯在《伍珀河谷来信》中详细描述过资本主义工厂所导致的令人不可思议的环境污

---

① 《马克思恩格斯选集》第1卷，人民出版社2012年版，第405页。
② 恩格斯：《自然辩证法》，人民出版社1984年版，第311页。
③ 《马克思恩格斯文集》第1卷，人民出版社2009年版，第409页。

染景象:"这条狭窄的河流泛着红色波浪,时而急速时而缓慢地流过烟雾弥漫的工厂厂房和堆满棉纱的漂白工厂。然而它那鲜红的颜色并不是来自某个流血的战场","而是完全源于许多使用土耳其红颜料的染坊。"① 自然环境破坏与资本家盘剥的叠加,导致工人的居住环境严重恶化。比如,恩格斯在《英国工人阶级状况》中详细描述过19世纪中叶的英国工人的居住情况:住在恶劣、潮湿而肮脏的小房子里,室内空气也不流通;街道坑坑洼洼,到处是垃圾和脏水;由于劳动时间太长、工房和卧室里缺乏新鲜空气,工人的健康受到摧残。

资本主义工业化进程中自然环境的侵害,以及随之而来的人居环境的恶化,意味着资本主义社会有机体遭到了来自自然界的无情报复。关于自然界的报复,马克思、恩格斯主要从以下两个层面进行了阐释与分析。

第一,人凌驾于自然界之上的统治,导致了"人与自然对立"的自然报复。

人类作为自然界之子,是在自然界中产生、发展起来的,本身也归属于自然界,因而应当将自己置身于自然界之内,与自然界友好相处、和谐共生。但是,随着社会生产力的不断发展,人与自然界不可避免地走向了分化,人类渐渐从自然界中独立出来,变成了支配自然界的客观存在。马克思、恩格斯敏锐地觉察到人与自然界之间的分化,他们把劳动看作使人从自然界中分化出来的根本力量,认为"劳动是整个人类生活的第一个基本条件,而且达到这样的程度,以致我们在某种意义上不得不说:劳动创造了人本身"②。毋庸置疑,劳动对于人的生存发展意义重大,它不仅使人类从自然界中获得了吃、穿、住、行等必不可少的物质资料,也为人类创造出了灿烂辉煌的文化,从而推动着人类社会的发展进步。然而,随着生产力的不断发展、人类劳动能力的不断提高,人类征服自然界的野心和欲望也愈益膨胀,并开始对自然界进行肆无忌惮的改造与利用。人类的所作所为,公然把自己与自然界对立起来

---

① 《马克思恩格斯全集》第 2 卷,人民出版社 2005 年版,第 39 页。
② 《马克思恩格斯选集》第 3 卷,人民出版社 2012 年版,第 988 页。

并凌驾于自然界之上。

由上可见，劳动一方面创造了人，另一方面也为人与自然界之间矛盾的激化留下了隐患。基于此，恩格斯提出了"过度劳动"的概念，认为正是由于人类的过度劳动，人与自然界之间潜在的矛盾才显性化、尖锐化，从而使人与自然界之间的裂痕不断加深，最终引发了自然界对人类的报复。但令人遗憾的是，在当时极少有人能够意识到这一点。相反，伴随着工业革命与科技进步，人们淡忘了自己只是自然界的一部分，低估了人类对自然界的依赖性，而高估了人类自身的能力，因而加快了对自然界进行改造与利用的步伐，人类"征服"自然界的愿景似乎也渐渐变为现实。然而，正当人们沉浸在征服自然界的胜利中时，旱灾、洪涝、飓风、地震等一系列自然灾害的频繁发生，似乎又是向人们发出的某种警告。因此，"我们不要过分陶醉于我们人类对自然界的胜利。对于每一次这样的胜利，自然界都对我们进行报复"[1]。"如果说人靠科学和创造性天才征服了自然力，那么自然力也对人进行报复，按人利用自然力的程度使人服从一种真正的专制，而不管社会组织怎样。"[2]也就是说，如果人类不尊重、不敬畏和不珍惜自然界，而是凌驾于自然界之上，就必然导致人与自然界之间的对立，自然界也必将无情地对人类进行报复。

第二，人对自然规律的有限认识，导致了"往后和再往后"的自然报复。

在马克思、恩格斯看来，人类来源于动物，又高于动物。人类之所以比动物高级和强大，是因为人类能够通过劳动对自然界进行改造，使自然界为己所用，并"一天天地学会更正确地理解自然规律，学会认识我们对自然界习常过程的干预所造成的较近或较远的后果"[3]。特别是在资本主义社会之后，"人们自己的社会行动的规律，这些一直作为异己的、支配着人们的自然规律而同人们相对立的规律，那时就将被人

---

[1]《马克思恩格斯选集》第3卷，人民出版社2012年版，第998页。
[2]《马克思恩格斯选集》第3卷，人民出版社2012年版，第275—276页。
[3]《马克思恩格斯选集》第3卷，人民出版社2012年版，第998页。

们熟练地运用，因而将听从人们的支配"①。当然，尽管人类面对大自然并非束手无策、无计可施，而是可以加以认识和利用，但在一定的时间与空间内，人类对于自然界及其发展规律的认识终究是有限的，不可避免地受到自然规律的制约，不可能具有完全对抗自然、违背自然规律的能力。人类只有意识到认识自然规律的有限性和受制约性，才能在实践中正确把握和有效利用自然规律，从而使其为人类发展服务。工业文明时代所带来的一系列胜利成果，早已生动地证明了这一点。

然而，不断产生和积聚的现代文明成果未能填满人类的欲望鸿沟，在欲望与利益的驱使下，人类热衷于对自然界的征服与掠夺，从而在自然界中刻下了一个又一个无法修复的印记。随着工业化和科学技术的不断发展，身处现代社会的人们惊讶地发现，眼中的世界随处都是人的印记，而自然的原始痕迹早已无处可寻。由于生态环境恶化而引发的生态危机，已经足以让人头疼不已，更何况还有许多不为人知的危机正潜伏在人类周围，随时会危及人类的生存与发展。这些危机和威胁，本应引起人们足够的惶恐与警醒，但遗憾的是，现代社会发展中的种种事实表明，人们往往无视人类认识自然规律的有限性和自然界物质供给能力的有限性，反而一再陶醉于征服自然界的胜利之中，并将自己对于自然规律的有限认识奉为圭臬，天真地以为自己可以从心所欲地利用自然、改造自然。殊不知自然界是不以人的主观意愿为转移的客观存在，人们在一定时间与空间范围之内对于自然规律的认识终将是有限的。人们在改造利用自然界的过程中取得的"每一次胜利，起初确实取得了我们预期的结果，但是往后和再往后却发生完全不同的、出乎预料的影响，常常把最初的结果又消除了"②。换言之，受自身认识自然界的眼光的局限，人类容易为眼前的直接利益所迷惑，从而导致"往后和再往后"的不良后果。埃及阿斯旺水坝的实例，就很好地佐证了恩格斯的这个观点。当时埃及人为了促进工农业生产的发展，举全国之力修建了阿斯旺水坝，然而令埃及人始料未及的是，他们一心修建的阿斯旺水坝最终还

---

① 《马克思恩格斯选集》第 3 卷，人民出版社 2012 年版，第 671 页。
② 《马克思恩格斯选集》第 3 卷，人民出版社 2012 年版，第 998 页。

第三章　马克思社会有机体理论视域下的乡村社会治理目标系统化 | 183

是难逃自然规律的惩罚：水坝在促进埃及工农业生产的同时，也导致了土地盐碱化、土壤肥力下降等一系列恶果，最终与埃及人的初衷背道而驰。事实上，早在19世纪中叶，恩格斯就用紧迫的口吻，向人们发出警告，告诫人们要将自然规律作为自己行动的准则，而不能试图违背自然规律或人为地改造自然规律。只有这样，才能达成"两个和解"即"人类与自然的和解以及人类本身的和解"①，使人类免于"往后和再往后"的自然报复。然而令人惋惜的是，恩格斯的警告在当时并没有为人们所接受。人们对于短期见效的人性欲求，常常导致人们囿于眼前的利益，而在不经意间忽视甚至违背自然规律，于是不可避免地导致了"往后和再往后"的自然报复。

（二）乡村社会治理目标的关联性支撑

综上所述，自然界在发展演变中孕育出了人，"人与自然的关系是人类社会最基本的关系"②。人作为自然界的一分子与存在物，产生于自然界、成长于自然界、消亡于自然界，永远都从属于、依赖于自然界，因而理所当然地应当改善和自然界的关系，与之相依相存、相亲相爱。而在人为了谋求生存发展而与自然界不断交互作用的过程中，逐步形成了社会有机体，自然界、人与社会有机体三者是相携共生、息息相关、有机统一的，"人、社会、自然界三者的关系是社会结构中最简单、最根本、最普遍的结构"③。脱离自然界、不受自然界制约的社会有机体是根本不存在的，社会有机体的发展始终建立在与自然界和谐共生的基础之上。

乡村社会作为整个社会有机体的重要组成部分，不仅同样对自然界具有依赖性，而且这种依赖性更为显著和严重，这是因为：一方面，农民作为乡村社会的主要活动主体，其活动所至区域很大程度上就是自然

---

① 《马克思恩格斯选集》第1卷，人民出版社2012年版，第24页。
② 中共中央宣传部：《习近平总书记系列重要讲话读本》，学习出版社、人民出版社2016年版，第231页。
③ 杜玉华：《论马克思社会结构理论的基本涵义及其特征》，《湖南师范大学社会科学学报》2012年第2期。

界本身,他们往往"风"里来"雨"里去,面朝"黄土"背朝"天",种"草木"、殖"禽畜"、养"鱼虾",而不像工人、知识分子那样主要在厂房和办公室工作,鲜与自然界接触;另一方面,农业作为乡村社会的主要经济产业和人们的衣食之源,是以动植物为生产对象并以土壤、水源、阳光、空气为生产要素的,其生产状况所受自然界的影响更为直接而显著。因此,乡村的经济社会发展与自然界息息相关,优美的自然环境是乡村社会科学发展的自然支撑与必要前提。正确对待自然界、正确处理人与自然的关系,是实现乡村社会治理目标的不可缺失的关联性支撑。在进行乡村社会治理的同时,必须高度重视和切实推进乡村自然环境治理与人居环境治理,不能将社会治理与环境治理割裂开来。在一个自然环境和人居环境都十分恶劣、农民的安全生产和健康生活都难以保障的乡村地区,是不可能顺利开展社会治理的,社会治理所追求的农民安居乐业、社会和谐稳定、增进农民福祉之目标也是难以实现的。正如习近平总书记多次强调的:"良好生态环境是最公平的公共产品,是最普惠的民生福祉。"[1]

然而,随着农业生产中化肥、农药、农膜等化工产品施用量的增加以及乡村工业化、城镇化的发展,当下我国的乡村社会已非昔日之"净土",而是水源污染、土壤污染和空气污染日益严重,自然环境和人居环境惨遭破坏,很多乡村地区已经青山不在、绿水不流,而代之以随处可见的垃圾、污水、浊气。这种状况,根本有悖于实现农业永续发展、农村环境优美和农民生活美好之目标。因此,必须坚持乡村环境治理与乡村社会治理"两手抓、两手都要硬",在加强乡村社会治理的过程中,切实践行"绿水青山就是金山银山"的生态理念,真正重视乡村自然环境与人居环境的整治工作,努力打造永续发展的美丽宜居乡村。

1. 秉持和落实绿色发展理念

思想是行动的先导与保障。营造山青水绿、美丽宜居的乡村自然环

---

[1] 中共中央文献研究室:《习近平关于社会主义生态文明建设论述摘编》,中央文献出版社2017年版,第4页。

境和人居环境，前提是秉持和落实绿色发展理念。一方面，作为县乡党委政府、乡村基层党政组织与社会组织，在谋划和组织乡村经济社会发展时，绝不以破坏自然环境为代价发展经济，而是务必在思想深处真正敬畏保护自然、重视绿色发展，在保护乡村自然环境方面拿出实招、硬招、高招，确保乡村"山青、水绿、土净、气清"，实现乡村生产、生活和生态的一体化治理，不断改善农民的生产条件、人居环境和卫生健康状况，努力提升农民群众的安全感与幸福感，从而在乡村社会治理这场"考试"中，向农民递交一份满意的"环境卷"。另一方面，要通过多种形式和途径加强对农民的环保教育，提高其热爱自然、绿色生产、保护环境的意识与能力，促使其养成与自然界和谐共生的绿色生产生活理念和习惯，依靠农民自身力量持续开展村庄清洁和绿化行动，并对破坏乡村自然环境和人居环境的不良行为进行依规依法整治。县乡党委政府要切实践行绿色发展理念，引导农民开展绿色农业生产活动，加大对耕地、水源的保护力度，大力推进畜禽粪污资源化利用。正如2020年"中央一号文件"所要求的，"深入开展农药化肥减量行动，加强农膜污染治理，推进秸秆综合利用"，严防农业面源污染，确保农业的生产过程安全和产品质量安全，同时要加强对山水林田湖的保护、修复与治理，提高农业的综合生产能力。

2. 大力发展乡村生态产业

乡村生态产业是基于乡村丰富资源和良好自然环境而发展起来的、能够满足市场对高质量农产品需求的特色农业，包括特色种植业、园艺业、特色旅游农业、采摘业等，其发展有两个基本前提：一是资源条件丰富，二是自然环境良好。乡村生态产业发展和乡村自然环境改善相辅相成：一方面，生态产业对自然环境有着较高的要求，良好的自然环境是发展生态产业的前提条件；另一方面，生态产业发展有助于维护和改善自然环境，也是农村生态宜居的关键。近年来，虽然中央对发展乡村生态产业非常重视，也为此提供了足够的政策支持，但目前乡村生态产业发展仍存在动力不足、水平不高等问题，突出表现在两个方面：一是生态农产品缺乏竞争力。生态产品涉及"走出去"的问题。城市对绿色农产品、花卉等需求量很大，是乡村生态产品的重要市场。但是，由于城市对生态农产品的质量要求很高,而乡村生态产业发展大多缺乏资金、技术和人才,且多为家庭式经营,经营主体小而乱,管理水平参差不齐,农产品质量不高、农产品附加值较低,因而缺乏应有的市场竞争力,难以打开和占据城市消费市场。二是乡村旅游缺乏吸引力。乡村旅游涉及"引进来"的问题。城镇居民生活需求的多元化、优质化,为乡村旅游的发展提供了广阔的空间。但由于目前乡村的建设与规划缺乏主题与特色,小吃街、郊区景观、民宿等建设不够完备,特色种植业尚未形成规模效应,因此乡村旅游不具备足够的吸引力,无法吸引城镇居民前来旅游消费,也就无法带动乡村旅游经济的发展。故此,欲更快更好地发展乡村生态产业,应在坚持绿色低碳、集约高效这一基本原则的前提下,把握好如下两大着力点。

第一,以把握市场动向为前提。以把握市场动向为前提,是指发展生态产业要以市场需求为导向,即市场需要什么,生态产业就生产什么,以最大程度满足市场需求,扩大生态产品的市场占有率。为此,则必须构建城乡生态产业信息交流平台。城乡生态产业信息交流平台以城乡双方为主体,以信息实时互动交流为主要形式,有利于农户了解市场需求、把握市场导向,能够更及时、更有效地满足城镇居民的生态产品需求。城镇居民可以在信息交流平台发布生态产品需求,例如购买绿色果蔬、特色花卉、领养果树和粮田等,有接单能力的农户可以直接从平台接单,从而提供人性化的定制服务。

第二,以推进产业供给侧改革为动力。以推进产业供给侧改革为动力,即根据市场变化灵活推进生态产业的供给侧结构性改革,增强生态产业的发展动力。乡村生态产业供给侧结构性改革包括增加特色农产品的种类,提高绿色农产品的质量,完善特色种植园、园艺业、特色旅游农业、采摘业的规划与建设等。深化乡村生态产业供给侧结构性改革,必须强化"资金""技术""人才"三个抓手:一是引进资金和先进技术。资金匮乏、生产技术落后,往往是制约乡村生态产业发展的直接原因。应通过加大政府财政扶持、金融机构提供低息贷款、招揽社会资本等方式,拓宽融资渠道,为乡村生态产业发展注入充足资金。同时,加快农业先进技术的研发与推广应用,形成涉农龙头企业对口帮扶乡村发展机制，由龙头企业为乡村生态产业提供技术支持，从而提高生态农产品的技术含量与内在品质。二是培养农业技术人员和管理人才。人才在乡村生态产业发展中具有决定性作用，要鼓励支持拥有专业技术与先进管理经验的专业人才下乡返乡支持乡村生态产业发展，从而为乡村生态产业供给侧结构性改革提供必要的人才保障。

3. 加大乡村自然环境治理力度

自然环境优良是生态产业发展和乡村生态宜居的前提，它包括污水防治体系完备、土壤污染有效遏制、大气污染源头治理有效、村庄内绿化面积符合人居标准等内容。近年来，受乡村经济的市场化取向、农村非农产业的发展、农产品的高产优质化追求、农药化肥的推广使用等多种因素的影响，乡村自然环境有所恶化，突出表现在水污染问题、长期使用化肥和农药而导致的土壤污染问题、空气污染问题等。据统计，2016年全国城市生活污水处理率为93.44%，而乡村生活污水处理率仅为9.04%，不及城市生活污水处理率的十分之一[1]，乡村污水处理率之低令人担忧。另据统计，"我国农业化肥施用量2019年为325.5公斤/公顷，远高于120公斤/公顷的世界平均水平，是美国的2.6倍；农药使用量为8.7公斤/公顷，是世界平均水平的3.3倍"[2]。化肥和农药的长期、过量使用，导致大量农田受到污染、质量下降，土壤板结化严重，并在很大程度上对生态环境造成了破坏。在空气污染方面，除了某些乡村地区存在的工厂废气污染、传统煤炉废气污染，还有久治不绝的秸秆焚烧问题。据统计，"2017年9—11月，卫星遥感数据共监测到全国秸秆焚烧火点3638个，比2016年同期增加了约73%"[3]。以焚烧的方式处理秸秆，既造成了秸秆资源的严重浪费，又导致了大气污染，还容易引发山林火灾。水污染问题、土壤污染问题和空气污染问题的存在，直接制约着乡村自然环境的整体改善，必须多措并举、坚决治理。

---

[1] 葛会超、唐晶、任亮：《中国农村生活污水处理现状及发展方向探讨》，《山东化工》2020年第12期。

[2] 王晓君、何亚萍、蒋和平：《"十四五"时期的我国粮食安全：形势、问题与对策》，《改革》2020年第9期。

[3] 任洋：《中国农作物秸秆规模化综合利用应疏堵结合》，《世界环境》2018年第5期。

第一，应明确乡村生态环境评价标准。乡村生态环境评价标准即乡村生态环境美好的具体检验标准，是乡村生态环境治理的依据和遵循。应该将乡村生态环境评价标准细化到乡村污水处理、土壤污染治理、空气污染整治、垃圾科学处理、绿化面积管理、公共空间清理等各个方面，并制定针对各方面的、包含具体内容的详细指标。只有标的规范明确、指标科学合理，才能增强乡村生态环境治理的针对性和可操作性。

第二，应建立乡村生态环境双向督查机制。乡村生态环境双向督查机制包括"村委—社区—政府"三级核报制度和政府督查入驻制度。"村委—社区—政府"三级核报制度是一种自下而上的督查制度。村委根据乡村生态环境评价标准落实本行政区内的各项生态指标，把已经处理的生态问题和暂时无力处理的生态问题汇总上报给社区，由社区负责检查并调动力量帮助村委解决遗留的生态问题。社区将下辖村上报的情况处理之后，再次汇总上报到政府，由政府统一审核。生态环境治理情况层层核报有助于落实各项生态指标，并有利于集中力量解决乡村中出现的重大生态环境问题。政府督查入驻制度则是一种自上而下的督查制度。由政府直接向社区和村派驻检查组，督查各社区、各村的生态环境整治情况，表彰生态环境整治较好的社区和村，并通报批评瞒报、谎报等整治不力的社区与村。"村委—社区—政府"三级核报和政府督查入驻作为乡村生态环境治理体系的两个重要抓手，必须以制度的形式确定并严格实施，才能发挥其应有的作用。

第三，应加强乡村生态环境信息公开与监督。通过设立乡村生态环境信息公示栏，实时公示本村、本社区的生态环境整治情况，便于村民的检查与监督，有利于促进乡村生态环境整治措施的落实。因此，必须开辟乡村生态环境信息公示栏，促进生态环境信息公开透明，并设立村民意见箱，广泛集中民智，充分调动民力，接受广大村民的监督，采纳村民的合理建议与意见。

4. 打造美丽宜居的乡村人居环境

人居环境是指人们进行工作劳动、生活居住、休闲娱乐和社会交往的空间场所。乡村人居环境状况直观而真实地反映了农民的生活状态，是衡量其幸福感和满足感的重要指标。中共中央办公厅、国务院办公厅联合印发的《农村人居环境整治三年行动方案》明确指出：改善农村人居环境，建设美丽宜居乡村，是实施乡村振兴战略的一项重要任务，事关全面建成小康社会，事关广大农民根本福祉，事关农村社会文明和谐，因而必须作为乡村社会治理的重要内容抓紧抓好。而要打造美丽宜居乡村，建立系统完善的人居环境治理体系是根本之举。所谓乡村人居环境治理体系，是指县乡党委政府与社会各界运用多种方式对农民赖以生存、生活的场所进行共同管理整治、共同创建良好生活居住环境的综合过程。目前，由于我国乡村地区广阔复杂，各地区人居环境状况很不平衡，一些地区人居环境脏乱差问题较为突出，严重影响了农民的生活质量和健康状况。以农村垃圾问题为例："2007年为止，农村地区的垃圾已致使1.3万公顷农田不能耕种，3亿农民的水源被污染，每年新增7000万吨生活垃圾未做任何处理。至2016年，中国农村地区的垃圾总量已达到每年1.5亿吨，其中经过处理的垃圾只有50%"[1]，生活垃圾已经成为严重影响农村人居环境质量的大问题。因此，把人居环境治理纳入乡村社会治理的现实视野、把人居环境治理体系建设作为乡村社会治理体系建设的重要内容，已成为刻不容缓的任务。各地在推进乡村社会治理的过程中，要针对乡村人居环境中存在的生活垃圾、污水、粪污、浊气等主要污染源进行集中整治，强化对乡村生活垃圾的源头减量与分类处理，加强乡村黑臭水体整治，推进乡村污水管网建设、沼气池建设、清洁取暖设备建设、节能环保燃灶建设和卫生厕所建设，从而使干净的地面、美观的街道、整洁的院落、清洁的空气成为美丽乡村的重要标识，展现"小桥流水、农家村落、乡土风情、田园风光"的现代乡村风貌[2]。只有这样，才能科学统筹经济社会发展和乡村环境治理的关系，避免因环境治理而阻碍经济社会发展和农民利益增进。

---

[1] 李全鹏：《中国农村生活垃圾问题的生成机制与治理研究》，《中国农业大学学报》（社会科学版）2017年第2期。

[2] 倪咸林：《城乡再平衡进程中的乡村社会治理及其路径：以新型城镇化为背景》，《理论月刊》2019年第10期。

第四章　马克思历史发展动力理论视域下的乡村社会治理方式复合化

治理方式是治理体系的重要内容，是实现治理现代化的重要载体[①]，它回答的是"怎样进行治理"的问题。实现社会治理现代化，到底应该采用什么样的治理方式呢？对此问题，政界和学术界都有一个认识逐步深化的过程：党的十七大明确提出要坚持"党委领导、政府负责、社会协同、公众参与"，党的十八大在此基础上新增了"法治保障"的要求，党的十九届四中全会又在此基础上增加了"民主协商"和"科技支撑"两个新要求。至此，"党委领导、政府负责、民主协商、社会协同、公众参与、法治保障、科技支撑"成为中央决策层关于社会治理总要求的权威界定和最新表达。与这一权威界定相适应，学术界倾向于认为，社会治理方式现代化作为社会治理现代化的重要内容和必然要求，其衡量标准应该是在坚持"党委领导"和"政府负责"基础上的"四化"，即民主化、法治化、文明化和科学化[②]。这"四化"又可称为"四治"：民主化，就是要践行"人民当家作主"的理念，坚持民主协商，实现民众的自我管理，即自治；法治化，就是要贯彻法治思维，善于用法律手段去解决社会问题，即法治；文明化，就是主要通过道德教化、文化浸染、价值塑造等办法去规范人、引导人、凝聚人，实现德润人心，即德治；科学化，就是采用科学的方式方法和大

[①] 唐爱军：《国家治理方式现代化的四条标准》，《中国党政干部论坛》2015年第11期。
[②] 何增科：《理解国家治理及其现代化》，《马克思主义与现实》2014年第1期。

数据、人工智能、物联网等现代科技手段，进行理性化、精细化、高效化治理，即智治。显然，"四化""四治"标准与"民主协商、法治保障、科技支撑"的要求高度吻合，"自治强基、法治保障、德治教化、智治支撑"即"四治"是推进国家和社会治理现代化的基本方式[①]。

不论是"民主协商、法治保障、科技支撑"要求，抑或是"四化"或"四治"标准，都表达了一个共同的意涵：在推进社会治理现代化的过程中，社会治理的方式和手段不应该也不可能是单一化、孤立化的，而应是复合化、集成化的，治理方式复合化是治理现代化的必然要求和应有之义。具体到乡村社会治理现代化而言，亦需综合运用民主、法律、道德、科技等多种治理手段，协同运用自治、法治、德治、智治等多种治理方式，实现治理方式的复合化使用。唯有如此，才能做到取长补短、相辅相成，发挥各种治理方式的整体效能，形成推动乡村社会治理现代化的最大合力。

研究乡村社会治理方式复合化，可以从马克思历史发展动力理论那里寻求理论支撑和理论指导。马克思历史发展动力理论是马克思对推动社会历史发展的力量类型（哪些力量推动社会历史发展）、力量效能（这些力量对社会历史发展能起到何种作用）、力量作用方式（这些力量对社会历史发展具体如何起作用）等问题的理论解答。包括马克思在内的每一个人，只要想正确看待社会历史，就必然绕不开对于社会历史发展动力的思考。从这个意义上说，马克思历史发展动力理论无疑是马克思唯物史观的重要内容。对于马克思历史发展动力理论，尽管我们可以从不同维度、不同层面去探究，并由此形成对这一理论的不同认知，但这一理论具有一个人们广泛认同的恒定要义：社会历史的发展动力不是单个的、孤立的具体实体，而是多因素、多层次的集成系统，社会历史发展是多种因素合力推动的结果。由此可见，马克思历史发展动力理论与乡村社会治理方式复合化具有一定的逻辑契合性。以马克思历史发展动力理论去观照乡村社会治理方式复合化问题，可以得出许多有益的启示和结论。

[①] 陈一新：《"五治"是推进国家治理现代化的基本方式》，《求是》2020年第3期。

一　马克思历史发展动力理论探要

所谓历史发展动力，是指能够对社会历史发展起推动作用的现实力量。按照马克思主义的观点，社会历史发展动力到底有哪些？对此问题，长期以来学术界的研究和观点并不一致。传统观点认为，人的需要、生产力、生产关系、政治上层建筑、社会意识、阶级斗争，都可视为社会历史发展的动力。这种认识并无错误，也符合马克思主义基本观点，但它对社会历史发展动力的划分过于零散，不利于对社会历史发展动力的整体性认识和把握。因此，我们不妨从恩格斯晚年的一段话中找寻关于社会历史发展动力的正确认知："用'历史唯物主义'这个名词来表达一种关于历史过程的观点"，"这种观点认为，一切重要历史事件的终极原因和伟大动力是社会的经济发展，是生产方式和交换方式的改变，是由此产生的社会之划分为不同的阶级，是这些阶级彼此之间的斗争。"[①] 根据恩格斯的这一论述，我们可以将社会历史发展动力归结为三个层面："社会的经济发展"特别是生产力发展；"生产方式和交换方式的改变"以及在此基础之上的经济基础与上层建筑的矛盾运动；阶级斗争。在这个动力系统中，每个动力的地位和作用并不等同，而是有着主次之别。其中，经济发展特别是生产力发展是推动社会历史发展的"终极原因"或"最后动力"，生产力与生产关系、经济基础与上层建筑之间的矛盾运动是推动社会历史发展的基本动力，在阶级社会中的阶级斗争是推动社会历史发展的直接动力或"巨大杠杆"。所有这些动力，构成了一个推动社会历史发展的总的"合力"。

（一）作为"终极原因"或"最后动力"的生产力发展

马克思在大学时期，深受黑格尔客观唯心主义思想的影响。黑格尔认为"'理性'是世界的主宰，世界历史因此是一种合理的过程"[②]，

[①] 《马克思恩格斯文集》第3卷，人民出版社2009年版，第508—509页。
[②] ［德］黑格尔：《历史哲学》，王造时译，上海书店出版社2006年版，第8页。

从而把社会历史发展的动力根源归结为绝对理性、绝对精神的运动与发展。可以说，在此时期马克思关于社会历史发展动力的认识是迷茫的，甚至是错误的。在《莱茵报》工作期间，随着马克思世界观由唯心主义向唯物主义的转向，他开始意识到物质利益在社会生活和历史发展中的决定性作用，并着手从物质生产层面认识历史发展的动力，从而逐步与唯心主义划清了界限。

长期以来，学术界有种观点认为，人的需要是社会历史发展的原动力，并以普列汉诺夫的论述"人们是在争取满足自己的需要当中创造他们的历史的"①作为论据。这种观点并没有错。诚然，没有人、没有人的需要，就无所谓社会历史。人的需要及其对需要的满足，驱使着人们去劳动和创造，去调整社会关系、进行社会革命或改革，从而创造和书写社会历史。人的需要的无限性和不间断性，是社会历史延续和发展的不竭动力。但问题是，人的需要因何产生、如何满足呢？显然是通过社会实践特别是物质生产劳动。人类为了满足自身需要，首先就必须进行生产劳动，以便从自然界获取能够维系自身生存和发展的物质产品，并在此过程中实现生产力水平的提高。因此，所谓生产力，正如有学者所言，其实就是"人类在生产实践中形成的改造和影响自然以使其适合社会需要的物质力量"②。脱离了社会实践特别是物质生产劳动，脱离了生产力水平的不断提高，满足人的需要势必陷入空谈，社会历史发展也就成了空中楼阁。因此，马克思在《1844年经济学哲学手稿》中谈到社会历史的产生时明确指出，"整个所谓世界历史不外是人通过人的劳动而诞生的过程"③。马克思认为，人类在劳动过程中创造了人自身，劳动是区分人和动物的主要标志，是人类创造历史的前提与基础。正是在劳动产生和发展的漫长过程中，人类作为高等物种逐渐从动物界中分离出来，学会制作工具、使用语言、形成意识，并在此基础上织造

---

① ［俄］普列汉诺夫：《普列汉诺夫哲学著作选集》第2卷，生活·读书·新知三联书店1961年版，第272页。

② 鲁品越：《〈资本论〉的生产力与生产关系概念的再发现》，《上海财经大学学报》2018年第4期。

③ 《马克思恩格斯文集》第1卷，人民出版社2009年版，第196页。

了生产关系和各种社会关系,由此造就了人类社会历史。在《神圣家族》中,马克思批判了青年黑格尔派的"历史的诞生地不是地上的粗糙的物质生产,而是天上的迷蒙的云兴雾聚之处"①的唯心史观,并由此强调指出,不是观念决定历史,而是物质生产决定历史。至于生产力的具体内涵,马克思在《评弗里德里希·李斯特的著作〈政治经济学的国民体系〉》一文中进行了初步阐释,认为生产力是人们在劳动过程中用以改造自然界的人力以及水力、蒸汽力、马力等物力,它在本质上是一种现实的物质力量。

在唯物史观得以创立的标志性著作即《德意志意识形态》中,针对青年黑格尔派将社会历史发展动力视为"自我意识"的错误认识,马克思指出:"历史的动力以及宗教、哲学和任何其他理论的动力是革命,而不是批判。"②也就是说,社会历史发展动力不在于来自尘世之外的神的意旨和"绝对精神",更不在于来自尘世间的"英雄人物"的逻辑思辨和理论批判,而只能到现实的革命实践活动中去寻找。所谓的革命实践活动,就是指以物质生产实践为主的社会实践活动。马克思认为,社会历史产生和发展的前提是有生命的个人即"现实的个人"的存在,而"现实的个人"的存在有赖于吃、穿、住等物质生活资料的生产。物质生活资料的生产实践是人类的第一个历史活动,它构成了社会历史产生和发展的自然基础,"任何历史记载都应当从这些自然基础以及它们在历史进程中由于人们的活动而发生的变更出发"③。脱离了物质生产实践,就没有"现实的个人"的存在,因而也就谈不上社会历史的产生与发展。具体而言,生产力在社会历史发展中的基础作用可从以下两个方面来认识。

第一,静态来看,生产力发展是人类社会赖以存在的物质基础和"最后动力"。历史要开启、社会要存在、人类要生存,首要前提是要有物质生活资料的供给,为此就要进行物质生产。马克思曾说:"任何

---

① 《马克思恩格斯文集》第1卷,人民出版社2009年版,第350—351页。
② 《马克思恩格斯文集》第1卷,人民出版社2009年版,第544页。
③ 《马克思恩格斯文集》第1卷,人民出版社2009年版,第519页。

一个民族,如果停止劳动,不用说一年,就是几个星期,也要灭亡,这是每一个小孩子都知道的。"① 生产力作为推动社会历史发展诸因素中最活跃、最革命的因素,不仅是社会存在发展的物质基础,而且决定着一切社会关系和社会制度的产生及其性质,物质生产活动制约着人们的经济生活、政治生活、精神生活等全部社会生活。因此,完全可以把生产力发展视为社会历史发展的"最后动力"。正如恩格斯在《路德维希·费尔巴哈和德国古典哲学的终结》中总结指出的,"构成历史的真正的最后动力的动力","是使广大群众、使整个整个的民族,并且在每一民族中间又是使整个整个阶级行动起来的动机","是持久的、引起重大历史变迁的行动"②。这里所谓的广大群众的"行动起来的动机"和"持久的、引起重大历史变迁的行动",归根结底就是指人民群众为满足自身需要而从事的社会实践活动特别是物质生产活动。

第二,动态来看,生产力发展是社会制度更替和社会形态演变的"终极原因"。马克思指出:"一切社会变迁和政治变革的终极原因,不应当到人们的头脑中,到人们对永恒的真理和正义的日益增进的认识中去寻找,而应当到生产方式和交换方式的变更中去寻找;不应当到有关时代的哲学中去寻找,而应当到有关时代的经济中去寻找。"③ 具体而言,生产力的日益发展,必然导致与原有的生产关系的矛盾,于是迫使人们改变自己的生产方式和生产关系,由此导致经济基础的变更。而随着经济基础的变更,建立在其基础之上的上层建筑也迟早会发生变化。经济基础和上层建筑的变化,则会进一步导致社会制度的更替和社会形态的演变。可见,生产力发展是社会历史发展演变的终极原因,而更高的生产力水平则是新社会制度取代旧社会制度的根本条件。正如列宁所指出的那样:"劳动生产率,归根到底是使新社会制度取得胜利的最重要最主要的东西。"④ 因此,在《共产党宣言》中,马克思和恩格斯一致认为无产阶级上升为统治阶级后,应把"尽可能快地增加生产力的

---

① 《马克思恩格斯选集》第 4 卷,人民出版社 2012 年版,第 473 页。
② 《马克思恩格斯选集》第 4 卷,人民出版社 2012 年版,第 255—256 页。
③ 《马克思恩格斯选集》第 3 卷,人民出版社 2012 年版,第 654—655 页。
④ 《列宁全集》第 37 卷,人民出版社 1986 年版,第 18 页。

总量"① 作为首要任务,以此奠定社会主义的物质基础。恩格斯在《论俄国的社会问题》中,也表达出"社会生产力的发展是实行现代社会主义变革的基本前提"②的重要思想。回顾人类社会发展的总体历程可知,"人类社会的发展,就是先进生产力不断取代落后生产力的历史进程"③。

(二) 作为基本动力的社会基本矛盾运动

生产力的发展,必然要求有与之相适应的生产关系,生产关系是生产力发展的必然产物。马克思指出:"为了进行生产,人们相互之间便发生一定的联系和关系;只有在这些社会联系和社会关系的范围内,才会有他们对自然界的影响,才会有生产。"④相反,"孤立的一个人在社会之外进行生产"⑤是不可思议的。早在人类从动物界中分离出来之初,为了与恶劣的自然环境作斗争以维护自身的安全与生存,人类就开始了协同性、群体性劳动,并在此基础上形成了一定的生产关系。可见,生产关系建基于生产力,生产力决定着生产关系,有什么样的生产力就会产生什么样的生产关系。人们又会根据新的生产力和生产关系的要求,建立与之相适应的新的上层建筑,包括新的政治观念、新的道德规范等。

生产关系不仅根植于生产力发展之中,反映着生产力的发展状态,还会因生产力的变化而变化。正如马克思所言:"各个人借以进行生产的社会关系,即社会生产关系,是随着物质生产资料、生产力的变化和发展而变化和改变的。"⑥但是,生产关系与生产力并不是亦步亦趋的,更不总是切合生产力的发展,有时甚至会成为生产力发展的障碍与桎梏。由此导致的、迟早发生的必然结果是:新的生产关系取代旧的生产

---

① 《马克思恩格斯选集》第 1 卷,人民出版社 2012 年版,第 421 页。
② 《马克思恩格斯选集》第 3 卷,人民出版社 2012 年版,第 1061 页。
③ 《江泽民文选》第 3 卷,人民出版社 2006 年版,第 274 页。
④ 《马克思恩格斯选集》第 1 卷,人民出版社 2012 年版,第 340 页。
⑤ 《马克思恩格斯选集》第 2 卷,人民出版社 2012 年版,第 684 页。
⑥ 《马克思恩格斯选集》第 1 卷,人民出版社 2012 年版,第 340 页。

关系，新的经济基础取代旧的经济基础，新的上层建筑取代旧的上层建筑，并在此基础上推动社会历史的发展。正如马克思在《〈政治经济学批判〉序言》中所总结的："社会的物质生产力发展到一定阶段，便同它们一直在其中运动的现存生产关系或财产关系（这只是生产关系的法律用语）发生矛盾。于是这些关系便由生产力的发展形式变成生产力的桎梏。那时社会革命的时代就到来了。随着经济基础的变更，全部庞大的上层建筑也或慢或快地发生变革。"[1] 在由生产力变化而引致的生产关系（经济基础）变化，进而引致上层建筑变化的基础上，则势必发生社会制度的更迭演进和社会历史的发展变迁。易言之，生产力与生产关系、经济基础与上层建筑之间的矛盾运动是社会历史发展的基本动力，这两对矛盾之间的辩证关系决定着社会历史发展的走向。

在这两对矛盾中，生产力与生产关系之间的矛盾更带有根本性、基础性，它决定着经济基础与上层建筑之间的矛盾。马克思通过回溯人类社会发展的历史过程，在《德意志意识形态》中得出了一个基本结论，即"一切历史冲突都根源于生产力和交往形式之间的矛盾"[2]。此处所谓的"交往形式"，就是他后来指称的"生产关系"。经济基础与上层建筑之间的矛盾，决定于、反映着生产力与生产关系之间的矛盾。

要科学把握生产力与生产关系之间的矛盾，除了要认清前文所述的生产力的决定作用，还要正确认识生产关系对生产力的反作用。生产力发展总是在一定的生产关系下进行的，因而它不可能撇清与生产关系的关系，不可能不受生产关系的影响。不论在何种制度下，生产关系都是影响生产力发展的最直接、最重要的因素，而这种影响突出反映在它对生产力的反作用上。尽管生产力具有一种永不停顿、不断发展的内在趋势和要求，但这种趋势和要求并不总是能够顺利实现的。在特定的历史时期，生产力有时能快速顺利地发展，有时则缓慢迟滞地发展。之所以会出现这种或快或慢的现象，主要的、直接的原因就在于生产关系对生产力产生的推进或阻碍作用。而生产关系对生产力的阻碍作用又分为两

---

[1] 《马克思恩格斯选集》第 2 卷，人民出版社 2012 年版，第 2—3 页。
[2] 《马克思恩格斯选集》第 1 卷，人民出版社 2012 年版，第 196 页。

种情况：一是当它落后于生产力的状况及其发展要求时，会阻碍生产力发展；二是当它超越生产力的状况及其发展要求时，也会阻碍生产力发展。在这两种情况下，都需要对生产关系进行相应的调整与变革。正如马克思所说："为了不致失掉文明的果实，人们在他们的交往方式不再适合于既得的生产力时，就不得不改变他们继承下来的一切社会形式。"① 如果对生产关系因循守旧，或超前性地进行人为调整，就可能"失掉文明的果实"，抑制生产力发展的活力。总之，是否能够推动生产力发展，就成为评判生产关系先进或落后的根本标准。马克思之所以认为资本主义生产关系取代封建主义生产关系是一个巨大的历史进步，归根结底是因为"资产阶级在它的不到一百年的阶级统治中所创造的生产力，比过去一切世代创造的全部生产力还要多，还要大"②。

（三）作为直接动力的阶级斗争

阶级斗争是阶级社会中对抗阶级之间的斗争。阶级斗争在社会结构中处于何种地位？它属于社会存在还是属于社会意识？对此问题，学界存在不同认识。有学者以恩格斯所说的"还有上层建筑的各种因素：阶级斗争的各种政治形式"③ 这句话为依据，认为阶级斗争当然属于思想上层建筑，而不认为它属于社会存在。这种观点，其实是不严谨、不准确的，不符合马克思主义的本意。众所周知，按照马克思主义哲学原理，阶级斗争是社会实践的三大基本形式之一，尽管它不像物质生产和科学实验那样可以存在于人类社会的一切历史阶段、具有永恒性，而只是存在于阶级社会、具有暂时性，但它与物质生产、科学实验同样都属于物质性的人类实践活动，因而毫无疑问地属于社会存在。而且，从阶级斗争的发展历史来看，几乎所有的阶级斗争归根结底都是基于经济利益而发生的、是对社会经济关系的一种反映。我们长期以来普遍沿用的阶级的定义是由列宁作出的，而列宁也是从经济关系的角度对阶级进行

---

① 《马克思恩格斯文集》第 10 卷，人民出版社 2009 年版，第 43—44 页。
② 《马克思恩格斯选集》第 1 卷，人民出版社 2012 年版，第 405 页。
③ 《马克思恩格斯选集》第 4 卷，人民出版社 2012 年版，第 604 页。

定义的，阶级关系首先表现为经济关系，阶级斗争首先表现为经济斗争。基于上述观点，我们没有理由不认为阶级斗争属于社会存在。当然，经济、政治、思想文化是紧密关联的，经济层面的阶级斗争必然在政治和思想文化层面有所反映，对抗阶级之间的经济斗争势必会演变为他们之间的政治斗争和思想斗争，政治斗争往往伴随着政治上层建筑的更迭与重建，思想文化斗争往往伴随着思想上层建筑的激荡与交融。易言之，阶级斗争会表现在经济、政治、思想等多个社会层面，包括经济斗争、政治斗争和思想斗争等多重意蕴。从这个意义上说，阶级斗争既属于社会存在也属于社会意识，既关涉经济基础也关涉上层建筑，是社会存在与社会意识的统一、经济基础与上层建筑的统一。

对阶级斗争的内涵进行如上辨析，并非笔者的无病呻吟，而是确有必要：第一，有助于准确认识恩格斯"还有上层建筑的各种因素：阶级斗争的各种政治形式"一语的真意。恩格斯的这句话，并未将阶级斗争全部归属于上层建筑，而仅是把阶级斗争的"政治形式"视为上层建筑。至于阶级斗争的"经济形式"，则未必属于上层建筑的范畴。第二，有助于准确认识阶级斗争在历史发展动力系统中的地位。既然阶级斗争是社会存在与社会意识的统一、经济基础与上层建筑的统一，因此，就不能把它归入"作为'终极原因'或'最后动力'的生产力发展"，也不宜把它归入"作为基本动力的社会基本矛盾运动"，而有必要把它单独拿出来，并厘清它在社会历史发展动力系统中的特殊重要地位。笔者认为，这也是如前文所述，恩格斯在阐释社会历史发展动力时，为什么要在"社会的经济发展"和"生产方式和交换方式的改变"之后还特别强调"这些阶级彼此之间的斗争"，并将这三个动力并列来看的原因和用意所在。

至于阶级斗争在社会历史发展中的具体作用，马克思、恩格斯早在19世纪40年代初就有了较为确切的认识，并充分肯定了从事着阶级斗争的无产阶级在推动社会发展进步中的历史使命和远大前途。在《共产党宣言》中，马克思、恩格斯进一步总结道："至今一切社会的历史都是阶级斗争的历史。"① 也就是说，社会历史之所以能发展至今，一个重要原因在于阶级斗争的推动。自从人类社会进入阶级社会以来，每一次阶级斗争都不同程度地推动了社会历史的演进发展，甚至可以直接导致政权的更迭和社会制度的更替，因此可以视为"历史的直接动力"和阶级社会"变革的巨大杠杆"②。阶级斗争之所以在阶级社会中具有此等普遍性和重要性，是因为生产力与生产关系、经济基础与上层建筑之间的矛盾运动是人类社会中普遍存在的基本矛盾，但由于阶级社会实行生产资料私有制、阶级之间存在着利益对立关系，因而这个基本矛盾是对抗性的，表现在阶级关系上就是剥削阶级与被剥削阶级之间的矛盾和对抗，即阶级斗争。在阶级社会中，唯有通过阶级斗争和社会革命，才能推翻旧的生产关系和上层建筑，从而为生产力发展和社会历史进步开辟道路。但在资本主义社会之后的非阶级社会中，由于基本矛盾不再具有对抗性、阶级斗争不再是社会主要矛盾，因而社会历史发展的直接动力不再是阶级斗争，而变成了对生产关系和上层建筑的自我调整与完善，即改革。所以，我们不能将"阶级斗争是社会历史发展的直接动力"的马克思主义理论观点泛化和绝对化，否则就会犯历史性错误。

（四）历史发展是多种因素合力推动的结果

通过以上分析，不难看出，马克思唯物史观虽然高度认可经济发展对于社会历史发展的决定性作用，但它绝不是唯一的动力因素，上层建筑中的各因素也对社会历史发展具有重要推动作用。正如恩格斯晚年在批判一些资产阶级学者将唯物史观歪曲为"经济万能论""社会宿命论""机械决定论"的错误时所指出的："根据唯物史观，历史过程中的决定性因素归根到底是现实生活的生产和再生产。无论马克思或我都从来没有肯定过比这更多的东西。如果有人在这里加以歪曲，说经济因素是唯一决定性的因素，那么他就是把这个命题变成毫无内容的、抽象的、荒诞无稽的空话。经济状况是基础，但是对历史斗争的进程发生影

---

① 《马克思恩格斯选集》第1卷，人民出版社2012年版，第400页。
② 《马克思恩格斯选集》第3卷，人民出版社2012年版，第5页。

响并且在许多情况下主要是决定着这一斗争的形式的，还有上层建筑的各种因素：阶级斗争的各种政治形式及其成果——由胜利了的阶级在获胜以后确立的宪法等等，各种法的形式以及所有这些实际斗争在参加者头脑中的反映，政治的、法律的和哲学的理论，宗教的观点以及它们向教义体系的进一步发展。"[1] 恩格斯的这段话，可以说是对社会历史发展动力系统的最好注解。它表明，除了经济发展这一决定性因素，阶级斗争、法律、政治、哲学、宗教、文学、艺术等其他因素也并非经济状况的消极结果，它们都能积极地影响乃至决定着社会历史发展。特别是意识形态即思想上层建筑作为社会历史发展的精神动力，其影响作用更是不可低估、无可替代的。因为社会历史发展是靠人的实践来推动的，而人的一切实践活动都必须经过他们的头脑，思想观念的作用就是通过对人的头脑施加影响，进而反作用于社会存在。正如马克思所说："理论一经掌握群众，也会变成物质力量。"[2] 14—16世纪的欧洲文艺复兴、18世纪的法国启蒙运动、中国春秋时期的"百家争鸣"以及毛泽东逝世之后的"关于真理标准问题的大讨论"，之所以都成为推动社会历史发展的强大"物质力量"，原因就在于它们都打破了思想僵化的沉闷状况，解放和革新了人们的思想观念。

当然，上述多种因素作为社会历史发展的动力，并非孤立地存在和发生作用，而是作为相互联系、相互配合的一种"合力"而起作用。恩格斯晚年在《路德维希·费尔巴哈和德国古典哲学的终结》一文中明确指出："无论历史的结局如何，人们总是通过每一个人追求他自己的、自觉预期的目的来创造他们的历史，而这许多按不同方向活动的愿望及其对外部世界的各种各样作用的合力，就是历史。"[3] 这是恩格斯对"历史合力论"思想的首次表达。此后，恩格斯又对这一思想进行了多次阐发和具体化。特别是在1890年致约瑟夫·布洛赫的信中，恩格斯对"历史合力论"作出了完整而系统的阐释，并提出了著名的"平行四

---

[1] 《马克思恩格斯选集》第4卷，人民出版社2012年版，第604页。
[2] 《马克思恩格斯选集》第1卷，人民出版社2012年版，第9页。
[3] 《马克思恩格斯选集》第4卷，人民出版社2012年版，第254页。

边形理论"。在恩格斯看来,尽管单个人的意志或力量是"相互冲突""互相交错"的,对社会历史发展起着或大或小、或促进或延缓的作用,但这些意志或力量会构成"无数个力的平行四边形,由此就产生出一个合力,即历史结果"①,社会历史就是在这个合力的推动下向前发展的。

综上所述,马克思历史发展动力理论阐明了推动社会历史发展的多种动力,并科学分析了各种动力的具体地位和作用机理。虽然各种动力在社会历史发展中的地位和作用不同,但马克思历史发展动力理论给予我们的基本启示是:社会历史的发展不是单个因素影响的结果,而是多个因素合力作用的结果。如果以这一理论启示去观照乡村社会治理,则不难得出如下结论:乡村社会作为一个错综复杂的有机整体,其治理绝非单向思维和单一治理所能奏效的,而必须综合运用制度、法律、道德、科技等多种手段,善于从多维角度探寻乡村社会问题的产生根源及其解决路径,如此才能形成乡村社会治理的强大合力。2017年党的十九大报告明确提出要健全自治、法治、德治相结合的乡村社会治理体系,2018年"中央一号文件"进一步要求"坚持自治、法治、德治相结合,确保乡村社会充满活力、和谐有序"。这些政策号召与要求表明,要推进乡村社会治理现代化,必须将自治、法治、德治三大治理方式融入乡村社会治理,并实现三者的有机结合。在乡村社会的"三治"之中,自治侧重于"自我管理",法治侧重于"限制约束",德治侧重于"价值引领"。自治必须在法治和德治的规范引领下实行,法治必须以德治为补充并服务于自治,德治必须以自治为中心并服从于法治。② "三治融合"的核心就是在农民自我管理的过程中,既要注重法治的限制约束作用,又要注重德治的价值引领作用。鉴于第三章已经对"自治"有所探讨,因此,以下重点结合马克思的法律作用观和道德作用观,具体分析法律手段和道德手段在乡村社会治理中的运用,亦即乡村社会的法律治理和道德治理。

---

① 《马克思恩格斯选集》第4卷,人民出版社2012年版,第605页。
② 乔惠波:《德治在乡村治理体系中的地位及其实现路径研究》,《求实》2018年第4期。

二 马克思法律作用观视域下乡村社会的法律治理

马克思在大学时期曾修习法律专业，阅读了不少的法学著作，深受卢梭、潘恩等人的法律思想的影响，因而对法律有一定的理论认识。在后来的马克思主义理论体系的创立与完善过程中，马克思虽然并未推出专门的法律研究著作，但他对法律问题也较为重视，并在相关著作中对法律问题多有论述，内容涉及法律的产生、法律的特征、法律的作用等多个方面，由此形成了其法律观。马克思法律观作为马克思主义理论体系的重要组成部分，其内容之一即马克思法律作用观。鉴于法律属于上层建筑，上层建筑对经济基础具有重要反作用、对社会历史发展具有重要影响，因而，马克思法律作用观完全可以视为马克思历史发展动力理论的重要内容。将马克思法律作用观置于唯物史观视域下加以考察，对于认识法律手段对乡村社会治理现代化的作用具有重要现实启示。

（一）马克思的法律作用观

按照马克思唯物史观，法律属于上层建筑，是对经济基础特别是人们之间的经济利益关系的反映。正如马克思所说，法律"是一种反映着经济关系的意志关系。这种法的关系或意志关系的内容是由这种经济关系本身决定的"[①]，"社会上占统治地位的那部分人的利益，总是要把现状作为法律加以神圣化，并且要把现状的由习惯和传统造成的各种限制，用法律固定下来"[②]。作为上层建筑的法律，根源于、立足于、受制于一定的经济基础，并对经济基础具有重要反作用。法律对经济基础的反作用，集中体现了它在社会历史发展中的作用。根据马克思的相关论述可知，法律在社会历史发展中的作用主要体现在如下四个方面。

[①]《马克思恩格斯文集》第 5 卷，人民出版社 2009 年版，第 103 页。
[②]《马克思恩格斯文集》第 7 卷，人民出版社 2009 年版，第 896 页。

1. 法律能够促进或阻碍生产力的发展

马克思主义认为,经济基础与上层建筑相互影响,二者之间的矛盾运动推动着社会历史的发展与进步。"经济状况是基础,但是对历史斗争的进程发生影响并且在许多情况下主要是决定着这一斗争的形式的,还有上层建筑的各种因素:阶级斗争的各种政治形式及其成果——由胜利了的阶级在获胜以后确立的宪法等等。"[①] 法律作为上层建筑的重要组成部分,建立在一定的经济基础之上并对经济基础产生反作用,具体表现在能够促进或者阻碍生产力的发展。与经济基础相适应的法律制度,可以起到调整经济关系、维护经济秩序、保障经济运行的积极作用,从而促进生产力的发展。相反,与经济基础不相适应的法律制度,则会阻碍生产力的发展。正因如此,一个社会的统治阶级为了发展壮大经济基础,进而巩固自己的政治统治,就需要建立健全法律制度。在马克思看来,资本主义社会是各种私人利益的博弈场,在这样的社会中,"法律可以有效地保障市民社会成员的所有权,这是商品生产和物质交换的前提条件"[②]。也就是说,法律可以调节市民社会与政治国家的关系,保障市民社会成员在商品交换过程中的平等地位与合法权益,避免社会秩序的混乱与动荡。而在社会主义社会里,诚如马克思、恩格斯在《共产党宣言》中指出的,无产阶级在夺取政权以后,也应该"利用自己的政治统治,一步一步地夺取资产阶级的全部资本",并"尽可能快地增加生产力的总量"[③]。在"政治统治"的手段之中,无疑包括法律手段。无产阶级在"自己的政治统治"的保障下"夺取资产阶级的全部资本"和"增加生产力的总量"的过程,本身就显示了包括法律在内的上层建筑对经济基础的反作用。

2. 法律能够保障人民自由

马克思认为,人民应该是社会的主人,法律应该以社会为基础、是社会共同利益和需要的表现,而不应是个人意志的横行。也就是说,法

[①] 《马克思恩格斯选集》第 4 卷,人民出版社 2012 年版,第 604 页。
[②] 乔煜、侯天霞:《马克思市民社会理论对当代中国构建社会治理新常态的启示》,《特区经济》2015 年第 12 期。
[③] 《马克思恩格斯选集》第 1 卷,人民出版社 2012 年版,第 421 页。

律的产生及其内容选择,应该建立在人民共同意愿的基础上,要反映社会大多数人的意志与利益,而不能取决于少数人或个别人。在马克思看来,真正的法应该以保障人民的自由为基础,"法典就是人民自由的圣经"①。法律产生后,其重要功能就在于保障人民的自由权利,"哪里法律成为实际的法律,即成为自由的存在,哪里法律就成为人的实际的自由存在"②。自由对每个人都至关重要,离开了自由,人民就丧失了基本的权利,但是自由不是随心所欲、恣意妄为,而是在法律规定下的自由,没有法律规定和保障的自由是不可靠的。既然法律是人民自由权利的保障,因此,人民欲真正享受自由权利,就要遵守法律的规定。无产阶级在夺取政权以后,也只有首先建立新型的民主制度和完备的法律制度,才能充分保障人民的自由。

3. 法律能够对权力予以限制和监督

与人民的自由民主相对的,是权力的存在。马克思认为权力有两种:一种是财产权力即所有者的权力,一种是政治权力即国家的权力。如果权力运用得当,就可以造福于人民和社会。相反,如果掌握权力的个人或机构以公权力谋私利,则会祸害人民与社会。唯有通过法律等措施对权力进行有效的制约和监督,才能防止以权谋私,并充分保护公众利益。马克思之所以高度评价巴黎公社,一个重要原因就在于巴黎公社"彻底清除了国家等级制,以随时可以罢免的勤务员来代替骑在人民头上作威作福的老爷们,以真正的责任制来代替虚伪的责任制,因为这些勤务员总是在公众监督之下进行工作的"③。将政府工作置于人民的监督之下,并用法律来保障人民的监督权利,恰恰是巴黎公社的一大创举。马克思还热情赞扬过《黑森宪法》,认为"没有哪一部宪法对行政机关的权力作过这样严格的限制,使政府在更大程度上从属于立法机关,并且给司法机关广泛的监督权"④。在马克思看来,"一切官吏对自

---

① 《马克思恩格斯全集》第1卷,人民出版社1995年版,第176页。
② 《马克思恩格斯全集》第1卷,人民出版社1995年版,第176页。
③ 《马克思恩格斯选集》第3卷,人民出版社2012年版,第141页。
④ 《马克思恩格斯全集》第19卷,人民出版社2006年版,第16页。

己的一切职务活动都应当在普通法庭面前遵照普通法向每一个公民负责"①，只有通过法律来限制政府和公务人员的权力，使之从属于立法机关、被监督于司法机关，才能确保政府公正、廉洁地开展工作，保证权力能够真正地服务于人民。此外，法律作为对人们之间经济利益关系的集中体现，本身也具有强大的规范性功能。它在对权力予以限制和监督的同时，也会对人们的社会行为进行规范，通过确立社会生活的规则秩序以使个人利益服从整体利益，维持社会关系的稳定有序。

4. 法律能够巩固无产阶级的斗争成果

法律作为上层建筑的一部分，具有明显的阶级性，是为了维护特定的统治阶级的利益而存在的。马克思指出，资本主义法律体现了资产阶级的意愿与利益、维护着资产阶级的强权与统治，资产阶级把以劳动为基础的私有制的意识形态硬搬到以剥夺直接生产者为基础的所有制上来。资本主义法律在建立和发展的过程中并没有也不可能改变其剥削本质，因而不可能保障无产阶级的权利。因此，无产阶级在夺取政权后，一定要彻底推翻资产阶级的法律制度，并建立属于本阶级的新的法律制度以维护和保障自己的阶级斗争成果。马克思指出："无产阶级，现今社会的最下层，如果不炸毁构成官方社会的整个上层，就不能抬起头来，挺起胸来。"② 马克思在此强调的资本主义"官方社会的整个上层"之中，无疑就包括了资产阶级的法律体系。马克思在《法兰西内战》中还强调："工人阶级不能简单地掌握现成的国家机器，并运用它来达到自己的目的。奴役他们的政治工具不能当成解放他们的政治工具来使用。"③ 可见，作为"国家机器"一部分的资产阶级的法律制度，是不可能被无产阶级用来维护自己的合法权益的，无产阶级必须在摧毁旧的国家制度后建立符合广大人民群众意志的法律制度体系。马克思高度赞扬过巴黎公社，是因为"公社是一个实干的而不是议会式的机构，它既是行政机关，同时也是立法机关"④，巴黎公社的一个重要创举和贡

---

① 《马克思恩格斯选集》第 3 卷，人民出版社 2012 年版，第 348 页。
② 《马克思恩格斯文集》第 2 卷，人民出版社 2009 年版，第 42 页。
③ 《马克思恩格斯选集》第 3 卷，人民出版社 2012 年版，第 163 页。
④ 《马克思恩格斯选集》第 3 卷，人民出版社 2012 年版，第 98 页。

献是在取得革命胜利后颁布了一系列法令，建立了无产阶级自己的法律制度，并通过这样的法律制度限制了行政机关的权力、保障了人民的权利。

（二）乡村社会的法律治理：以乡村公共服务协同供给为个案的分析

如上所述，马克思法律作用观强调了法律对于社会历史发展的重要作用，明晰了法律作用的具体表现。按照马克思的观点，法律对社会具有重要的规范和保障作用，能对公权力进行有效的限制；政府权力应由法律规定，政府须坚持依法行政；法律的限定能够防止政府肆意妄为，促使其只能依法管理社会。马克思法律作用观启示我们，在推进社会主义建设、完善社会主义社会的过程中，须高度重视法律的作用。古人云：法者，天下之程式也，万事之仪表也。法律是国家长治久安的必要保障，是社会治理的必然选择。特别是对于 21 世纪的现代社会和当下中国而言，更须高扬法律旗帜、尊崇法律地位、践行法律精神，充分发挥法律对于治理现代社会和现代中国的作用。正如党的十八届四中全会所强调的，必须"坚持依法治国、依法执政、依法行政共同推进，坚持法治国家、法治政府、法治社会一体建设，实现科学立法、严格执法、公正司法、全民守法，促进国家治理体系和治理能力现代化"[①]。

乡村社会治理作为国家治理的重要领域，无疑也必须强化法治思维、坚持依法治理，重视以法律手段解决乡村社会治理中的实际问题，切实提高乡村社会治理的法治化水平。法治是社会文明程度的重要衡量标准，也是国家治理、社会治理的根本手段与基本原则。有别于传统的管制型管理或"运动式治理"，现代治理的一个基本特征就是依法治理、授权治理，实现治理过程的法治化。2012 年党的十八大首次提出将"法治保障"纳入社会管理体制之中，要把法治建设融入社会管理的全过程，并强调"更加注重发挥法治在国家治理和社会管理中的重要作用"，这显然是对社会治理法治化提出的明确要求。习近平总书记

---

① 中共中央文献研究室：《十八大以来重要文献选编》中，中央文献出版社 2016 年版，第 157 页。

也多次强调,"法治是人类政治文明的重要成果,是现代社会治理的基本手段"①;创新社会治理体制"需要密织法律之网、强化法治之力"②,"充分发挥法治对社会治理的引领、规范和保障作用,运用法治思维和法治方式化解矛盾,引导群众依法行使权利、表达诉求、解决纠纷,更好引导和规范社会生活,努力实现法安天下,提高社会治理法治化水平"③。强化社会治理的法治保障,依法规范社会治理主体的行为,确保其善用法治思维和法治方式去疏导社会心理、协调社会关系、化解社会矛盾、解决社会问题,有助于防范治理目标的盲目性、治理体系的杂乱性和治理活动的随意性,从而优化社会治理的效果。特别是在乡村"熟人社会"中,乡村基层政府和社会组织等治理主体的法律素养有待提高,农民的法律意识较为淡薄且受到诸多陈规陋习的束缚,这就更加需要树立法治理念,强化法律手段在乡村社会治理中的权威保障作用,坚持以宪法和法律作为乡村社会治理的根本遵循,使乡村社会治理在宪法和法律规定的范围内有序开展,通过法治方式为乡村社会治理奠定坚实的秩序基础。

乡村社会的法律治理是一个大问题,涉及乡村社会的方方面面、各个领域,显然不是一篇文字所能说清楚的。对此,笔者无意于泛泛而论,而想"以小见大",基于"乡村公共服务协同供给"进行个例分析。如前所述,乡村公共服务供给是乡村社会治理的重要内容,是实现"民之利"和"民之安"目标的必要基础。而乡村公共服务协同供给的法律治理,无疑是乡村社会法律治理的一个重要方面。

1. 乡村公共服务及其协同供给

关于乡村公共服务,我们可以借用著名经济学家萨缪尔森的划分方法予以类型划分。萨缪尔森将公共服务具体划分为纯公共服务和准公共

---

① 习近平:《坚持合作创新法治共赢 携手开展全球安全治理》,《人民日报》2017年9月27日第2版。
② 中央文献研究室:《习近平关于协调推进"四个全面"战略布局论述摘编》,中央文献出版社2015年版,第98页。
③ 中共中央宣传部:《习近平新时代中国特色社会主义思想三十讲》,学习出版社2018年版,第240—241页。

服务两类。他在《公共支出的纯理论》中指出，纯公共产品或劳务是这样的产品或劳务，即每个人消费这种物品或劳务不会导致他人对该种产品或劳务的减少，亦即纯公共服务具有完全的非竞争性和非排他性，法律、外交、国防、警察等均属纯公共服务的范畴。具体到乡村纯公共服务，它是指那些由政府提供的大规模、公益性和非排他性的服务，比如针对"三农"制定的相关法律法规、乡村义务教育、乡村发展规划、乡村信息系统、乡村基础科学研究、大江大河治理、乡村环境保护等。一般而言，乡村纯公共服务具有规模大、公益性强等独有特性，致使其只能由政府提供，不能交由企业、社会组织或私人部门提供。所谓准公共服务，是指那些具有有限的竞争性和排他性，既可以由政府提供，也可以交由企业、社会组织或私人部门提供的公共服务，乡村道路、自来水、电力和农民教育培训等，均属于乡村准公共服务的范畴。乡村公共服务之所以会有"纯""准"之别，是因为在社会主义市场经济下，农民受所处环境和自身素质的制约，往往不能像自然经济条件下那样对生产和生活所需的服务做到自我供给，同时政府又没有足够的能力直接提供公共服务或者提供公共服务的成效不够显著，此时便需要企业、私人部门或者社会组织为乡村提供公共服务，以此来帮助政府满足农民的需求。比如，在乡村道路硬化问题上，农民需要平坦顺畅的乡村道路，但政府往往无暇顾及于此，此时政府便可将乡村道路硬化项目交由企业、私人部门或者社会组织；政府对此项目进行招标，有能力的企业、社会组织或者私人部门即可依据相应程序进行竞标；如果竞标成功，政府便可与其签订合同，委托其具体组织实施乡村道路硬化项目。如此一来，相当于政府间接提供了乡村公共服务。

所谓乡村公共服务协同供给，是指为实现农民公共利益最大化，县乡政府、村（居）委会、企业和乡村社会组织等多元主体采取各种各样的形式和途径共同供给公共服务，其本质是为了弥补"政府失灵"和"市场失灵"，将竞争机制引入乡村公共服务供给中去，实现政府供给、市场供给和社会供给三者的有机结合，以便实现最大化的公共利益。乡村公共服务协同供给具有如下几个基本特征：其一，协同供给的主体是多元的，主要包括县乡政府、市场和乡村社会组织，它摒弃了过去政府主导式供给公共服务的模式；其二，协同供给的方式是灵活的，在公共服务的供给过程中，政府、市场与社会组织相互补充，"德治"与"法治"相互结合且以后者为主，它更加符合当今社会的发展规律，更加科学规范且富有人性化，给予农民以最大的尊重；其三，协同供给的目标是最优的，它以绝大多数农民的公共利益需求为导向，能够实现公共服务供给的最优化和公共利益的最大化。

2. 乡村公共服务协同供给的法律治理及其现实意义

所谓乡村公共服务协同供给的法律治理，是指在国家、政府、社会这三大领域中，通过强化法治体系的立法、执法、司法、守法和法律监督等环节，用"法"来规制乡村公共服务供给主体、客体、方式，使乡村公共服务协同供给达到一种"法治化"的状态，以此来充分发挥协同供给模式的优越性，进而实现乡村公共服务的高效供给。具体而言：其一，在立法方面，它要求立法机构以农民需求为导向，遵循严格的立法程序，科学民主地提出并不断完善乡村公共服务协同供给的相关法律法规及其相关配套政策。其二，在执法方面，它要求执法机构将乡村公共服务协同供给的相关法律法规及其配套措施严格规范地贯彻执行下去，并注意与当时当地的现实情况相结合。比如，在少数民族聚居的乡村，法律的贯彻执行就要充分考虑到其独有的民族风俗和行为习惯等。其三，在司法方面，它要求人民检察院和人民法院在乡村公共服务协同供给中做到司法独立，提高公正司法和能动司法的能力，进一步树立司法权威。其四，在守法方面，它要求乡村公共服务协同供给的多元主体要积极主动学习相关法律法规，切实提高自己的法律意识，并在参与乡村公共服务供给过程中严格遵守法律法规。其五，在法律监督方面，它要求作为乡村公共服务的最终享用者和受益者的广大农民，要积极而合理地表达自身对公共服务的需求，并与社会各界一道，对公共服务供给的各个环节依法予以监督。对乡村公共服务协同供给予以法律治理的现实意义如下。

第一，有助于稳定多元主体之间的利益关系。乡村公共服务协同供给的主体是多元的，主要包括县乡政府、村（居）委会、企业以及其他经济社会组织，涉及乡村社会的诸多层面，这在一定程度上体现了乡村公共服务协同供给的广泛性。然而，由于种种因素的影响，各个层面主体的行为动机和目标追求不可能完全一致，这就导致它们在参与乡村公共服务协同供给的过程中，会产生各种各样的需求差异，甚至导致利益矛盾的凸显。比如，县乡政府和村（居）委会作为乡村公共服务协同供给的基本主体，它们提供乡村公共服务往往出于维护乡村社会稳定的考虑或为了实现某种政治动机；企业（市场）提供乡村公共服务的目的，则更多的是为了追求自身经济利润；其他经济社会组织在提供乡村公共服务时，也难免产生对本组织私利的追求。因此，为了协调多元主体之间的利益关系、明确各自的权责范围与活动方式，在多元主体参与乡村公共服务协同供给的过程中，有必要对其进行法律规制。只有使多元主体都能在"法"的框架下参与供给乡村公共服务，才能最大程度地实现乡村公共服务的有效供给。

第二，有助于科学规范协同供给方式。乡村公共服务协同供给的实现，需要采用科学规范的方式，而法治以其内在的独有特性，在科学规范乡村公共服务协同供给方式的过程中占据优势。一方面，"中华人民共和国的一切权力属于人民"的法律规定、代议制的政治形式决定了法治具有合理性，而实现乡村公共服务协同供给的法律治理，将使乡村公共服务协同供给更具合理性和有效性、更能实现和维护广大农民的利益。另一方面，法治具有有效性的特征，是"硬法"（如刑法、行政处罚法等法律）与"软法"（如建议、指南、意见）的结合体，是国家强制力保证实施与农民自我约束的结合体。由此，对乡村公共服务协同供给进行法律治理，科学灵活地应对可能出现的风险与挑战，使乡村公共服务协同供给在法治轨道上运行，既有利于国家政策的实施，又能充分激发乡村公共服务协同供给的内生力，进而最大程度地实现农民公共利益。

第三，有助于防范协同治理陷阱。协同治理是一把"双刃剑"，一方面能够产生相应的积极影响，另一方面也会因其过程本身的复杂性而导致协同治理陷阱的出现。协同治理陷阱之所以产生，是因为乡村公共服务协同供给的主体是纷繁复杂的，涉及社会各个层面，同时每个层面主体产生的需求不尽一致，受"大政府—小社会"历史传统和我国当前制度环境的制约，在协同供给过程中难免会出现利益分配不公正、不均衡问题，比如"政府腐败""权力寻租"以及"强声音"遮蔽"弱声音"等现象。由是，一个典型的治理陷阱就是，治理在强调信任、民主、互惠与合作的光环下，可能衍生权力与资源分配的滥用乃至腐败[①]。而通过立法、行政、执法、司法以及法律监督等法治环节的制约，对乡村公共服务协同供给予以法律治理，有助于建立并完善处理权益分配的责任追究机制，以理性科学的方式来处理和解决公共服务协同供给中可能出现的问题，进而有效地规避协同治理陷阱。

第四，有助于推进法治乡村、法治社会与法治中国建设。在现代国家，真正的法治是法治国家、法治政府、法治社会的一体化建设。法治中国是社会主义法治体系的主题，是一个范畴最广的概念，是亿万人民的共同愿景，它包括"依法治国"的基本方略和"法治国家"的基本方式两个概念；法治社会是社会中各项事务治理的规范化、制度化，它是在法治中国主题之下，实现法律在整个社会中的普遍而广泛的运用；法治乡村是一个微观概念，它强调将法律运用到乡村治理中去，确保农民具有法律意识、乡村在法律的规范下和谐发展。加强对乡村公共服务协同供给的法律治理，无疑将会推进乡村法治建设。试想，如若乡村公共服务供给呈现出秩序井然的法治状态，势必会对乡村各个领域的建设起到很好的影响和带动作用，届时政府、企业、村（居）委会、乡村各类社会组织、农民个体等会更加自觉主动地遵守法律，将自己的行为限制在法的范围内。这样一来，乡村必将会成为尊崇法律至上、远离人治或不过于倚重礼治状态的法治乡村，进而必将有助于推进法治社会建设和法治中国建设。

3. 乡村公共服务协同供给法律治理的现存问题

实证研究表明，当前协同治理模式已经越来越受到社会的认可，并被逐步运用于乡村公共服务供给中去，从而增加了乡村公共服务供给的数量，提高了乡村公共服务的质量和效率。然而，目前关于乡村公共服

[①] 江必新、王红霞：《社会治理的法治依赖及法治的回应》，《法制与社会发展》2014年第4期。

务协同供给的法律治理则是十分薄弱的，问题突出表现在：一是政府购买乡村公共服务方面，二是社会组织参与供给乡村公共服务方面。这两个方面之所以会成为最突出的问题，原因在于：尽管乡村公共服务协同供给的主体是多元的，包括政府、企业、社会组织、私人部门等，但鉴于乡村公共服务的公益性特征，政府和社会组织势必会成为乡村公共服务协同供给的最主要主体。其中，政府在供给乡村公共服务中长期占据主导地位，而随着政府的权力下沉与职能转变，以及农民多元需求的增加，社会组织日益成为政府供给乡村公共服务的重要补充并发挥出显著作用。因此，解决了这两方面的法律治理问题，也就把握了乡村公共服务协同供给法律治理的要义与主流。

第一，政府购买乡村公共服务的法律治理问题。

所谓政府购买公共服务，是指在某种公共服务由政府之外的主体无力独自提供或不适宜提供时，政府出资委托服务机构代为提供该公共服务。简言之，即政府出钱，服务机构出力，二者签订公共服务委托提供合同[①]。政府购买公共服务的价值是毋庸置疑的，以电子政务外包为例，承包商一般具有更专业化的技术、更全面的资源，并会不断跟踪该领域最新技术以保持竞争力，从而不仅能为社会公众提供更高效益、更高质量的电子政务服务[②]，而且能够减轻政府的财政负担和强化政府的服务职能，促进政府由"管制型""无限型"政府向"服务型""有限型"政府的转型。虽然政府购买公共服务的价值是确定无疑的，但我们应清醒地认识到其中存在的法律治理问题，主要表现如下。

一是"法治赤字"现象凸显。政府购买乡村公共服务中的"法治赤字"现象，是指政府购买乡村公共服务的相关法律法规及其配套政策不够完善，数量稀少，立法质量不高。据统计，目前有关政府购买公共服务的法律只有2003年颁布的《政府采购法》，而地方政府也只是相应地制定了政府购买乡村公共服务的"实施办法"或"指导意见"，

[①] 袁维勤：《公法、私法区分与政府购买公共服务三维关系的法律性质研究》，《法律科学》（西北政法大学学报）2012年第4期。

[②] 杨桦、刘权：《政府公共服务外包：价值、风险及其法律规制》，《学术研究》2011年第4期。

其立法位阶低，容易导致地方政府在购买公共服务过程中出现效率低、随意性大、实施效果差等问题。而在《政府采购法》中，也只是对政府的采购行为进行了原则性规范，法律条文过于笼统、操作性不强，同时该法在第二条还特别规定"本法所称政府采购，是指各级国家机关、事业单位和团体组织，使用财政性资金采购依法制定的集中采购目录以内的或者采购限额标准以上的货物、工程和服务的行为"。其中关于"服务"的规定，仅指"除货物和工程以外的其他政府采购对象"。至于公共服务、乡村公共服务、政府购买乡村公共服务等类似概念，均未被明确提及，因此政府购买乡村公共服务缺乏可以依循的明确法律规范。以"村村通"工程为例：首先，政府决定对"村村通"道路硬化这一项目进行购买之前，并没有专门明确的法律条文对这一项目的目录、决策依据、资金预算和程序审批等进行规范。其次，在政府购买"村村通"道路硬化工程的招投标过程中，各个环节的法律法规更是贫乏，对购买合同主体的资质、信息公开与公众参与程度、合同文本的要求等内容无法依法界定。最后，在政府将此项目外包出去之后，有关对公共服务承担方进行监督评估的法律规范更为稀缺，以致出现"豆腐渣工程"，修完不久的道路根本经不起一场大雨的"洗礼"。

二是政府信息公开的法治保障缺位。政府在购买乡村公共服务项目的过程中，需要面向社会各界，对项目的具体情况进行规范而及时的公开。但就目前的政府乡村公共服务外包来看，政府的信息公开力度明显不够，相关法治保障更是严重缺位。具体而言：首先，就自2008年5月1日起施行的《中华人民共和国政府信息公开条例》（以下简称《条例》）而言，虽然该条例能够基本上对政府的信息公开起到一定的规制作用，但是因该法存在的某些缺陷，仍然不能很好地确保政府进行客观、公正的信息公开。首先，《条例》的立法位阶低，它只是行政机关为规定自身行为而制定的规范准则，无法确保公众对政府进行及时有效的监督。于是，在购买乡村公共服务中，政府有时可能会只对特定的参与主体进行信息公开，或者信息公开得不够全面。其次，《条例》内容过于笼统，可操作性不强。比如，该《条例》第十五条中提出："行政机关应当将主动公开的政府信息，通过政府公报、政府网站、新闻发布会以及报刊、广播、电视等便于公众知晓的方式公开。"不难看出，这一规定只是笼统大概地描述了信息公开方式，但是，对于如何通过这些方式进行信息公开，以及如何对违规行为予以防范和惩罚，《条例》并没有具体规定，这就使得信息公开的可操作性和实效性大打折扣。而就地方政府制定的相关政策法规而言，因其法律效力较低，加之可操作性不强，因此在实施阶段难以达到预期的效果，亦不能保证信息公开制度有一套完整的法律治理体系。以我国第一部政府信息公开的地方性规章——《广州市政府信息公开规定》为例，为贯彻落实该规定，广州市政府构建了"广州市政府信息依申请公开系统"，虽然该系统只需点击"我要申请"即可申请政府公开某些信息，然而，对于一般公众尤其是农民而言，很难通过这种新颖的方式申请公开政府购买乡村公共服务中的相关信息。

三是公众参与尚未纳入法治轨道。与传统政府单一供给乡村公共服务不同，乡村公共服务协同供给的显著特征是包括政府部门相关人员、社会组织代表、村（居）委会成员、专家学者以及农民代表在内的社会公众的广泛参与。而要确保公众参与的有序化和高效化，理应将其纳入法治轨道。然而，当前政府购买乡村公共服务中公众参与的法治保障是非常欠缺的。具体而言：首先，在政府购买乡村公共服务的决策阶段，并没有关于公众参与的相关法律予以支持，政府部门相关人员和社会组织代表在很多情况下出于各自利益的考虑，往往不会按照《中华人民共和国招标投标法》制定政府购买乡村公共服务的相关合同，也不会召集村（居）委会成员、专家学者以及农民代表来共同商议，决策往往由少数人在餐桌上或会议桌上敲定，不能体现出政府购买乡村公共服务的规范性、科学性和严肃性。其次，即使政府迫于外界压力而召开购买乡村公共服务的听证会，也只是有选择性地召集那些极有可能支持他们决定的村（居）委会委员和农民代表参加，而那些持中立乃至反对立场的相关人士很少有机会与会，于是听证会所应具有的确保公众参与的作用也就难以发挥出来。

四是监督评估机制形同虚设。政府购买乡村公共服务的良性运行，有赖于行之有效的监督评估机制。目前，由于法治保障不到位，政府购买乡村公共服务方面的监督评估形同虚设。具体而言：首先，政府对社会组织的监督评估，往往不以事先订立的相关合同为依据，而以与社会组织负责人的私交关系为标准，这样不仅不能体现公正性和客观性，反而容易滋生腐败，引发社会组织主动贿赂政府和政府索取贿赂，这对乡村公共服务的有效供给极其不利。其次，政府对社会组织的监督评估缺乏一套完整而规范的标准，更多的是考虑服务时间的长短，并非服务质量的优劣、农民满意度的高低，而在社会组织供给乡村公共服务的过程中，政府基本上是"不闻不问"的。再次，独立的第三方监督评估机构因其公正性、客观性等独有特征，理应成为监督评估机制的重要组成部分，但是相关法律规范的缺乏，致使第三方监督评估很难到位或根本不具有合法性。最后，因为"法治赤字"现象严重，信息公开与公众参与的法治保障不够完善，社会公众特别是农民对政府购买公共服务的信息以及政府所应履行的责任和义务往往一无所知，更谈不上相应的监督评估。于是，在没有社会公众特别是农民的监督评估的情况下，政府就会出现"甩包袱""卸担子"的倾向，甚至出现渎职、玩忽职守等问题。

第二，社会组织协同供给乡村公共服务的法律治理问题。

社会组织，也即非政府组织，是指依法成立，具有非政府性、非营利性、自愿性、自治性和公益性，并致力于解决各种社会问题和提供公共服务的社会公共组织，主要包括社会团体、民办非企业单位和基金会。社会组织参与供给乡村公共服务，是乡村公共服务协同供给模式的重要组成部分，能够更好地满足农民多样化的公共服务需求。然而，当前我国的社会组织在协同供给乡村公共服务中也存在一些法治障碍因素，主要表现在社会组织身份的合法性、信息公开制度、公共服务准入与退出机制等方面。

一是社会组织陷入身份合法性困境。所谓社会组织的身份合法性困境，是指对社会组织的法律定位是匮缺或不合理的。社会组织陷入此困境的原因是多方面的，总结起来主要有如下两点：首先，对社会组织的双层管理体制。社会组织欲获得合法性地位，必须经登记管理机关的允许，还需要挂靠到相应的业务主管部门。这种双层管理体制，对社会组织的合法性存在及其业务开展造成了一定的负面影响：一方面，一些具有某项公共服务专长的"草根组织"因为没有正当的法律资格而遭遇"玻璃门陷阱"，难以参与到公共服务供给中来。例如，由李连杰在2007年4月创立的"壹基金计划"在2010年12月成功转型为"深圳壹基金公益基金会"之前，就遇到了这样的问题。它因为没有找到相应的业务主管部门，导致身份不合法，在2010年9月一度面临中断。在这期间，李连杰形象地将"壹基金"形容为"没有身份证的孩子"。换言之，受我国法律制度的缺失以及没有民办公募慈善基金会先例的制约，虽然壹基金计划与中国红十字会签订了一个三年合约计划，暂时可以向公众募款，但是并没有独立的法人身份、银行账户和公章，"壹基金计划"的活动便受到了限制，远远无法实现李连杰最初设计的每人每月最少捐一元、让小捐款变成大善款的目标。另一方面，双层管理体制直接制约着社会组织供给乡村公共服务的自主性和独立性，导致社会组织对政府的过度依赖和社会组织内部的行政化倾向，而这与乡村公共服务协同供给的内在要求背道而驰。其次，立法滞后使社会组织身陷合法性困境。一方面，我国目前与社会组织相关的法律法规包括国务院颁布的《社会团体登记管理条例》《民办非企业单位登记管理暂行条例》《基金管理条例》，以及民政部出台的《取缔非法民间组织暂行办法》《民办非企业单位登记暂行办法》等。这些法律法规大都是20世纪颁布的，极具"年代感"，难以完全适应当前社会组织的发展。另一方面，在这些法律法规中，更难以发现关于社会组织协同乡村公共服务供给的专门规定，使得社会组织参与乡村公共服务无法可依。

二是社会组织信息公开制度缺乏法律保护。社会组织作为乡村公共服务的供给方，其信息公开的范围与程度在很大程度上决定了乡村公共服务供给的质量。我国现有法律体系中关于信息公开制度的主要是《政府采购法》以及《政府信息公开条例》这两部法律，其中并没有专门规制社会组织进行信息公开的内容。同时，政府对社会组织的信息公开也不够合理。首先，政府决定选择某一社会组织供给乡村公共服务时，不能及时地将具有公共服务供给资质的全部社会组织的相关信息公之于众，因而限制了农民对社会组织的自由选择权，甚至只能被动听命于政府的安排。其次，政府对社会组织需要承担的责任和义务无法以简便易懂的方式告知农民，这样农民对社会组织供给乡村公共服务就不能形成系统化的监督与评估。举例来说，在"村村通"道路硬化项目实施过程中，政府在决定由 A 社会组织来供给这个项目时，因为没能把 A、B、C、D 等社会组织的资料和 A 社会组织脱颖而出的原因加以公开，由此将影响农民对 A 社会组织的认可度和接受度。即使农民认可并接受了 A 社会组织为其进行道路硬化，而政府又不能通过村公告栏、广播等渠道告知村民 A 社会组织需要履行的责任和义务，那么，农民作为该项目评估方和最终受益者的地位必将虚化或落空。

三是社会组织供给乡村公共服务的准入与退出机制不完善。社会组织作为乡村公共服务协同供给不可忽视的主体，在参与乡村公共服务供给时，建立并完善准入与退出机制至关重要，否则，将降低社会组织参与供给乡村公共服务的积极性、竞争性和有效性。目前，我国对社会组织供给乡村公共服务的准入与退出机制建设重视不够，相关法律规制也严重缺乏。首先，社会组织供给乡村公共服务的准入机制不完善。社会组织供给乡村公共服务若要取得较好成效，首要一步就是要对社会组织的合法资格进行认定。但是，社会组织的合法资格认定与其成功参与供给乡村公共服务并不等同，这也就是说，一个被认定合法的社会组织并不一定能有效地供给乡村公共服务。这种区别从一个侧面体现出我国对社会组织供给乡村公共服务的准入机制缺乏规制，进而使大批本无资质和能力的社会组织进入乡村公共服务供给体系之后，不仅无助于提高乡村公共服务供给的规模和质量，反而会损坏社会组织的公信力、美誉度和良性发展。比如，村民出于自娱自乐目的而成立的一些村级文娱组织，虽可能在社会组织合法性判定中获取合法资格，但是由于其规模较小、经费短缺、组织涣散、缺乏固定的活动场所和活动内容等原因，未必能够有效地参与到乡村公共文化服务供给中去。这样，该文娱组织自然难以获得村民的好评。其次，在社会组织供给乡村公共服务的退出机制方面。社会组织取得合法资格并参与到乡村公共服务供给之后，自然应该加强对社会组织供给行为的监督与评估，最终以社会组织供给公共服务的质量、效率以及农民的满意度为主要标准，来评定社会组织是否可以继续参与供给乡村公共服务。然而，如前所述，由于受当下制度环境的制约，对社会组织的监督评估存在主体单一化、方式机械化、指标和标准模糊化以及缺乏独立的第三方监督评估机构等缺陷，加之相关政府和某些社会组织早已达成某种情感上的默契与利益上的勾联，使得某些社会组织即便难以胜任或低效、劣质地供给了乡村公共服务，也得不到及时的惩处并退出乡村公共服务供给体系，从而致使该体系呈现鱼龙混杂的低效状态。

4. 乡村公共服务协同供给法律治理的机制构建

综上，我国目前在政府购买乡村公共服务以及社会组织协同供给乡村公共服务等方面的法律规制较为匮乏，这就从源头上阻碍了乡村公共服务协同供给的法治化。因此，我们应着眼于乡村社会治理现代化的社会背景及其现实需求，构建以党委、政府、村（居）委会与其他社会组织、农民与私人部门等多方协同合作为基础，以农民利益需求为导向，以农民公共利益最大化为目标的乡村公共服务协同供给的法律治理机制。

第一，党委：人民本位的依法执政。

促进农民的公共利益最大化，是乡村公共服务协同供给法律治理的最终目的。作为各级党委，在领导乡村公共服务建设工作中，应该切实以农民利益为本位，真正做到依法执政，这集中体现在协调立法、带头守法两个方面。

首先，党委应该重视和推动协调立法工作。重视立法体现在乡村公共服务协同供给层面，就是要以农民的合理利益需求为导向，带头研究如何在乡村公共服务协同供给中进一步加强法律治理。一方面，要重视对现行相关法规的修改完善。根据时代发展和农民需求的不断变化，及时修正原有法律体系中的不足与缺陷，充实《政府采购法》和《政府信息公开条例》等法规内容，使其更加具体详细、具有可操作性。同时，加快推进政府购买公共服务与社会组织参与乡村公共服务等方面的立法工作，依法规制政府以及社会组织的各种行为，引导它们在法律的界限内尽力为乡村提供公共服务。另一方面，党委在立法的每个环节中要加强领导与协调，使立法工作更具科学化、民主化。在立法之前，要展开广泛而深入的调查研究，准确把握农民切实需要的乡村公共服务的内容、标准等，并根据农民群众的意愿决定对某项立法的确定；在立法过程中，应邀请各个层面的代表［主要是政府相关部门工作人员、人大代表、社会组织代表、村（居）委会代表、农民代表、法律专家等］参加此项立法的听证会，对立法具体事项展开讨论；在立法的确定阶段，应选取部分乡村地区作为"试点单位"，以便对此项法律的具体实施情况进行客观的判定，防止立法偏误。

其次，党委要带头守法。党委要积极组织乡村广大党员干部深入学习党和国家关于推进国家治理、乡村公共服务建设和依法治村等方面的政策法规，认真体会其精神内质，同时组织党员干部深入乡村、走近农民，直观准确地了解乡村公共服务建设的现状以及加强乡村公共服务协同供给法治化的重要性和迫切性。在相应的法律规范制定之后，要组织协调多种渠道尽快公之于众，使县乡政府和乡村各类经济社会组织明晰自己的法律责任与义务，以此来有效规制其行为。

第二，政府：公共服务理念引领下的依法行政。

乡村公共服务协同供给的本质就是将竞争机制引入乡村公共服务供给中去，以此实现政府、社会、市场三者的互补与结合，从而最大限度地为农民提供优质的公共服务。在此过程中，政府必须在公共服务理念引领下依法行政。

首先，县乡政府在乡村公共服务协同供给中负有不可推卸的重要职责。一方面，政府不应对乡村公共服务供给不管不问，或者把供给公共服务的责任一概转移给村（居）委会或乡村社会组织，而是必须在乡村公共服务供给中发挥主导作用，特别是对那些关系乡村长远发展和农民根本利益的公共事务，必须积极面对和妥善处理。另一方面，政府在将乡村公共服务交付给企业或社会组织后，不可以成为单纯的"守夜人"，而必须加强对这些企业或社会组织的监管。也就是说，政府转移的不是对公共服务供给的责任，而只是公共服务项目，政府只是换了一种方式和角度为农民服务，它在乡村公共服务协同供给中的责任非但没有减弱，反而更应强化。

其次，政府在对社会组织的管理服务中应坚持依法行政。一是，政府应重视解决社会组织面临的身份合法性困境,尽快改革原有"双重管理体制",修改完善《社会团体登记管理条例》和《民办非企业单位登记管理暂行条例》,适当降低社会组织的公共服务准入门槛,对社会组织给予应有的信任和支持。特别是对那些能力较强、专业化程度较高、农民群众美誉度高的社会组织,应给予更多的扶持。二是,政府应依法督促社会组织加大在供给乡村公共服务中的信息公开力度,通过简便易行的方式将社会组织之所以能够供给乡村公共服务的条件、社会组织在供给乡村公共服务中的职责和义务等相关信息向社会公示。三是,政府应该以农民需求为导向、以农民满意度为准绳,制定具体可行的监督评估标准,对社会组织的行为进行依法监督和规制。如果社会组织供给乡村公共服务的效果显著、农民满意度高,政府就应该给予其相应的奖励,反之,政府则应追究该社会组织的责任,给予其应有的惩罚。

第三,村(居)委会与乡村社会组织:以农民公共需求为导向的依法自治。

村(居)委会和乡村社会组织是政府供给乡村公共服务的中间人或代理者,能够更便捷、更直接地反映农民对乡村公共服务的需求。而要充分发挥村(居)委会和乡村社会组织在乡村公共服务供给中的独特作用,必须引导它们以农民公共需求为导向实现依法自治。

首先,村(居)委会在参与乡村公共服务供给中必须依法自治。一是,村(居)委会理应减少对政府的依赖性,提高自主性。《中华人民共和国村民委员会组织法》指出:"村民委员会不是一级国家政权组织,村委会领导人员由村民直接选举产生,对村民负责,地方政府对村民委员会的工作给予指导、支持和帮助,不得干预依法属于村民自治范围内的事项。"由此,村(居)委会在乡村公共服务协同供给中要保持自主性,以自主性应对地方政府对它的"嵌入"与"行政渗透",尽可能地避免村(居)委会单纯成为上级政策下达的"传声筒",只为完成政府交代的任务而忽略了农民的真实需求。二是,大力提高村(居)委会成员进行依法自治的法律素质与能力。应该加强对村(居)委会成员的相关法律宣传与教育,引导其认真学习领会关于乡村公共服务建设方面的知识与政策。村(居)委会成员只有真正理解乡村公共服务协同供给的本质目的及其法律治理的真谛，才有可能真正实现乡村公共服务协同供给的法治化。

其次，乡村社会组织在协同供给乡村公共服务中必须依法自治。一是，乡村社会组织需要强化法治观念。为此，乡村社会组织必须做到在法律允许的范围内开展服务活动，依法制定本组织的内部规则与制度，依法积极主动地参与乡村公共服务协同供给。二是，乡村社会组织应该充分尊重农民对公共服务的现实需求。乡村社会组织应依法拓宽农民利益需求表达渠道，比如建立民意信箱、民意公示栏、民意网络论坛等，以便借助多元化渠道实现农民真实而充分的利益表达。之后，乡村社会组织需要对从这些渠道中获取的民意进行科学合理的评估，以此作为供给乡村公共服务的主要依据。

第四，农民与私人部门：基于公益理念和竞争精神的依法参与。

农民与私人部门，也是乡村公共服务供给的重要主体。对于乡村公共服务，农民与私人部门应该在公益理念和竞争精神的指引下依法参与。对农民个体而言，首先要提高法治观念与法治素养。也就是说，在乡村公共服务协同供给中，农民应积极主动地学习党和国家出台的法律法规，深入透彻地理解其内涵与本质，明确自己所应享有的权利和所应履行的义务，同时要将法的思想切实融入日常的生产生活中去，依法规范自己的言行，做一个"尊法、学法、守法、用法"的合格公民，自觉养成主动学法、遇事找法、处事靠法的良好习惯。其次，农民要依法、合情地提出对公共服务的需求。农民是乡村公共服务供给有效性的最终评判者，乡村公共服务供给正是为了保障农民的公共利益。因此，农民理应将自己的真实想法通过"民意信箱""民意网上论坛"等途径告知乡村公共服务的供给主体，或者可以直接选派代表，将自身需要迫切解决的问题面对面地反映给政府、村（居）委会等。最后，农民需要对政府和社会组织提供的公共服务进行客观及时的评价与监督，而不能迫于"上面"的压力而噤若寒蝉、只夸不批。只有这样，才可能真正提高乡村公共服务的供给实效。当然，对于那些经济实力强的乡村精英或乡村能人来说，也应增强公益观念和乡情意识，以自身的力量积极参与乡村公共服务供给。

对个人企业等私人部门而言，应努力提高自己参与乡村公共服务供给的能力与资质，尽可能为乡村公共服务的有效供给作出自己的贡献。在这里，我们着重强调私人部门的竞争性，因为私人部门独有的竞争性将会充分激活和调动各个层面主体参与乡村公共服务的积极性，这必然会进一步加剧乡村公共服务供给领域的竞争，而在法律框架下的良性竞争将会使乡村公共服务协同供给达到最优效果。此外，私人部门要在法律允许的范围内，对政府公共服务外包项目加以充分全面的理解与领会，在参与乡村公共服务协同供给中真正做到以农民需求为导向、以农民满意度为准绳。

综上，在包括乡村公共服务供给在内的乡村社会事务治理中，法治的作用是极为重要、不可缺失的。当然，重视法治对于乡村社会治理的根本保障作用，并不意味着道德教化是可有可无的。有学者指出："在社会公共生活的自治领域，'法'的规范作用并不是万能的，相反，传统道德教化与文化价值则更多地发挥了规范社会行为、调节社会关系、减少社会问题和化解社会矛盾的积极作用。"[①] 之所以要重视道德教化在社会治理中的作用，是因为社会治理是建立在广泛的社会认同基础上的，而社会认同的建立与积累，绝非单纯的法律制度所能奏效，道德教化才是社会认同赖以建立的更深厚的根基和更持久的动力。

三　马克思道德作用观视域下乡村社会的道德治理

（一）马克思的道德作用观

道德是维持人们共同生活的言行规范与准则。马克思道德观是马克思关于道德的起源、特征与作用的理论，是马克思主义理论的重要组成部分。其中，马克思道德作用观作为马克思道德观的重要内容，是马克思关于道德作用的理论观点。在马克思时代，主要存在着资产阶级道德

[①] 杨宜勇、曾志敏：《社会治理现代化的政策设计：着眼"十三五"》，《改革》2016年第8期。

和无产阶级道德两种不同类型的道德，但马克思认为只有无产阶级道德才能真正起到促进社会进步和人类解放的作用。

1. 马克思时代的两种不同道德

第一，资产阶级道德：剥削无产阶级的遮羞布。在资本主义社会，生产资料归私人所有，社会日益分裂为资产阶级和无产阶级两大对立阶级。随着生产的发展和资本的集中，一方面是掌握着巨量生产资料的资产阶级的财富的不断增加，另一方面是在生产资料占有方面占绝对劣势的无产阶级的贫困的不断积累。社会贫富差距的逐渐拉大，使得资本主义唯利是图、企图用包括道德在内的各种手段来剥削压榨工人以获取剩余价值的本性暴露无遗。虽然马克思充分肯定了资产阶级及其道德在战胜封建制度、发展社会生产力等方面起到的历史进步作用，认为资产阶级道德是比封建道德更为先进的一种道德，但它终究不过是封建制度倒台后的另一个剥削阶级进行阶级统治的思想工具，它所宣扬的普世道德不过是以形式上的自由平等博爱来掩盖实质上的不自由不平等不博爱。"资产阶级撕下了罩在家庭关系上的温情脉脉的面纱，把这种关系变成了纯粹的金钱关系"①，资本主义的私有制和道德的阶级性决定了资产阶级道德只能是资产阶级剥削无产阶级、获取剩余价值的遮羞布，是资产阶级用来对民众进行精神控制的武器。

第二，无产阶级道德：真正为了人的道德。资本主义剥削的本质以及资产阶级道德的欺骗性和虚伪性，使无产阶级逐渐意识到只有用暴力推翻资产阶级的统治、建立无产阶级专政，才能实现自身的解放并在此基础上实现全人类的解放。而无产阶级道德观念的形成，则为实现这一目标提供了必要的精神支撑。但无产阶级道德不同于资产阶级的伪道德，"工人比起资产阶级来，说的是另一种方言，有不同的思想和观念，不同的习俗和道德原则"②。无产阶级道德是基于无产阶级立场、为了广大劳动人民的幸福而存在的道德，正如列宁所言，它"是为人

---

① 《马克思恩格斯选集》第1卷，人民出版社2012年版，第403页。
② 《马克思恩格斯文集》第1卷，人民出版社2009年版，第437—438页。

类社会上升到更高的水平,为人类社会摆脱对劳动的剥削服务的"①,它把绝大多数人的利益当作自己行动的出发点和目标,旨在实现人的自由而全面的发展。因此,无产阶级道德是真正为了人的道德。也正是在这个意义上,马克思充分肯定了无产阶级道德的现实合理性与存在长久性,认为"现在代表着现状的变革、代表着未来的那种道德,即无产阶级道德,肯定拥有最多的能够长久保持的因素"②。

2. 无产阶级道德对社会发展的促进作用

马克思认为,不论是无产阶级道德还是资产阶级道德,都属于社会的意识形态或思想上层建筑,均由一定的经济基础所决定并作用于经济基础和其他意识形态,从而对整个社会的发展产生作用。不过,资产阶级道德尽管起过进步的历史作用,但其本质上是资产阶级的剥削工具。只有建立在公有制基础之上、真正为了绝大多数人的无产阶级道德,才能真正发挥出对人类社会发展的促进作用。这一促进作用主要体现在两个方面,即阶级斗争功能与阶级和谐功能。

第一,阶级斗争功能。马克思认为,道德是阶级斗争的工具,具有阶级斗争的功能。无产阶级道德的阶级斗争功能,是指通过对无产阶级进行道德感召和道德教化,使无产阶级以阶级斗争的方式反抗资产阶级统治、用无产阶级新道德取代资产阶级旧道德并最终实现共产主义的功能。马克思这样论述道德的阶级性及其阶级斗争功能:"社会直到现在是在阶级对立中运动的,所以道德始终是阶级的道德","我们还没有越出阶级的道德。只有在不仅消灭了阶级对立,而且在实际生活中也忘却了这种对立的社会发展阶段上,超越阶级对立和超越对这种对立的回忆的、真正人的道德才成为可能。"③ 具体来说,作为统治阶级的资产阶级为维护其阶级利益、巩固阶级统治,利用各种道德规范和原则等规制人们的言行,要求被统治阶级必须在资产阶级的道德框架下生活与工作,并不惜用暴力手段去打击一切不合道德的、"出格"的言论和行

---

① 《列宁全集》第39卷,人民出版社1986年版,第306页。
② 《马克思恩格斯选集》第3卷,人民出版社2012年版,第470页。
③ 《马克思恩格斯选集》第3卷,人民出版社2012年版,第471页。

为；作为被统治阶级的无产阶级则为了争取自身的生存空间和发展利益，不得不运用本阶级道德号召全世界无产者团结起来推翻资产阶级统治。无产阶级正是通过发挥道德的阶级斗争功能，来为新社会制度的建立准备条件。马克思在批判资产阶级所宣扬的普世道德时指出："财产的任何一种社会形式都有各自的'道德'与之相适应，而那种使财产成为劳动之属性的社会财产形式，决不会制造个人的'道德限制'，而会将个人的'道德'从阶级束缚下解放出来。"① 因此，无产阶级要推翻资产阶级旧道德、建立属于本阶级的新道德，必须推翻资产阶级道德赖以存在的经济基础特别是其从属的财产关系，而这也只能通过阶级斗争来逐步实现。

　　第二，阶级和谐功能。无产阶级道德的阶级和谐功能体现在两个方面。首先，对于敌对阶级来说，无产阶级道德可以影响和感召敌对的资产阶级，改变资本主义社会里"强者的胜利就是道德"② 的标准，使道德成为真正复归于人的道德。比如，当无产阶级建立了政权、确立了新的社会经济政治制度以及社会道德之后，为了使新社会能够正常运行，就需要用无产阶级的道德要求对曾经的敌对阶级即资产阶级进行规制与改造，使其在不危害社会秩序和国计民生的前提下存在与发展，从而使之逐步符合新社会的道德要求，进而发挥出一定程度的阶级和谐功能。其次，对于本阶级而言，无产阶级道德亦可以通过共同的道德标准来规范本阶级成员的言行、调节人们之间的关系、化解阶级内部的矛盾，从而实现本阶级内部的和谐共荣。

　　无产阶级道德的以上功能，归根结底属于上层建筑对经济基础的反作用。马克思指出："人们自觉地或不自觉地，归根到底总是从他们阶级地位所依据的实际关系中——从他们进行生产和交换的经济关系中，获得自己的伦理观念。"③ 道德作为思想上层建筑，由经济基础决定，同时又对它具有能动的反作用。相对于经济基础而言，道德具有相对独

---

① 《马克思恩格斯选集》第3卷，人民出版社2012年版，第160页。
② 宋希仁：《马克思恩格斯道德哲学研究》，中国社会科学出版社2012年版，第254页。
③ 《马克思恩格斯文集》第9卷，人民出版社2009年版，第99页。

立性，它以其特有的评价标准，通过舆论、信仰、习惯等方式来规范人们的言行，从而对经济基础产生反作用。当然，道德对经济基础的反作用具有两面性，即道德对经济基础的反作用既可以是积极的，也可以是消极的。当新的经济基础产生、新的经济政治制度业已确立，那么，随着新经济基础出现而产生的新道德便会以其特有的方式对社会历史发展起到积极的推动作用；相反，新经济基础和新道德产生之初，旧道德总是力图扼杀和埋葬新道德，对社会历史发展起消极的阻碍作用。但从根本上来说，道德作为一种意识形态，只有与先进生产力的发展相适应、与社会历史发展方向相一致时，才会发挥出推动社会历史发展的功能。由于无产阶级道德符合了社会化大生产的要求、顺应了人类社会发展的方向、合乎了广大劳动人民即社会大多数人的根本利益，因而能真正起到促进社会发展、使道德真正复归于人的积极作用。

（二）乡村社会的道德治理：以高额彩礼治理为个案的分析

马克思的道德作用观启示我们，道德作为上层建筑、意识形态，不管人们承认与否，它对经济基础、社会存在都会产生影响和发挥作用，尽管这种影响和作用有性质上的差异和程度上的大小。在推动国家治理与社会发展的过程中，绝不应忽视道德的作用。习近平总书记强调：法安天下，德润人心；国无德不兴，人无德不立。道德是文化因素中最具影响力、感染力和引导力的成分，是实现国之安定、人之美善的利器。正如孟德斯鸠所言："美德不复存在时，野心便侵入能够接受它的那些人的心中，贪婪则渗入所有人的心中。"[1] 道德作为人们的心中之法，是与人民群众血肉相连的一套价值体系，其对人们言行的规范和导向作用有时比成文法的效力更高，尤其在人情观念深厚的乡村社会表现更甚。因此，在乡村社会治理中，需要高度重视道德这一手段的作用，实现对乡村社会的道德治理即德治。在乡村社会治理中借助德治之力，充分发挥道德的规范和引领作用，不仅是以德治国的现实需要，也是承继礼治社会优良传统的历史必然。德治就是从中华优秀文化中提取能够用

---

[1] ［法］孟德斯鸠：《论法的精神》全2卷，许明龙译，商务印书馆2017年版，第32页。

于社会治理的道德元素,以道德教化、价值引导助力社会治理现代化的实现。自治和法治也只有通过德治来体现和引导,才能有效破解在乡村社会治理中法律手段太硬、说服教育太软、行政措施太难等长期存在的难题。① 以德治净风气、正言行、解矛盾,乡村社会治理的要求也才能真正在广大农民中内化于心、外显于行。

1. 道德治理释义

"道德治理"是由"治理"衍生出来的一个概念,并在2011年党的十七届六中全会提出"开展道德领域突出问题专项教育和治理"的要求之后快速进入国内学者的研究视野。近十年来,虽然政治学、管理学、哲学、社会学等领域的学者对道德治理从不同维度展开了研究,但对其确切含义,学术界至今尚未完全达成共识。一般认为,道德治理有两个层面的基本含义:第一,道德治理是运用道德手段去治理社会各个领域中存在的突出问题(不限于道德问题),道德是治理的手段,强调的是"以道德进行治理",可称之为"德治",这是对道德治理的"工具性解释";第二,道德治理是运用多种手段(包括道德手段)去治理道德领域中存在的问题,道德是治理的对象,强调的是"对道德进行治理",可称之为"治德",这是对道德治理的"对象性解释"。② 依笔者之见,如果按照以上两种定义方式,对道德治理还可以有一种较为狭义的理解,即运用道德手段去治理道德领域中存在的问题,道德既是治理手段又是治理对象,强调的是"以道德治理道德",可称之为"以德治德",这是对道德治理的"融合性解释"。笔者以下从第一层含义上理解道德治理,因为"随着社会治理事务的日益复杂,道德治理作为社会治理的方式之一,其功能已不止于处理道德领域的问题,而是已经延伸到社会治理的各个领域"③。对于道德治理的这一含义,可以从"谁来治""怎么治""为何治"三个维度加以具体把握。

第一,道德治理的主体具有多元性,这回答的是"谁来治"的问

---

① 陈文胜:《以"三治"完善乡村治理》,《农村工作通讯》2018年第5期。
② 李萍、童建军:《德性法理学视野下的道德治理》,《哲学研究》2014年第8期。
③ 郭夏娟、秦晓敏:《"三治一体"中的道德治理——作为道德协商主体的乡贤参事会》,《浙江社会科学》2018年第12期。

第四章 马克思历史发展动力理论视域下的乡村社会治理方式复合化 | 229

题。道德治理主体的多元性，决定于道德治理客体的多样性和复杂性。道德治理客体是社会各领域中存在的突出问题，这些问题纷繁复杂、极具不确定性，这就决定了任何单一主体都无法独立治理，因而必须求助于多元治理主体，包括执政党、政府、社会组织、基层社区及公民个人等。这些主体不是割裂的、孤立的个体，而是具有密切关联、协商共治的合作关系，并各自在特定领域内发挥作用。其中，执政党和政府是道德治理的第一主体，在道德治理中担任着"元治理"的角色，发挥着重要的领导和指导作用。社会组织、基层社区及公民个人等主体作为执政党和政府的必要而有益的补充，在道德治理中的作用亦不可或缺。

第二，道德治理的手段具有复合性，这回答的是"怎么治"的问题。如上所述，道德治理是指社会多元主体运用道德手段去治理社会问题，而道德手段具体包括道德规制、道德教育、道德舆论、道德示范、道德赏罚等。道德规制是指基于某种道德目的而制定相应的道德规范，并引导和要求公众加以遵循，从而约束公众的行为。道德教育是指用优良道德传统和道德规范来教化人、鼓舞人，通过教育使公众将道德内化于心、外化于行。道德舆论是指发挥道德的监督评价作用，通过公众的言论对行为主体的具体行为进行善恶评价，进而促使行为主体自觉规范自身行为。道德示范是指从公众的道德实践活动中发现道德模范和良善事例，并加以宣传、标榜，用以鼓舞和引导他人抑恶扬善。道德赏罚是指通过奖励道德行为（即"善"）、惩罚不道德行为（即"恶"）而对公众行为加以正确引导，其中的奖励方式是予以相应的利益回报，包括金钱、实物等物质利益回报和表扬、赞美等精神利益回报。在道德治理过程中，这些手段表现出明显的复合性，即各种手段是相互渗透、互为补充、共同发力的，唯有综合运用多种手段，才能实现道德治理效度最大化。相反，假如在道德治理中孤立使用某一种道德手段，则往往难以奏效。此外，虽然道德手段从本质上看都属于对人们的软性约束，但并不排斥将之上升为法律手段、实现道德手段的法制化，使之具有刚性约束和强制性效力，并与其他法律手段结合使用。当然，以上手段之所以能成为真正的道德手段，前提是确保其自身的正当性，"手段的正当性意味着行为主体为完成道德目的所采取的方式和方法的道德性，即具体方法和策略是善的、符合道德要求的"①。

第三,道德治理的目标具有层级性,这回答的是"为何治"的问题。是否从事有目的的实践活动,是人与动物的根本区别。"目的在人的社会实践过程中产生,它以现实的客观世界为前提,但它又表现为对客观世界中某些现实的不满足,因而要求改变这些现实。"② 道德治理作为一项实践活动,它的产生缘于人们对某些社会问题的不满,但社会问题的复杂性和差异性决定了道德治理目标不可能"整齐划一",而必然表现出层级性的特征。它至少包括两个层面,即总体目标(社会目标)和具体目标(个人目标):前者指的是通过道德手段解决社会各领域存在的问题,进而提升社会道德水平,促进社会和谐健康发展;后者指的是通过道德手段的运用,增强个人的道德意识、培育个人的道德良心、规范个人的道德行为、提高个人的道德境界,进而实现个人的全面发展和人生幸福。这两个层面的目标是紧密相连、相辅相成的,前者以后者为基础并优化后者的环境,后者以前者为引领并助推前者的实现。

2. 高额彩礼及其治理缘由

理论研究和经验事实均已表明,道德治理在乡村社会治理中的作用是确定无疑的。以下,以乡村社会中广泛存在的高额彩礼问题为例,对道德治理的实施理据与作用路径进行具体分析。

彩礼,又称聘金、聘礼,表现为男方在婚约初步达成时向女方赠送的钱财和实物。在我国,彩礼起源甚早,可上推至远古氏族时期,其时即有"伏羲氏制嫁娶,以俪皮为礼"之说。作为植根于中国传统文化中的一种约定俗成的社会惯习,彩礼是一种合乎礼的规范,且对男女双方当事人特别是女方具有较强的行为约束力。早在西周时期,彩礼就被确立为婚姻达成的必备条件,而唐代时期在《唐律》中对此也有明确规定:"诸许嫁女,已报婚书及有私约,而辄悔者,杖六十。虽无许婚之书,但受聘财亦是。"即是说,只要收受聘礼,即为达成婚约,并具

---

① 周辉、卢黎歌:《新时代道德治理的理论定位与实现探究》,《理论导刊》2019年第9期。

② 李淮春:《马克思主义哲学全书》,中国人民大学出版社1996年版,第467页。

第四章　马克思历史发展动力理论视域下的乡村社会治理方式复合化

有法律效力，若违背则应受惩罚。关于彩礼规定的这种基本精神，在此后的历史发展中沿传甚久。及至民国时期，《中华民国民法》亦规定"订婚或结婚须有媒妁之婚书或收受聘财方为合法有效"[①]。

中华人民共和国成立以来，彩礼习俗依然存在，而在乡村地区更是根深蒂固、广为流行。彩礼作为植根于中国传统文化并具有深厚影响力的婚姻习俗，是婚姻缔结过程中的一个重要乃至必要因素，其在当今乡村社会中的存在本也无可厚非。但是改革开放以来，随着乡村经济的日益发展和农民收入水平的不断提高，彩礼数额在广大乡村呈现水涨船高、日益攀升之势。特别是近年来，彩礼被浸染了太多的"金钱味""铜臭气"，高额彩礼甚至"天价彩礼"在城乡地区频频出现。各类媒体上屡见不鲜的关于高额彩礼的消息报道、网上广泛流传的"2013版"和"2017版"两张全国彩礼地图，以及2017年央视播出的《"天价彩礼"政府怎么管》系列专题节目，着实刷新和冲击着人们对彩礼的认知，也引发了社会各界对乡村高额彩礼所致后果的担忧以及对其治理路径的讨论。

所谓高额彩礼，是指彩礼的名目繁多、价格高昂，大大超过了男方的经济承载力，从而使彩礼的经济价值意义远远超过其婚姻纪念意义。其具体表现有如下两个方面。

第一，彩礼的硬性要求多，价格高。

在当今乡村社会中，对彩礼的硬性要求颇多，概括起来主要有两大类：首先是礼金。礼金主要包括以下几个方面：一是见面礼金，又称"见面礼"，是男女双方首次见面时由男方给予女方的现金，以示爱慕与友好。二是订婚礼金，是正式确定婚姻关系时男方给予女方的现金，以示不会轻易悔婚。三是结婚礼金，是男方给予女方用来准备结婚的现金，这在礼金中占比最高。四是购物礼金，用于女方购买衣服、首饰、化妆品、手机等。从礼金的具体数额来看，虽然不同乡村地区不尽相同，但有的地区确实高得惊人。比如，在山东、河南两省的多数乡村地区，流传着"万里挑一"（1.1万元）、"万里挑妻"（1.7万元）、"三

[①] 李洪祥：《彩礼返还之规定的社会性别分析》，《法学杂志》2005年第2期。

家一起发"（3.18万元）、"三三不断"（三斤三两百元大钞，约15万元）、"六六大顺"（6.6万元）、"九九归一"（9.9万元）、"十全十美"（10万元）、"万紫千红一片绿"（约15万元）等说法，有时单是结婚礼金就在10万元以上。据某机构对8000多名河南省网民的问卷调查结果，35.29%的受访者家乡彩礼金额在5万—10万元，32.86%的在10万—20万元，8.94%的超过20万元。① 另据调查，甘肃省华池县的彩礼金额一般在10万—15万元之间，而江西省安义县某普通家庭竟被索要68.8万元彩礼，其数额之高令人咂舌。②

其次是财物。男方给予女方的财物，早已不是20世纪七八十年代的"三转一响"（自行车、缝纫机、手表和收音机），也不拘泥于20世纪90年代就开始流行的"三金"（金项链、金戒指、金耳环）及家用电器，而是进一步扩容为"一动不动"，即轿车和婚房。轿车的价格在几万元到十几万元不等，比婚房的价格略低。在很多乡村地区，女方对婚房的要求已不是坐落于乡村的宽敞高大的砖瓦房，而是升级为县城楼房。在县城购买楼房，至少要耗资十几万元到几十万元，而购房款大多是由男方单独支付，或者男方付首付、剩余贷款由男女双方共同承担。在婚房内，当然少不了购置一新的家具、家用电器等生活物品。至于"三金"首饰（有些地方已经开始流行"五金"，即金项链、金戒指、金耳环、金手镯、金脚链），有的乡村地区甚至对其克数有着严格要求。一整套首饰购买下来，往往需要花费上万元。比如，河南省商水县的刘某曾被索要价值1.3万元的"三金"，安徽省亳州市谯城区的刘某被索要价值2.5万元的"三金"。③

在多数乡村地区，以上这些礼金和财物都属于"标配"，是彩礼中不可或缺的硬性要求。这些价格不菲的彩礼，对于高收入家庭来说或许并不沉重，但对于普通农民家庭而言，则远远超过了其经济承受力和支

---

① 杨旭东：《新时期农村移风易俗的历史观照与现实思考》，《中州学刊》2019年第11期。

② 田珊檑：《向"天价彩礼、低俗婚闹"不正之风说不！》，《中国妇女报》2018年12月4日第4版。

③ 李晓磊：《"天价彩礼"之困》，《法治与社会》2020年第2期。

付力。比如，甘肃省环县人均可支配年收入约 7088 元，彩礼则高达十几万元。该县木钵镇李某年收入 3 万元，所要支付的彩礼高达 20 万元。① 另据甘肃省陇东地区一位基层工作者提供的数据，该地区彩礼与农民年均收入的比例已畸高至 35∶1。②

第二，彩礼的衍生要求多，价格高。

乡村彩礼除了上述礼金和财物等硬性要求，衍生要求更是纷繁复杂，主要是指为完成所谓的"高质量"婚礼流程而产生的、均由男方支付的各种活动费用：首先，婚纱照和婚庆费用。拍婚纱照是结婚的必要流程之一，其费用一般为几千元乃至上万元。此外，为了所谓的面子和排场，男方往往选择由婚庆公司负责婚礼事宜，婚庆服务包含由婚庆公司提供的化妆、司仪、摄影等服务。据笔者对山东、河南等地乡村的调查，普通家庭的婚庆服务开销在 1.5 万元左右。其次，婚宴费用。婚宴在乡村地区尤为重要，是婚姻得到大众认可的一种必经程序，不同乡村地区婚宴的规模及其价格有所不同，往往取决于婚礼当天的人数和当事人的心理。比如，江西省鹰潭市鸿塘镇某村许某的婚宴标准为 3000元/桌，远远超过了普通婚宴的标准。③ 这些价格不菲的单桌婚宴往往需要订购十几桌甚至几十桌，再加上布置婚宴所需的场地费，一场婚宴需要耗资十几万元乃至几十万元。据调查，江浙一带的乡村地区婚宴花费近 30 万元。④ 最后，婚礼流程中的所谓"彩头"，大致包括五个方面：一是"开门红"，即男方到女方家接亲时给予女方亲属的红包；二是下车礼，即女方在下婚车之前男方给予女方的红包；三是压车钱，压车人多由新娘直系亲属家的弟弟或者妹妹担当，新郎只有给予红包，压车人才会下婚车；四是改口费，是指婚礼当天新娘称公婆为"爸妈"后所得到的红包；五是"沾喜气"，即在婚礼当天男方给参加婚礼的女方亲戚及伴郎伴娘的红包。在不同乡村地区，这些红包的具体数额也不

---

① 李木元：《人均收入 7000 彩礼却要二三十万》，《人民政协报》2017 年 5 月 22 日第 6 版。
② 赵安之：《法治缺席下乡村彩礼之怪现状》，《中国乡村发现》2017 年第 4 期。
③ 耿学清：《江西鹰潭部分农村婚恋生态调查》，《中国青年报》2019 年 5 月 31 日第 8 版。
④ 《拼爹让普通家庭备感压力》，《人民日报》2015 年 2 月 17 日第 20 版。

尽相同，少则几百，多则上千，但因支付项目多、支付对象众，因而在婚礼当天也成为一项高额花费。

彩礼本是一种正常的传统习俗，承载着重要的文化意义和人们对婚姻的美好期许。然而，高额彩礼湮没了彩礼的性质与本相，已经成为农民沉重的经济负担和心理负担，它不仅会扭曲青年农民的婚恋观、价值观与家庭观，导致代际剥削、家庭不和睦与婚姻破裂，扰乱乡村道德秩序，阻碍乡风文明建设，而且会造成"辛辛苦苦几十年，一婚回到贫困线"的因婚致贫、因婚返贫问题，甚至可能引发一些人身伤亡事件和骗婚、拐卖妇女等违法犯罪行为。这样的恶性事件，近年来屡见报端：2015年3月，四川省峨边彝族自治县新林镇严某某与邛莫某某因婚约纠纷导致两个家庭间的斗殴，当场造成3人死亡、4人重伤；2015年11月，河南省灵宝市东关村村民李某因与女方家人商议彩礼事宜产生意见分歧，遂当场刺伤女方母亲，致其重伤而亡；2018年5月，山东省郯城县李庄镇一对情侣因不堪高额彩礼而双双服药自尽。另外，乡村社会中还存在不少因无法支付高额彩礼而"娶不起"的男性，这些"被光棍"的男性逐渐被婚姻市场淘汰，极易成为乡村社会治安的隐患。总之，高额彩礼对农民来说是难言的苦果与压力，对乡村社会来说是有损文明和谐的痼疾，因而必须予以坚决治理。

对乡村高额彩礼予以坚决治理，不仅具有充分的实践依据，也具有确凿的政策依据。2016年国家卫生计生委、民政部等11个部委联合下发的《关于"十三五"期间深入推进婚育新风进万家活动的意见》中指出，要"倡导婚事简办，反对包办婚姻、违法早婚、大操大办和借婚姻索取财物"。2017年"中央一号文件"也强调："引导群众抵制婚丧嫁娶大操大办、人情债等陈规陋习。"此后，民政部将2018年定位于"全面推进婚俗改革年"，要求坚决整治天价彩礼、奢侈浪费、大操大办等突出问题。习近平总书记在2018年中央农村工作会议上明确要求，必须抵制"天价彩礼"，构建文明乡风，这是党中央最高层首次就高额彩礼问题作出明确表态。时隔一年，2019年"中央一号文件"又明确要求"对婚丧陋习、天价彩礼、孝道式微、老无所养等不良社会风气进行治理"，这是中华人民共和国成立以来首次在"中央一号文件"中点明"天价彩礼"问题，这既反映了乡村高额彩礼问题的严重性，也表明了党和国家治理高额彩礼的信心和决心。同年6月，中共中央办公厅、国务院办公厅印发的《关于加强和改进乡村治理的指导意见》中再次提出，必须"整治农村婚丧大操大办、高额彩礼、铺张浪费、厚葬薄养等不良习俗"。近几年中央对高额彩礼问题的密切关注和明确要求，为治理高额彩礼提供了确凿的政策依据。

3. 高额彩礼道德治理的现实理据

对乡村高额彩礼问题应通过何种方式予以治理呢？在全面推进依法治国、法治思维日益深入人心的情势下，无疑应将高额彩礼问题纳入法治轨道。事实上，高额彩礼并非缺失法律约束的"无疆野马"，对乡村高额彩礼的治理也并非"无法可依"。我国现行的《婚姻法》明确规定："禁止包办、买卖婚姻和其他干涉婚姻自由的行为。禁止借婚姻索取财物。"《最高人民法院关于适用〈中华人民共和国婚姻法〉若干问题的解释（二）》之第十条亦规定："当事人请求返还按照习俗给付的彩礼的，如果查明属于以下情形，人民法院应当予以支持：（一）双方未办理结婚登记手续的；（二）双方办理结婚登记手续但确未共同生活的；（三）婚前给付并导致给付人生活困难的。适用前款第（二）、（三）项的规定，应当以双方离婚为条件。"[1] 可见，关于彩礼给付与彩礼纠纷问题，现行法律是有明确规定的，索要和收受高额彩礼确实有违《婚姻法》之精神。但毋庸讳言，按照现行的法律制度对乡村高额彩礼予以治理，则往往是低效乃至无效的，很大程度上陷入"法治失灵"的窘境之中。究其原因，主要在于两个方面。

第一，客观上，法律法规本身尚不完善。现行法律虽然对彩礼问题作出了原则性规定，但对"借婚姻索取财物"的内涵和外延并未予以具体解释，对彩礼的具体金额没有也不可能划定一个确切的量值和区间，因此在法律执行时难以对何种彩礼为"高额彩礼"进行准确裁定，从而导致对高额彩礼的治理缺乏具体而明确的法律依据。况且，对于由

---

[1] 《最高人民法院关于适用〈中华人民共和国婚姻法〉若干问题的解释（二）》，《人民法院报》2017年3月1日第3版。

法律规定彩礼金额的必要性与可行性，目前官方和民间都仍然存在很大争议。一般而言，从立法原则的角度来看，彩礼作为民法意义上婚姻双方进行契约约定的凭据，其商定与给付是平等民事主体之间的民事行为，只要不违反现有的法律规定，行政立法就无权干涉，因而也就不存在予以"法治"的必要和可能。而从事实层面来看，高额彩礼未必都是"借婚姻索取财物"或"买卖婚姻"的结果，而往往是涉婚男女双方家庭自愿协商的产物。在此情况下，对高额彩礼的违法性难以作出准确评判，自然也就谈不上予以依法治理。总之，在现有的法律制度框架下，对乡村高额彩礼主要通过"法治"是不现实的，除非因高额彩礼引发民事纠纷乃至刑事案件时，才能予以"马后炮式"的依法治理和司法介入，但这些民事纠纷、刑事案件作为衍生问题显然已经超出了高额彩礼问题本身，且这种治理明显有悖于"防患于未然"的前瞻性、源头性治理之要求。

第二，主观上，农民法治意识尚待增强。要根除乡村高额彩礼，关键和基础在于农民自身要意识到高额彩礼的非法性乃至违法性，进而对高额彩礼做到心理上的自觉排斥和行动上的坚决抵制。然而事实情况是，目前多数人特别是广大农民对《婚姻法》中的"禁止借婚姻索取财物"之规定并不知晓。据2016年《法制日报》开展的线下与线上调查显示，仅有8.66%的受访者听说过该规定。面对如此之低的民众法律意识，对乡村高额彩礼的法治难度可想而知。在多数农民看来，男大当婚女大当嫁、婚嫁时支付彩礼，这是自古以来的风俗习惯，也是家庭内部的私人事务，是对女方父母辛苦抚养女儿的必要回报，是合情、合理、合法的，怎可轻易改变和弃之不顾？彩礼再高，但如果"两厢情愿"，或者"一个愿打一个愿挨"，又与外人和法律何干？岂能被外界干涉和依法治理？这种观念，不仅存在于农民身上，而且在全国城乡地区都具有很强的社会普遍性，这就大大弱化了当前对乡村高额彩礼予以法治的群众基础和社会氛围。

综上，彩礼本身并不违法，关键是金额多少。然而，至于彩礼金额多少为宜，确实是一个难以通过法律加以界定的棘手问题，因为对于处在不同地区的具有不同经济实力和思维习惯的不同人群来说，即便对于同一数额的彩礼，其认同度和承受度也会有所差异，甚至大相径庭。在一个经济贫困地区被人们视为"高额"的彩礼，在另一个经济发达地区可能被视为"非高额"甚至"低额"。假如从法律上完全禁止彩礼，或者"一刀切"式地法定彩礼金额，则有违传统民俗与社会民意，最终很可能落得"出力不讨好"的结局。因此，治理乡村高额彩礼问题，刚性的法律规范和法治思维固然重要，但还需配之以柔性的道德约束和移风易俗。在目前完善相关法律法规、增强农民法治意识尚需时日的现实情况下，对于乡村高额彩礼，既不能因"法治失灵"而任其存在和泛滥，也不能坐等法律手段的完善而只待来日治理，而必须尽早尽快诉诸道德治理。易言之，乡村高额彩礼本质上并不是法律层面的问题，在多数情况下因其不具有违法性而陷入"法治失灵"的窘境，因而有必要诉诸道德治理。道德治理是弥补"法治失灵"缺憾的必然之举，是对"法治"的一种有效的改进方案，完全可与"法治"珠联璧合、相得益彰。无数事实证明，道德治理作为一种有效的治理方式，对于解决社会问题、调适社会关系、维护社会秩序具有重要作用，同样适用于对乡村高额彩礼的治理。

其实，近年来党和国家层面已经充分认识到对高额彩礼在内的乡村不良习俗予以道德治理的必要性和紧迫性。如上所述，近年来的"中央一号文件"和中共中央办公厅、国务院办公厅、民政部等下发的相关文件，都提出了治理乡村高额彩礼（天价彩礼）的要求。这些文件要求，虽然没有明确应具体通过何种方式治理高额彩礼，但道德治理无疑是一个重要选项，这样说的理由是：党的十八届三中全会首次提出"推进国家治理体系和治理能力现代化"[1]，其中，道德治理是国家治理体系的重要组成部分；党的十八届四中全会强调，实现全面推进依法治国总目标必须遵循的一个基本原则是"坚持依法治国和以德治国相结合"[2]，由此可见道德治理在国家治理中的重要地位；习近平总书记也

---

[1] 《习近平谈治国理政》第1卷，外文出版社2018年版，第90页。
[2] 中共中央文献研究室：《十八大以来重要文献选编》中，中央文献出版社2016年版，第159页。

明确提出:"治理国家、治理社会必须一手抓法治、一手抓德治"①;党的十九大报告指出,实施乡村振兴战略,必须"健全自治、法治、德治相结合的乡村治理体系";2018年"中央一号文件"在强调"乡村振兴,治理有效是基础"的同时,提出必须"提升乡村德治水平";2019年"中央一号文件"再次强调,必须"建立健全党组织领导的自治、法治、德治相结合的领导体制和工作机制"。由上,可以看出党和国家对道德治理(即"德治")在国家治理包括乡村治理中的重要地位的肯定。高额彩礼作为乡村社会领域存在的突出问题和乡村社会治理的重要内容,无疑也应予以道德治理。易言之,党和国家对道德治理(即"德治")的倚重,为乡村高额彩礼的道德治理提供了确切的理论依据和政策依据。

4. 高额彩礼道德治理的基本路向

彩礼作为在中国延传数千年之久的传统习俗,迄今在多数农民的头脑中仍然根深蒂固。乡村高额彩礼本身虽然并不合理,并衍生出种种问题,但也不可能通过行政手段或法律手段在短期内予以清除,而应该诉诸道德治理。欲对乡村高额彩礼进行有效的道德治理,则必须发挥县乡政府、乡村基层组织和道德模范人物的作用,形成三方耦合协同机制,构建三元共治新格局。

第一,道德治理中的县乡政府负责。

坚持"党委领导、政府负责"是创新和推进社会治理必须坚持的基本原则。在道德治理的多元主体中,党委领导下的政府发挥着其他主体无可取代的主导作用。具体到乡村高额彩礼的道德治理而言,则必须坚持"县乡政府负责",确保县乡政府提高思想认识并把乡村高额彩礼治理纳入本地乡风文明建设的重要内容,履行好作为婚事新办倡导者、道德规约制定者、治理过程监督者的责任,从中充分发挥其在乡村高额彩礼道德治理中的道德规制与道德教育作用。

一是构建行之有效的乡村道德规范体系。加强公民道德建设、提高公民道德水平,一个重要前提是划定道德"红线"和"底线",以使公

---

① 《习近平谈治国理政》第2卷,外文出版社2017年版,第116页。

民知所趋附。道德规范体系是公民道德行为的"红线"和"底线",也是道德治理的重要依据。欲对乡村高额彩礼进行有效的道德治理,进而加强乡村道德建设、净化乡村社会风气,也必须构建起遵循国家关于公民道德建设总体要求、适应乡村经济社会发展现状、顺应广大农民意愿与利益需求的乡村道德规范体系,并引导和教育农民严格对标这些道德规范,做到自我约束、自我管理,认清婚嫁陋俗带来的种种危害,从而自觉抵制高额彩礼。在此基础上,县乡政府还应推动实现道德规范制度化,即在遵循中央相关会议文件精神和公民基本道德规范的前提下,从当地实际出发,出台关于移风易俗、婚事新办的指导性文件,制定出适合当地风俗习惯和经济发展水平的彩礼数额标准,以便从制度层面对高额彩礼予以约束和规制。近年来,有些省市的县乡政府已经在这方面进行了实践探索,并以政府名义出台了一些内容具体的规范性文件。据媒体报道,甘肃省庆阳市出台了《关于倡导婚俗新风加强农村婚姻管理工作的意见》等文件,规定酒席不得超过20桌、每桌不得高于300元,烟不得超过10元/盒,酒不得超过50元/瓶;河南省台前县出台了《台前县农村红白事标准参照指导意见》,要求彩礼总额控制在6万元以内,喜宴控制在10桌以内,车辆总数控制在6辆以内①。山西省长治市则于2019年出台了《关于推进农村移风易俗的意见》,大力倡导"零彩礼"和不要车、不要房、自己家业自己创的新型婚恋观,并对相关金额提出了参考上限。这些文件规定,虽然在社会上引起了一些讨论和争议,但总的来看,得到了多数农民群众的赞同和践行,对治理当地高额彩礼产生了积极成效。

二是构建三位一体的乡村道德舆论体系。道德舆论作为一种无形的力量,对道德主体的思维与行为方式具有很强的约束力,有助于促使其形成科学的道德观念、作出正确的道德选择。因此,县乡政府要充分发挥道德舆论的引领作用,推动形成道德评价、道德监督、道德奖罚三位一体的道德舆论体系,从而为乡村高额彩礼的道德治理提供必要的认识

---

① 高其才:《通过村规民约改变不良习惯探析——以贵州省锦屏县平秋镇石引村为对象》,《法学杂志》2018年第9期。

导向和舆论环境。县乡政府可考虑以"不慕彩礼、婚事简办"为主题，在城乡范围内进行"最美儿媳""最美岳母"等先进人物和先进家庭的评选活动，并利用电视、广播、报纸、网络等传媒平台，对这些先进人物和先进家庭的模范行为大力地宣传报道。在进行正向宣传的同时，还可利用这些传媒平台对乡村高额彩礼、大操大办、铺张浪费、公然哄抬彩礼等陈规陋习和反面事例进行曝光，从而形成逆向约束，进而在城乡范围内形成良好的道德氛围。此外，鉴于乡村高额彩礼的一个重要成因在于乡村婚俗市场的人为扭曲和婚介机构对婚俗资源的控制炒作，因此，县乡政府还应加强对婚俗市场、婚介机构与"职业媒婆"的监督与管理，落实好政府作为监督主体的责任，严格规范婚介行为，引导乡村婚俗经济的健康有序发展。

三是开展移风易俗的专项思想道德教育。一个人的行为是否正当，首先取决于其道德观念是否良善。良善道德观念的养成与树立，一方面有赖于个人的道德修养和道德自律，因为"道德的基础是人类精神的自律"[1]；另一方面，在物欲横流的市场经济社会，更须借助于外来的道德教育和调控。乡村高额彩礼之所以出现，根源在于农民自身的思想道德有所偏误。因此，县乡政府要想从根本上解决乡村高额彩礼问题，还需在广大城乡地区开展移风易俗的专项思想道德教育，以图彻底扭转农民的婚俗观念、树立婚姻美德。在乡村基础教育阶段，就须注意通过恰当形式开展对学生的婚姻家庭道德教育，引导他们树立正确的婚姻价值观，从而为他们日后避免高额彩礼奠定思想基础。

第二，道德治理中的基层组织协同。

在乡村高额彩礼的道德治理中，在坚持县乡政府负责的前提下，还需辅之以乡村基层组织的协同参与。"社会协同"是创新和优化社会治理的必然要求，同样适用于乡村高额彩礼治理，而乡村基层组织是实现"社会协同"的必要载体。此处所谓的乡村基层组织主要包括两大类：以村（居）委会为代表的乡村群众性自治组织和以红白理事会为代表的乡村社会服务组织。

---

[1] 《马克思恩格斯全集》第 1 卷，人民出版社 1995 年版，第 119 页。

一是发挥村（居）委会的道德治理作用。村（居）委会作为乡村最基本的群众性自治组织，其对乡村高额彩礼的道德治理主要通过制定推行村规民约而实现。2018年民政部、中央文明办等7个部门联合下发的《关于做好村规民约和居民公约工作的指导意见》明确指出：村规民约、居民公约是健全和创新党组织领导下自治、法治、德治相结合的现代基层社会治理机制的重要形式。2019年中央农村工作领导小组办公室、农业农村部等10个部门制定下发的《关于进一步推进移风易俗建设文明乡风的指导意见》也提出：政府要指导制定或修订村规民约，充实婚事新办、丧事简办、孝亲敬老等移风易俗内容。事实证明，将抵制高额彩礼、拒绝婚事大操大办、破除婚俗陋习、禁止借婚敛财等道德规范纳入村规民约之中，并引导农民遵守执行，能够发挥村规民约对农民的道德教化和道德规制作用，从而有利于乡村高额彩礼的道德治理。就这些村规民约的内容表述与价值导向来说，须发挥出应有的道德赏罚作用。道德赏罚是否完备有效，对于净化社会风气、提升文明程度意义甚大，它犹如人们心中的道德天平，帮助人们正确衡量是与非、善与恶、美与丑。缺失了这架天平，整个社会或将是非不明、善恶不辨、美丑不分，由此会出现更多的缺德之人、无德之事。正如恩格斯所言："如果把善恶混淆起来，那么一切道德都将完结，而每个人都将可以为所欲为了。"[①] 同理，倘若对农民的行为不予以必要的道德褒贬与赏罚，"善无善报、恶无恶报"，抑或"善有恶报、恶有善报"，那么农民心中的道德标杆就会倾斜乃至丧失，甚至将导致"卑鄙是卑鄙者的通行证，高尚是高尚者的墓志铭"的难堪怪事。因此，在利用村规民约对农民进行道德教化和道德规制时，必须"赏罚分明"，坚持"扬善"与"抑恶"并重。所谓"扬善"，即村规民约应承继良善文化，弘扬传统美德。《中共中央国务院关于实施乡村振兴战略的意见》指出，要"深入挖掘乡村熟人社会蕴含的道德规范，结合时代要求进行创新，强化道德

[①]《马克思恩格斯选集》第3卷，人民出版社2012年版，第470页。

教化作用"①。在乡村社会和传统文化中，不乏如举案齐眉、相敬如宾等生动的婚姻典故，这些典故传递着一种不嫌贫爱富而提倡婚姻自由、不计较物质利益而更强调精神契合的婚姻价值观。在制定村规民约时，应善于挖掘这些优秀的婚姻价值观并将之融入其中，从而教化和激励农民自觉抵制高额彩礼。所谓"抑恶"，即村规民约应批判婚俗陋习，惩戒不良行为。村规民约在赞美弘扬婚姻美德的同时，也应大加批判和明确抵制高额彩礼、大操大办等婚俗陋习，并通过合适的方式对相关不良行为予以惩戒。据报道，为推动移风易俗、婚事新办，贵州省锦屏县平秋镇石引村村委会主持制定并颁布了《石引村移风易俗建议书》《石引村移风易俗管理制度》等村规民约，在农民办喜事时上门送达"温馨提示"以提醒其遵规守约，并对守约农民进行表扬、对违约农民进行通报批评乃至经济处罚。比如，《石引村移风易俗管理制度》第 6 条规定：违反本制度的，除处以 500 元罚款外，不予享受任何惠民政策，已享受低保、贫困户等惠民政策的，予以取消；不享受惠民政策的，其到村（及以上部门）办事不予解决，并将事主名字公布于村"曝光栏"。事实证明，这样的做法对当地的"革陋习、树新风"有显著成效。当然，村（居）委会在制定村规民约时，不可独断专行、脱离实际，而应根据多数农民的意愿与需求，并结合当地经济社会发展现状和传统社会习俗，这样才能增强村规民约的权威性、公信力和执行度。

　　二是发挥红白理事会等乡村社会组织的道德治理作用。红白理事会、道德评议会、村民议事会、老年协会等乡村社会组织作为乡村社会治理的协同参与者，有助于实现农民的自我道德约束和道德教育，因而其在乡村高额彩礼道德治理中的作用不可小觑。其中，红白理事会作为专门打理婚丧嫁娶事务的社会组织，通过制定、颁布理事会章程，明确规定乡村"红白事"的办理规范和标准，特别是对礼金数额、待客范围、宴席桌数、饭菜价码、用车规模等重点事项进行限制，并引导、监督村民予以遵行，这对乡村高额彩礼的道德治理意义重大。例如，重庆

---

① 《中共中央国务院关于实施乡村振兴战略的意见》，《人民日报》2018 年 2 月 5 日第 1 版。

市永川区依托"乡贤评理堂"这一平台,围绕婚丧嫁娶等事项制定了150余项村规民约,发起成立了红白理事会以敦风化俗,成为当地重要的成风化人教育平台。[①] 河南省台前县大峪镇曾庄村成立的红白理事会,会同该村村委会作出如下规定:婚嫁宴席不得高于15桌,每桌饭菜不超过300元;婚嫁用车不得多于6辆;适量放鞭炮,鞭炮不得多于300元;统一接待宾客的时间为1天。这些做法和规定,逐渐得到了村民的广泛拥护,对避免高额彩礼、减轻农民负担发挥了重要作用。而且,由于乡村红白理事会成员多为村"两委"成员、乡村能人、"四老"人员(老干部、老党员、老教师、老族长),这些人德高望重、能说会道,在日常生活中能对村民施以良好的道德教育和道德影响。虽然红白理事会没有行政强制性,对村民主要是发挥相应的倡导、引领作用,但如果村民无视红白理事会的规定和劝导,甚至故意违犯,红白理事会则可会同道德评议会对该村民进行客观的道德评议并建立道德评议档案,然后将道德评议结果提交"村两委"予以负面曝光,"村两委"还可把此道德评议结果作为批准村民申请入党、参军、享受低保与项目扶持时的重要参考依据。事实表明,由红白理事会出面倡导农民理性办理婚嫁事宜、远离高额彩礼,要比由县乡政府或"村两委"出面更容易得到农民的理解、认可和接受,不会受到舆论质疑。究其原因在于,红白理事会属于民间组织,它反对村民滥要彩礼、婚事大操大办的底气与力量来自村民的"共同意见",与红白理事会的倡导逆向而行就意味着对村民"共同意见"的恶意违背,就会被其他村民指指点点、受到他们的道德谴责。[②] 而在乡村社会这样一个人人都"要面子"的"熟人社会"或"半熟人社会"之中,此类道德谴责显然是多数村民的难以承受之痛。

第三,道德治理中的模范人物引领。

"公众参与"是创新社会治理的基本原则之一,也是社会治理有别

---

① 张国圣:《遇事找得到 疙瘩解得开 群众信得过》,《光明日报》2018年4月9日第4版。

② 犁一平:《红白理事会是移风易俗的钥匙》,《农村工作通讯》2017年第6期。

于社会管理的重要体现。在对乡村高额彩礼进行道德治理的过程中，县乡政府负责和基层组织协同固然重要，但公众参与也不可或缺。所谓公众参与，是指作为乡村社会主人的广大农民应强化自我教育、提高道德认识，实现对高额彩礼在心理上的反感、情感上的排斥、行动上的抵制。当然，做到这一点并非易事，必须用好乡村道德模范人物这一"关键少数"，由其对农民施以道德示范、道德激励和道德引领。道德模范是具有良好的道德品质和道德修养、可供他人学习和效仿的人。习近平总书记曾多次强调：道德模范是道德实践的榜样，是社会道德建设的重要旗帜。对个体而言，学习和效仿道德模范人物能够促使自身产生内在的道德情感体验，增进深层次的道德认同[1]，从而实现"近朱者赤"、自觉提升自身的道德水平；对社会而言，道德模范人物能够凝聚先进道德形态、营造优越道德环境、稳固道德文化基础[2]，从而对公民道德建设产生强大的助推作用。在高额彩礼的道德治理中，能够对普通农民产生直接道德影响的模范人物主要有如下两类。

一是党员干部。邓小平指出，"党是整个社会的表率，党的各级领导同志又是全党的表率"，"为了促进社会风气的进步，首先必须搞好党风"[3]。在广大乡村地区，党员干部对农民的影响甚大，他们的道德素质高低会直接影响整个乡村的道德水平和社会风气，正如俗语所云：村看村，户看户，群众看的是干部。在乡村婚嫁问题上，如果党员干部道德觉悟高，带头移风易俗、婚事新办简办、抵制高额彩礼，就会对农民产生积极的道德影响，反之则会导致负面示范效应。但据中央纪委、国家监委在中国共产党新闻网上公布的数据可知，2019年前3个月全国共查处违反中央八项规定精神问题11819个，而乡村基层党员干部成为重灾区：涉及乡科级及以下干部10163个，占比85.99%；"大办婚丧喜庆、违规收受礼品礼金"问题共3530个，占比29.87%。可以说，

---

[1] 岳金波：《为政以德——中国德治传统与现代政治文明》，华文出版社2005年版，第170页。

[2] 吴新平、蔡海波：《道德模范人物在公民道德建设中的影响——以杭州最美妈妈吴菊萍为例》，《人民论坛》2015年第2期。

[3] 《邓小平文选》第2卷，人民出版社1994年版，第177页。

乡村地区高额彩礼的泛滥，与乡村某些党员干部的推波助澜、作风不正有很大关系。因此，必须加强对乡村党员干部的道德教育和法纪约束，使之在抵制高额彩礼问题上明晓"子帅以正孰敢不正"的道理，真正做到以上率下、带头示范，成为广大农民可以"心向往之、行效仿之"的道德标杆。

二是现实典型。在乡村"人情社会"中，农民更乐于向身边的真人真事学习。对他们而言，身边的榜样示范远胜于空洞的道德说教。事实证明，发现和宣扬在抵制高额彩礼方面的典型模范人物，确实能够激发农民的道德自觉和道德行为。而自觉告别婚俗陋习，甚至主张"零彩礼"婚嫁的典型模范人物，在乡村并不罕见。比如，江西省鹰潭市余江区画桥镇大桥村的新娘曹艳萍在婚礼前决定：此前和男方约定的6万元彩礼一分不要，也不要钻戒、轿车、高档电器、家具，"零彩礼"嫁给新郎官。不仅如此，他们的整个婚礼都喜事新办：不放鞭炮，以便环保；婚车是自家的，新郎自己当司机；请客只摆了6桌，客人是内亲和村民理事会成员；媒人周长幸"变身"婚礼见证人，未收取一分钱的"谢媒礼"。[①] 类似的典型人物就出现在现实乡村、农民身边，对多数农民而言绝非高不可攀、难以比拟，而是可感、可信、可亲、可敬、可仿、可学的。赞美宣扬这些模范人物，让他们以身说"德"、示范引领，能够帮助农民树立正确的彩礼观、婚姻观，从而有利于乡村高额彩礼的道德治理。不过需要指出的是，在乡村高额彩礼的道德治理中，这些模范人物的示范引领作用主要体现在"做给农民看、说给农民听"，而无权无责"要求农民做"。从这个角度来说，要充分发挥模范人物的道德示范引领作用，还需借助于县乡政府和乡村社会组织的协同推动。

综上，道德治理作为一种有效的社会治理方式，将其运用于乡村高额彩礼是必要而可行的。通过对高额彩礼道德治理的个案分析，完全可以得出如下结论：在乡村社会治理中，道德手段和法律手段犹如鸟之两翼、车之两轮，二者缺一不可。当然，我们肯定道德治理的重要性和有效性，并不意味着肯定其在乡村社会治理体系中的首要性和唯一性，相

[①] 齐志明：《农村新娘拒"彩礼"》，《人民日报》2020年1月21日第4版。

反，我们应认识到道德治理的客观限度。在推崇法治的现代社会，道德治理很难成为主导性的治理方式，法律治理才是现代社会的核心标识。对于乡村高额彩礼之类的乡村社会问题的治理，单凭道德手段恐难奏效，必须同时付诸法律治理。法安天下，德润人心。在乡村社会治理中，道德手段与法律手段无法分离、不可偏废，而是并行不悖、相辅相成的：法律作为硬约束，是正式成文的道德，可以为德治提供必要保障；道德作为软约束，是人民内心的法律，是法律的精神内核和良法的重要基础；法律和道德相得益彰，都具有规范社会行为、协调社会关系、维护社会秩序的作用。因此，必须"坚持一手抓法治建设，一手抓道德建设，把法律制裁的强制力量与道德教育的感化力量紧密地结合起来"①，坚持实现德法共治，注重德治与法治的互补融合、协同发力：一方面，在传承弘扬中华优秀传统美德、促使社会主义核心价值观融入农民日常生活的同时，把优秀道德观念与道德准则上升到法律制度层面，在法律制度条文中充分彰显道德要求、落实道德规范，使法治成为契合现实道德要求的良法善治；另一方面，在建立健全乡村公共法律服务体系、全面推进乡村社会依法治理的过程中，不断强化法治对德治的保障推动作用和德治对法治的教育警示作用，从而在广大乡村形成人人崇德弘德、护法守法的良好风气。

---

① 习近平：《之江新语》，浙江人民出版社 2013 年版，第 206 页。

第五章　马克思社会形态演进理论视域下的乡村社会治理道路合宜化

乡村社会治理应该走什么路，这是关系乡村社会治理能否顺利开展、是否卓有实效的重要问题。中国的乡村社会治理道路，既要借鉴域外经验，更要合宜中国国情，特别是要符合我国乡村社会实际。乡村社会治理道路的合宜化，是乡村社会治理现代化的应有之义和重要表征。道路不确定或不合宜，乡村社会治理就会无所适从或迷失方向，就谈不上乡村社会治理现代化。合宜中国国情的乡村社会治理道路的探寻与开辟，可以从马克思社会形态演进理论那里得到有益的指导和启发。马克思社会形态演进理论是唯物史观的重要组成部分[1]，它阐明了人类社会由低级形态向高级形态不断演进的过程和一般规律。马克思社会形态演进理论具有普适性的理论价值，对不同国家和民族探索适合自己的发展道路和发展模式具有重要的指导作用。在实现中华民族伟大复兴征途中产生的新时代中国特色社会主义，就是人类社会发展的一般规律与我国具体实际相结合的理论产物与实践产物，它不仅在理论上与马克思社会形态演进理论具有逻辑共契性，而且在实践中对马克思社会形态演进理论进行了创新和丰富，赋予了其新的时代内涵。而乡村社会治理作为新时代中国特色社会主义事业的重要组成部分，必然受到新时代中国特色社会主义建设宏观战略安排的影响与制约，其具体发展道路也有赖于马

---

[1] 王伟光：《捍卫和宣传马克思主义社会形态演变规律理论》，《红旗文稿》2019年第9期。

克思社会形态演进理论的指导，特别是应遵循马克思揭示的社会形态演进的普遍性、特殊性、长期性规律。将乡村社会治理置于马克思社会形态演进理论视域中加以审视、置于新时代中国特色社会主义背景下加以考察，可以得出的一个基本结论是：中国乡村社会治理应坚持中国特色之路、互鉴共享之路、渐进发展之路。

一 马克思对社会形态演进一般规律的科学揭示

社会形态作为一个整体性范畴，指的是在一定时期生产力基础上形成的经济基础与上层建筑共同建构起的特定社会结构，是由多种社会关系和社会因素构成的有机体。一如马克思所言："生产关系总合起来就构成所谓社会关系，构成所谓社会，并且是构成一个处于一定历史发展阶段上的社会，具有独特的特征的社会。"[1] 社会形态是具体的、历史的，每一社会形态都展现出各自具体的、特殊的本质内涵。以社会生产力的发展状况和生产资料所有制形式为根本依据，马克思厘清了人类社会发展的不同历史阶段，并深刻揭示了社会形态演进的一般规律。

（一）社会形态演进的普遍性与特殊性

对于马克思的社会形态理论，学术界长期以来存在着"三形态说"与"五形态说"之争，且均有马克思的相关论述作为立论依据。诚然，在不同时期、不同著述中，马克思确实对社会形态的类型划分有着不同的认识与表述。比如，在《1857—1858年经济学手稿》中，马克思明确提出了"三大社会形态"理论，把人类社会划分为人的依赖性社会、以物的依赖性为基础的人的独立性社会、人的全面发展社会，认为人类产生以后，将首先处于"人的依赖关系"社会，继而在生产力发展水平提高的基础上演进到"以物的依赖性为基础的人的独立性"社会，最后将迈向"人的全面发展"社会。再如，在其1859年写的《〈政治经济学批判〉序言》中，马克思论述了"经济的社会形态"的历史演

---

[1]《马克思恩格斯选集》第1卷，人民出版社2012年版，第340页。

进,他指出:"大体说来,亚细亚的、古希腊罗马的、封建的和现代资产阶级的生产方式可以看做是经济的社会形态演进的几个时代。"① 这段论述,可以视为马克思划分社会形态的重要理论依据。根据马克思关于社会形态的这一新论述,人们一般认为马克思将人类社会划分为原始社会、奴隶社会、封建社会、资本主义社会、共产主义社会这"五种社会形态"。马克思去世后,恩格斯在其1884年所著的《家庭、私有制和国家的起源》中,结合婚姻家庭制度的历史演进,描述了人类历史发展的五个阶段,即原始氏族社会、古代奴隶制社会、中世纪农奴制社会、近代雇佣劳动制社会、未来共产主义社会。继马克思、恩格斯之后,列宁运用马克思主义社会形态理论去分析19世纪末20世纪初的世界历史发展状况与资本主义发展进程,提出了帝国主义理论,认为帝国主义是资本主义发展的新阶段、最高阶段。列宁去世后,在1938年由斯大林领导编写的《联共(布)党史简明教程》一书中,则对"五种社会形态"进行了更为具体的概括,把人类社会形态明确划分为原始共产主义社会、奴隶社会、封建社会、资本主义社会和共产主义社会(包括作为初级形式的社会主义社会)五种类型。

从表述上看,"三大社会形态"理论与"五种社会形态"理论确实大为不同。但如果以历史的眼光对马克思的论述进行整体性审视,则不难发现,马克思笔下的"三大社会形态"与"五种社会形态"之分,只是缘于马克思观察社会形态的角度不同和表达理论的形式差异,二者并不对立与排斥,而是在理论本质上具有一致性、在行进序列上具有对应性:人的依赖性社会对应于原始社会、奴隶社会和封建社会,以物的依赖性为基础的人的独立性社会对应于资本主义社会,人的全面发展社会对应于共产主义社会,二者都是对人类社会发展的内在规律的揭示。不管是"三大社会形态"理论还是"五种社会形态"理论,都不是马克思针对某个国家、某个民族或者某个特定历史时期而提出的,而是在把人类社会作为一个整体、在综合考察人类社会整体发展脉络的基础上得出的科学结论。"三大社会形态"或"五种社会形态"虽然未必为每

---

① 《马克思恩格斯选集》第2卷,人民出版社2012年版,第3页。

个国家和民族所共有，即某个国家或民族未必严格按照"三大社会形态"或"五种社会形态"的顺序依次更替，迄今为止世界上也没有任何一个国家完全遵循了"五种社会形态"的演进顺序，但它不可能背离人类社会发展的总方向、总规律，人类社会终究会由低级形态向高级形态不断演进，旧的社会形态终究会被新的社会形态取代，从而体现出社会形态演进的普遍性、一般性。此外，马克思所设想的"三大社会形态"或"五种社会形态"也并非专指欧洲，而是涵盖整个人类社会，当然也包括后来的东方社会，是对世界范围内的人类社会演进总规律的揭示。故此，我们今天在看待马克思的社会形态演进理论时，也应立足世界、放眼整个人类社会，而不应以个别国家或民族的特例来否定马克思社会形态演进理论的科学性与普适性。

虽然人类社会形态演进具有普遍性、一般性，但是就单个国家或民族的具体发展历程来看，社会形态演进又具有特殊性、个别性，是普遍性与特殊性的辩证统一。人类社会形态演进的普遍规律，是通过不同国家或民族所经历的不同的社会形态而体现出来的，社会形态演进的普遍性是以其特殊性为前提的，社会形态演进的特殊性包含于其普遍性之中。"三大社会形态"或"五种社会形态"的依次更替，只是一种理想化的社会形态演进程式，绝非所有国家或民族所共有。由于各个国家和民族的社会历史起点、经济社会发展程度、文化传统、外部环境等诸多方面存在差异，其社会形态演进有时则大有径庭。马克思既肯定了社会形态演进的一般规律性，又不否认其具有特殊表现形式。他认为，除大部分西欧国家之外，并非一切国家或民族都要经历五种社会形态的演进，在一定的、特殊的社会历史条件下，有的国家或民族可能会跨越一个甚至多个社会形态，有的可能会出现某种程度的社会形态倒退，有的则会形成某种过渡性的社会形态。特别是在资本主义社会向社会主义社会演进的问题上，马克思、恩格斯一致认为，通往社会主义的道路并不是唯一的，其间会受到历史文化传统、经济发展状况、人文地理环境等诸多因素的影响，无产阶级政党应该根据本国具体实际状况采取合适的社会主义道路和形式。马克思特别指出，若有人把他关于西欧资本主义产生和发展道路的分析视为所有国家的一般发展道路理论，就"会给我过多的荣誉，同时也会给我过多的侮辱"①。马克思晚年还对东方社会的发展道路进行了专门研究，认为在俄国等东方社会，由于存在着以小农经济和家庭手工业为基础的特有的生产方式，以及"公社"等特有的经济社会组织，因此，东方社会有可能走出一条有别于西欧的独特发展道路。他在科学分析了俄国的现实情况之后提出，"俄国可以不通过资本主义制度的卡夫丁峡谷，而把资本主义制度所创造的一切积极的成果用到公社中来"②，使之"成为共产主义发展的起点"③。1881年马克思在致荷兰工人领袖斐·多·纽文胡斯的回信中，在回答社会党人将来夺取政权后为了巩固社会主义应采取哪些措施时强调："在将来某个特定的时刻应该做些什么，应该马上做些什么，这当然完全取决于人们将不得不在其中活动的那个既定的历史环境。而现在提出这个问题是不着边际的，因而这实际上是一个幻想的问题，对这个问题的唯一的答复应当是对问题本身的批判。"④ 1886年恩格斯在致爱德华·皮斯的信中也表达了类似的观点："我们对未来非资本主义社会区别于现代社会的特征的看法，是从历史事实和发展过程中得出的确切结论；不结合这些事实和过程去加以阐明，就没有任何理论价值和实际价值。"⑤ 马克思、恩格斯的上述思想，充分反映了人类社会形态演进特别是社会主义社会发展道路的特殊性和多样性。进而言之，马克思社会形态演进理论是基于对社会形态演进一般规律的遵循与佐证而提出的科学理论，但由于各个国家有着特殊的经济根基和制度结构，因此跨越式的社会变革运动并不悖于社会形态演进的一般规律，反而是对马克思社会形态演进理论的补充与完善。

（二）社会形态演进的客观必然性与主体选择性

社会形态的演进是否具有客观必然性？对此问题，思想家们历来存

---

① 《马克思恩格斯选集》第3卷，人民出版社2012年版，第730页。
② 《马克思恩格斯选集》第3卷，人民出版社2012年版，第825页。
③ 《马克思恩格斯选集》第1卷，人民出版社2012年版，第379页。
④ 《马克思恩格斯选集》第4卷，人民出版社2012年版，第541页。
⑤ 《马克思恩格斯选集》第4卷，人民出版社2012年版，第582页。

在着认识分歧。有人认为，既然人是社会的细胞和主体，社会形态的演进是以人的活动为基础和动力的，因而社会形态演进必然受人的意志、观念的影响，从而表现出主观性。但马克思主义唯物史观的创立，实现了人类在认识社会发展规律问题上的革命性变革。在马克思看来，虽然作为社会历史主体的人具有主观能动性，但人们不可能随心所欲地创造历史；社会形态的演进是以生产力发展为基础的，但"人们不能自由选择自己的生产力——这是他们的全部历史的基础"①。从这个意义上说，人类社会的发展是客观的、合规律性的，社会形态之间的新旧交替、低级社会形态向高级社会形态的演进是不以人的主观意志及其活动为转移的自然的、必然的现象。马克思在《资本论》1867年第一版序言中论及"社会经济形态"的发展时明确指出："我的观点是把经济的社会形态的发展理解为一种自然史的过程。"② 恩格斯也表达过类似的观点："历史总是像一种自然过程一样地进行，而且实质上也是服从于同一运动规律的。"③ 即是说，马克思、恩格斯认为人类社会的演进同自然界一样，都有着合乎客观规律的辩证发展过程。社会形态的发展演进之所以是"自然的历史过程"，原因就在于其背后的矛盾运动规律在起作用，而矛盾运动规律归根结底表现为生产力与生产关系的辩证运动规律，生产力决定生产关系、生产关系反作用于生产力、生产关系和生产力相统一的社会基本矛盾运动，是社会形态发展演进的基础性动力。正如后来列宁所总结的："只有把社会关系归结于生产关系，把生产关系归结于生产力的水平，才能有可靠的根据把社会形态的发展看作自然历史过程。"④ 在原始社会时期，人类生产工具落后、生产方式简单、生产力水平低下，为了满足生存需要，人们结成简单的社会群体，共同生产劳动、产品共同消费。随着生产工具的进步，劳动分工逐渐细化，带动了生产力的发展，剩余产品不断增多，私有制开始出现，原先的氏族首领凭借特权而获取了更多的剩余产品，逐步变成了奴隶主，人类由

---

① 《马克思恩格斯选集》第 4 卷，人民出版社 2012 年版，第 408—409 页。
② 《马克思恩格斯选集》第 2 卷，人民出版社 2012 年版，第 84 页。
③ 《马克思恩格斯选集》第 4 卷，人民出版社 2012 年版，第 605 页。
④ 《列宁全集》第 1 卷，人民出版社 1984 年版，第 110 页。

此步入奴隶社会。其后，由于生产力水平的不断提升，私有财产的规模也日益膨胀，又出现了封建社会和资本主义社会这两个高级的私有制社会。资本主义社会基本矛盾的现实运动和经济危机的频繁爆发，充分暴露了私有制的固有弊端，从而使公有制取代私有制成为势必出现的客观现象，人类因此终究迈向共产主义社会。上述历史发展表明，社会形态的依次演进是一个客观过程，生产力与生产关系之间、经济基础与上层建筑之间的矛盾运动存在于任何一种社会形态中，并推动着社会形态由低级向高级的演进。当生产关系落后于不断向前发展的生产力时，便会与之相脱节、诱发新的矛盾，导致新生产方式代替旧生产方式的变革，进而必然会引起经济基础和上层建筑的调整与变革，最终实现社会形态的更替。

承认社会形态演进的客观必然性，并不意味着否认其主体选择性。由于人是社会的构成细胞和活动主体，因而在社会形态的历史演进中，作为历史发展主体的人们必然表现出一定的主体选择性。马克思充分肯定了人在社会历史发展进程中的地位与作用，认为"历史不过是追求着自己目的的人的活动而已"[①]。作为从事实践活动特别是物质生产活动的"现实的人"，是推动社会形态演进的主体动力，人们正是在参与社会变革的过程中促进了新的生产关系和社会制度的诞生。易言之，社会形态的更替体现了人们尊重社会发展客观规律和发挥自身主观能动性的统一，体现了人们的主体选择性。马克思指出："人们自己创造自己的历史，但是他们并不是随心所欲地创造，并不是在他们自己选定的条件下创造，而是在直接碰到的、既定的、从过去承继下来的条件下创造。"[②] 由于各个国家和民族的历史文化传统不同，现实的经济、政治、文化条件也不同，这决定了人们不应该也不可能遵循别的国家或民族的社会形态演进道路，而只能从本国本民族的实际情况出发，选择符合自身实际的社会发展道路。在社会形态演进过程中，人们的主体选择性主要体现在对是否革命以及对走何种革命道路的抉择上。纵观人类社会发

---

① 《马克思恩格斯文集》第 1 卷，人民出版社 2009 年版，第 295 页。
② 《马克思恩格斯文集》第 2 卷，人民出版社 2009 年版，第 470—471 页。

展史，统治阶级在守旧和改良之间进行取舍，被统治阶级在忍受和革命之间进行选择。改良是某一社会形态发展的润滑剂和重要动力，如果改良能够在一定程度上满足被统治阶级的利益要求，他们就暂时不会选择革命；否则，他们就会选择通过社会革命的形式促使新的社会形态的诞生。同时，革命道路的选择对革命阶级来说也是生死攸关的头等大事，正所谓思路决定出路、道路决定前途。譬如，中国革命的血雨腥风，使中国共产党选择了"农村包围城市、武装夺取政权"的正确革命道路，使中国人民在推进社会形态更替中选择了马克思主义的科学指导、中国共产党的正确领导和社会主义的美好制度，进而在中国近现代史的前进中展现出中国人民的主体选择性。而回望世界历史，更可发现，人类历史的前进轨迹、社会形态的演进规律，终究是通过人民群众的总体意愿和社会实践而表现出来的。

（三）社会形态演进的上升性与曲折性

马克思认为，人类社会发展的总体趋向是上升的、前进的，随着社会基本矛盾的辩证运动，旧的社会形态必然为新的、更高级的社会形态所取代，这是一个辩证否定和扬弃的过程。尽管在人类社会发展的特殊时期、特殊情况下，有可能发生社会形态的倒退，比如 20 世纪末发生的苏联东欧社会主义国家向资本主义社会的蜕变，但由低级社会形态向高级社会形态演进的总趋势是不可违背、无法逆转的，人类社会绝不会发生由资本主义社会向封建社会的倒退、由封建社会向奴隶社会的倒退、由奴隶社会向原始社会的倒退。社会形态演进的上升性，是人类社会基本矛盾运动规律的必然结果。只要有人的存在和生产力的发展，生产力与生产关系之间、经济基础与上层建筑之间的矛盾运动就必然会存在和发挥作用，就必然导致社会形态演进的上升性。

与此同时，马克思也认为社会形态发展演进的过程是曲折的，旧社会形态的衰弱消亡和新社会形态的产生壮大，必然要经过曲折复杂的斗争和矛盾运动，期间甚至会出现某种重大挫折抑或倒退。我们如果把历史的视角放到 19 世纪的西方国家，就可以看出，英国以革命的形式推翻了封建专制统治，建立了资本主义国家；法国经历了大革命的洗礼，推翻了封建君主专制制度，取得了伟大的革命成果，但后来却发生了封建王朝的复辟。这一历史过程，生动地印证了社会形态演进是前进性与曲折性的统一。20世纪的东方国家亦是如此：俄国先是通过二月革命推翻了沙皇专制统治，继而经历十月革命后成功走上社会主义道路，之后又进行了反对外部武装力量干涉和内部反革命势力颠覆的艰苦斗争，可以说俄国社会变迁的每一步都是充满曲折的；而在中国，也是先后经历了旧民主主义革命、新民主主义革命、社会主义革命，才最终迈入社会主义社会。在当今世界，社会形态演进上升性与曲折性的突出表现是社会主义取代资本主义的必然性和长期性。马克思主义认为，一切民族都将走向社会主义，资本主义必然被社会主义取代，这是不可违背、必定如此的客观规律。正如有学者所言，从人类社会历史发展的总体趋向来看，"资本主义社会必然由兴盛而走向灭亡，人类社会形态必将驰入一个全新的历史进程"[1]。然而，资本主义绝不会在短期内自行消亡，社会主义取代资本主义的过程必定是长期的、曲折的，究其原因在于：首先，每一社会形态都会经历从萌生、成长、壮大、巩固到衰亡这几个阶段，资本主义也不例外，它从产生到灭亡也需要经历一段相当长的历史时期，资本主义"速死论"是没有理论依据与实践依据的。其次，任何社会形态只有发展到足够高的程度或者经历深刻的革命性变革，才能实现向另一种社会形态的演进，而"发展社会劳动的生产力，是资本的历史任务和存在理由。资本正是以此不自觉地创造着一种更高级的生产形式的物质条件"[2]，资本主义生产力的持续发展为其长期存在奠定了物质基础。最后，当代资本主义的发展，还表现出其生产关系为顺应生产力发展要求而进行自我调节的自觉性和有效性，发达资本主义国家仍在许多方面占据社会主义国家难以比肩的显著优势，这是社会形态演进中不可忽视的客观事实。因此，资本主义和社会主义两种社会形态的共存斗争是当今世界必然面对并且要长期面对的客观现实。

---

[1] 王伟光：《捍卫和宣传马克思主义社会形态演变规律理论》，《红旗文稿》2019年第9期。

[2] 《马克思恩格斯选集》第2卷，人民出版社2012年版，第511页。

（四）社会形态演进的质变性与量变性

作为唯物辩证法的三大规律之一，量变质变规律不仅体现和适用于自然界，也体现和适用于人类社会。这一规律体现在社会形态演进问题上，则表现为在社会进化和社会革命交替进行基础上的社会形态演进的质变性与量变性。首先，一种社会形态取代另一种社会形态，意味着在生产力巨大发展基础上的生产关系的革命性巨变和社会制度的整体性重构，因而表现为一种社会质变过程。这种质变过程，是社会的量变过程发展到一定阶段的必然产物，并通过社会革命的形式得以实现。马克思指出："社会的物质生产力发展到一定阶段，便同它们一直在其中运动的现存生产关系或财产关系（这只是生产关系的法律用语）发生矛盾。于是这些关系便由生产力的发展形式变成生产力的桎梏。那时社会革命的时代就到来了。随着经济基础的变更，全部庞大的上层建筑也或慢或快地发生变革。"① 马克思的这一论述，生动地阐明了社会形态演进由量变到质变的过程，其中"社会的物质生产力"和"现存生产关系或财产关系"的逐步发展和变动是量变，量变到"一定阶段"和一定程度，就会迎来"社会革命的时代"，由此导致经济基础和上层建筑的质变与突变，进而实现旧社会形态向新社会形态的更替。社会形态演进的质变性，主要归因于社会革命的爆发以及社会革命所导致的整个社会结构特别是上层建筑的剧烈性、快速性、系统性变动。正如后来列宁所总结的："从马克思主义观点来看，革命究竟是什么意思呢？这就是用暴力打碎陈旧的政治上层建筑，即打碎那种由于同新的生产关系发生矛盾而到一定的时候就要瓦解的上层建筑。"② 通过革命暴力打碎旧上层建筑、构建新上层建筑，必然表现出社会形态演进的质变性和突变性。

其次，社会形态的质变并非短期内所能实现的，而是需要长时间的量的积累，社会形态演进是质变与量变、突变与渐变的辩证统一。只有等旧的社会形态中的各因素逐步发展到一定高度、满足了新的社会形态

---

① 《马克思恩格斯选集》第 2 卷，人民出版社 2012 年版，第 2—3 页。
② 《列宁全集》第 11 卷，人民出版社 1987 年版，第 111 页。

产生和存在的条件后，新旧社会形态才能实现更替。其中，具有决定性意义的因素是生产力发展状况。马克思在论及社会形态演进特别是资本主义社会历史命运时明确指出："无论哪一个社会形态，在它所能容纳的全部生产力发挥出来以前，是决不会灭亡的；而新的更高的生产关系，在它的物质存在条件在旧社会的胎胞里成熟以前，是决不会出现的。"[1] 资本主义社会这一社会形态被新的社会形态取代之所以会是一个长期的量变过程，归根结底是因为旧社会形态生产力的衰亡与新社会形态生产力的勃兴都不是短时期内所能实现的。可以说，马克思"两个决不会"论断的提出，为我们科学认识社会形态演进的量变性、渐变性提供了直接的理论依据。不仅生产力发展是如此，整个社会生活也是如此。马克思指出，"物质生活的生产方式制约着整个社会生活、政治生活和精神生活的过程"[2]，社会形态更替必定带来生产力发展基础之上的物质生活、社会生活、政治生活和精神生活的变革与重塑。易言之，社会形态的演进过程不只是反映在外部形式上的"改朝换代"，更重要的是需要实现其经济、政治、文化等内部要素的重大革新，特别是生产关系的变化发展，而这也需要一个长期的历史过程。马克思认为，在社会形态演进过程中，生产资料的所有制关系占据着基础性地位，它决定着人们的生产、分配、交换和消费等一切社会活动。至于在某一社会形态内将实行什么样的所有制形式及其与之适应的生产方式，各个国家和民族都会进行长时间的探索与抉择，从中显示出显著的量变性特征。从我国社会主义制度的确立过程来看，新民主主义社会是我国由半殖民地半封建社会转向社会主义社会的过渡性的社会形态。在这一时期，我国就已经开始了由私有制向集体所有制或全民所有制的逐步过渡，这也为后来通过"三大改造"实现社会形态的完全质变创造了物质条件。除了生产资料所有制，社会形态的更替还需要生产力、文化、教育、思想观念等其他社会要素在量上的积累及相互之间的协调发展，这些要素的发展状况也直接影响着社会形态演进速度的快慢与发展水平

---

[1] 《马克思恩格斯选集》第2卷，人民出版社2012年版，第3页。
[2] 《马克思恩格斯选集》第2卷，人民出版社2012年版，第2页。

的高低。因此，要实现一种社会形态向另一种社会形态的转化，就必须促进原有社会形态中生产力的发展、生产关系的变革和整个社会有机体的协调进步，这样才能在量变的基础上促成质的飞跃。

二 马克思社会形态演进理论视域下的新时代中国特色社会主义

习近平总书记指出："党的十九大作出中国特色社会主义进入新时代这个重大政治论断，我们必须认识到，这个新时代是中国特色社会主义新时代，而不是别的什么新时代。"① 新时代中国特色社会主义是将人类社会发展的一般规律与我国具体实际相结合的理论产物与实践产物，它不仅在理论上与马克思社会形态演进理论具有逻辑共契性，而且在实践中对马克思社会形态演进理论进行了创新和丰富，赋予了其新的时代内涵。

（一）新时代中国特色社会主义的定位是对马克思社会形态演进理论的遵循与继承

自改革开放以来，随着中国特色社会主义道路、理论、制度与文化的确立，中国特色社会主义建设取得了举世瞩目的巨大成就，但与此同时，国际上关于"中国模式""中国道路"的议论经久不衰，国内外有些学者甚至对中国特色社会主义的必然性、合理性与有效性产生了诸多质疑。习近平总书记严正指出："中国特色社会主义，是科学社会主义理论逻辑和中国社会发展历史逻辑的辩证统一，是根植于中国大地、反映中国人民意愿、适应中国和时代发展进步要求的科学社会主义。"② 中国特色社会主义进入新时代，这是依据马克思社会形态演进理论和中国特色社会主义四十多年的发展实践而作出的科学判断。事实表明，马

---

① 《习近平谈治国理政》第3卷，外文出版社2020年版，第70页。
② 中共中央文献研究室：《十八大以来重要文献选编》上，中央文献出版社2014年版，第118页。

克思社会形态演进理论为新时代中国特色社会主义的历史定位和实践走向提供了基本的理论遵循。

1. 对社会基本矛盾运动规律的科学把握

马克思主义认为，社会形态的产生与演进，根源于、决定于社会基本矛盾的辩证运动。马克思在《〈政治经济学批判〉序言》中指出："人们在自己生活的社会生产中发生一定的、必然的、不以他们的意志为转移的关系，即同他们的物质生产力的一定发展阶段相适合的生产关系。这些生产关系的总和构成社会的经济结构，即有法律的和政治的上层建筑竖立其上并有一定的社会意识形式与之相适应的现实基础。"① 在这里，马克思深刻揭示了生产力与生产关系、经济基础与上层建筑这两对基本矛盾的辩证运动规律，这一规律决定着社会形态演进和人类历史发展的基本趋势。社会基本矛盾运动规律在社会形态演进过程中具有根本性和决定性，它贯穿于人类社会发展的始终。根据唯物主义的观点，世界统一于物质，人类的一切活动都无法摆脱客观物质条件的束缚；生产力作为人类社会存在发展的前提和依据，是人们无法自由选择的，是人们构建各种社会联系和群体组织乃至整个社会形态的物质基础；生产关系的性质与内容受制于生产力，且随着生产力的发展而不断进行变革和调整，由此构成了社会形态赖以存在的经济基础；在生产力与生产关系的客观发展和交互运动中，导致了上层建筑的产生和变动，这是社会形态演进过程中的客观现象和必然结果。

基于对马克思社会形态演进理论的正确理解和科学把握，我国坚持把社会基本矛盾运动规律作为新时代中国特色社会主义建设实践的基本遵循：一方面，在处理生产力和生产关系的矛盾过程中，新时代中国特色社会主义坚持以生产力的协调、创新、绿色发展为衡量标准，敢于以"涉险滩""啃硬骨头"的精神去调整变革与生产力现实水平不相适应的生产关系，善于实现劳动资料、劳动对象和劳动者等要素的及时优化与有机结合，以求得生产力和生产关系的协调发展。例如，为了确保农业的长期稳定发展，党的十九大要求"保持土地承包关系稳定并长久

---

① 《马克思恩格斯选集》第 2 卷，人民出版社 2012 年版，第 2 页。

不变，第二轮土地承包到期后再延长三十年"[①]，并提出了培养新型农民和职业农民的政策要求；党的十九大以来，党和国家还明确提出了实现农业农村优先发展，推动形成工农互促、城乡互补、协调发展、共同繁荣的新型工农城乡关系的要求。另一方面，在处理经济基础与上层建筑的矛盾过程中，党和国家在逐步完善所有制结构、分配制度等经济基础的同时，还从新时代中国特色社会主义战略全局和长远发展的高度，着力推进国家治理体系与治理能力现代化，深化"刀口向内"的政府机构改革和治理制度改革，强力开启党的"自我革命"，力求破解政治上层建筑中与生产力和经济基础不相适应的部分，并同时进行巩固马克思主义在意识形态领域的指导地位、弘扬和践行社会主义核心价值观、建设具有强大凝聚力和引领力的社会主义意识形态等思想上层建筑层面的再造与革新。基于对社会基本矛盾运动规律的科学把握，新时代对社会主要矛盾的认知也更为深入和精准。社会主要矛盾作为社会基本矛盾在特定发展阶段的突出表现和特殊存在，是在社会主义社会某一时期内需要重点解决的关键症结。进入中国特色社会主义新时代，党和国家从历史唯物主义的视角出发，深刻认识到经过改革开放四十多年的建设与发展，不仅极大提升了人民的生活水准，同时也激发了人民更高层次的生活需求，原有的"落后的社会生产""物质文化需要"等关于社会主要矛盾的表述已经不适合我国的现实国情，因而，党的十九大报告对社会主要矛盾进行了新的界定，并提出要着力破解经济社会发展中的不平衡不充分问题，以满足人民对美好生活的需要。以上关于新时代中国特色社会主义建设的思路调整、制度设计和具体安排，无疑都是建立在对社会基本矛盾运动规律的科学把握基础之上的，也体现了对马克思社会形态演进理论的领悟与遵循。

2. 对资本主义存在长期性的正确认识

在当今"一球两制"的世界格局之下，新时代中国特色社会主义是与当代资本主义相比较而存在、相竞争而发展的。对新时代中国特色

[①] 中共中央党史和文献研究院：《十九大以来重要文献选编》上，中央文献出版社2019年版，第23页。

社会主义的认识与评判，必然离不开当代资本主义这个"参照系"。而按照马克思社会形态演进理论，资本主义与社会主义本来就具有密切关联，前者是后者的必要条件，后者是前者的必然产物，资本主义被社会主义替代是社会形态演进的必然趋势，尽管这个替代过程是长期的、曲折的、充满变数的。马克思、恩格斯在对西方资本主义国家的发展历史进行深入分析的基础上，提出了"两个必然"和"两个决不会"的科学论断。针对19世纪中叶资本主义社会的发展现状，他们坚定地认为，"随着大工业的发展，资产阶级赖以生产和占有产品的基础本身也就从它的脚下被挖掉了。它首先生产的是它自身的掘墓人。资产阶级的灭亡和无产阶级的胜利是同样不可避免的"①，此即"两个必然"的科学论断。但他们也明确指出，"两个必然"的实现需要相应的历史条件，条件的满足需要经历较长的发展过程。换言之，虽然由资本主义向共产主义发展演进的趋势是必定的、前途是光明的，但道路是曲折的，是前进性与曲折性辩证统一的过程。由此，马克思提出了"两个决不会"的科学论断。

按照马克思的"两个决不会"观点，资本主义是不会在短期内走向灭亡的，这是由于：首先，资本主义在当代还有相当大的存在空间。一是从生产力发展水平来看，信息科技革命所激发的发展潜力尚未完全发掘，高科技产业的研发和创新环节仍掌控在主要发达资本主义国家手中，他们在跨国公司的规模和实力上仍占据着明显优势；二是就政治影响力而言，各资本主义国家为维护国内政治统治，采取了诸如妥协性的降低税收、注重保障公民权利、承诺提供社会保障等一系列改良措施，这对国内的工人群体和底层大众仍具有很大的迷惑性和吸引力；三是从军事方面看，发达资本主义国家凭借其强大的军事力量，肆意挑衅他国底线，干涉别国内政，频繁向发展中国家施加压力，妄图重新构建昔日的势力范围。总之，资本主义国家在国内综合实力和国际事务处理等方面还占据较大优势，尽管这种优势掩盖不住其国内贫富差距拉大、政府信任危机加深、社会秩序混乱等执政危机。其次，当今世界多极化趋势

---

① 《马克思恩格斯选集》第1卷，人民出版社2012年版，第412—413页。

日益明显、经济全球化向纵深方向发展，这表明世界各国已是一个"你中有我，我中有你"的命运共同体，一个自绝于外部世界、闭关锁国的国家是注定难以发展的。我们在警惕西方国家的"和平演变"的同时，仍不能忽视资本主义与社会主义之间的密切关联与共同利益，以及需要双方共同面对与合力解决的世界难题。因此，在相当长一段时间内，资本主义与社会主义两种社会形态共存是我们必须面对的客观现实。

事实上，正确认识并科学处理中国特色社会主义与当代资本主义之间既统一又斗争的关系，一直以来都是我国社会主义发展面临的重要课题。尤其是进入新时代以来，面对当代资本主义或明或暗的挑战与较量，新时代中国特色社会主义采取了更加灵活有效的应对策略：一方面，坚定对"两个必然"的信心。资本主义必然灭亡是确定不移的历史趋向，党和国家一直教育和引导全党全民不忘初心、牢记使命，牢固树立共产主义远大理想，坚定发展新时代中国特色社会主义的信心与决心。正如习近平总书记所指出的："全党要更加自觉地增强道路自信、理论自信、制度自信、文化自信，既不走封闭僵化的老路，也不走改旗易帜的邪路，保持政治定力，坚持实干兴邦，始终坚持和发展中国特色社会主义。"[1] 另一方面，时刻用"两个决不会"警醒自己。当今世界正处于大发展大变革大调整时期，各国在发展中的关联性与依存度日益加深，因而必须准确把握社会形态演进的长期性和复杂性特征，对资本主义不能采取全盘否定的态度。习近平总书记主张："要尊重世界文明多样性，以文明交流超越文明隔阂、文明互鉴超越文明冲突、文明共存超越文明优越。"[2] 所以，伴随着中国特色社会主义进入新时代，我国科学把握和牢牢立足于社会主义初级阶段的客观实际，理性审视当代资本主义的一系列新变化，积极学习和借鉴当代资本主义在政治、经济、文化、社会、生态等各领域的先进成果，积极推动构建人类命运共同

---

[1] 中共中央党史和文献研究院：《十九大以来重要文献选编》上，中央文献出版社2019年版，第12页。

[2] 中共中央党史和文献研究院：《十九大以来重要文献选编》上，中央文献出版社2019年版，第41—42页。

体,在与其他国家和民族的交流互鉴中取长补短,在博采众长中推进新时代中国特色社会主义的全面科学发展。

3. 对社会主义基本原则的充分彰显

社会主义社会作为马克思所设想的共产主义社会的初级阶段,是社会形态演进中的必经阶段。在这一阶段,应恪守一些既不同于共产主义高级阶段又迥异于资本主义社会的基本原则。按照马克思和恩格斯在《共产党宣言》《哥达纲领批判》等经典文献中的理论阐述,科学社会主义原则主要包括坚持无产阶级政党的领导、实行无产阶级专政、坚持生产资料公有制、实行按劳分配、有计划地组织发展国民经济、坚持马克思主义为指导等方面。这些基本原则集中体现着社会主义的本质所在与发展方向,是社会主义事业健康发展的基本遵循。习近平总书记强调:"中国特色社会主义是社会主义而不是其他什么主义,科学社会主义基本原则不能丢,丢了就不是社会主义。"[①] 新时代中国特色社会主义既坚持了科学社会主义基本原则,又根据时代条件和中国具体国情有所创造、有所发展,具体表现在:第一,坚持中国共产党的集中统一领导。"党政军民学,东西南北中,党是领导一切的。"[②] 我国在统筹推进新时代伟大斗争、伟大工程、伟大事业、伟大梦想的实践中,始终坚持中国共产党的领导,坚决维护党中央权威,发挥党总揽全局、协调各方的领导核心作用。第二,坚持无产阶级专政不动摇。实行无产阶级专政,是马克思在阶级斗争问题上的重大理论贡献和社会主义的基本原则。中华人民共和国成立70多年来,我国始终坚持人民民主专政的国体和人民代表大会制度的政体,国家的一切权利属于人民。进入新时代,我国在坚持人民主体地位的基础上,不断健全和完善人民当家作主的制度体系,发展社会主义民主政治,"健全民主制度,丰富民主形式,拓宽民主渠道,保证人民当家作主落实到国家政治生活和社会生活

---

① 中共中央文献研究室:《十八大以来重要文献选编》上,中央文献出版社2014年版,第109页。

② 中共中央党史和文献研究院:《十九大以来重要文献选编》上,中央文献出版社2019年版,第14页。

之中"①，着力推进民主的制度化、规范化、程序化。第三，坚持和完善社会主义基本经济制度，推动经济高质量发展。习近平总书记在党的十九届四中全会上明确提出，"必须坚持社会主义基本经济制度"②，"加快建设现代化经济体系"③。建设现代化经济体系是新时代社会主义发展的迫切要求，我国经济发展方式已由规模速度型粗放增长转向质量效益型集约增长。进入新时代以来，我国在坚持社会主义基本经济制度的基础上，不断探索公有制多种实现形式，深化国有企业改革，推进国有经济布局优化和结构调整，并鼓励、支持、引导个体经济、私营经济等非公有制经济沿着社会主义方向健康发展；在坚持按劳分配的基础上，健全再分配调节机制，强化税收调节，更加注重社会公平。同时，着力发挥市场在资源配置中的决定性作用，加快完善社会主义市场经济体制，不断深化经济体制改革，大力发展实体经济，创新发展方式，释放市场活力，激发发展动力，建设高标准市场体系。第四，坚持马克思主义在意识形态领域的指导地位一以贯之。进一步强化马克思主义在意识形态领域的指导地位，是新时代中国特色社会主义事业得以健康发展的"定海神针"。党的十八大以来，"党的理论创新全面推进，马克思主义在意识形态领域的指导地位更加鲜明"④。以习近平同志为核心的党中央在加强马克思主义理论的教育、宣传与建设方面出台了一系列有效举措，使马克思主义成为全国公认的"显学"，显著提高了全党全民的理论水平与思想政治素质。习近平新时代中国特色社会主义思想作为新时代中国特色社会主义建设实践的理论结晶和马克思主义中国化的最新理论成果，成为教育和武装全党全民的强大思想武器，为新时代治国理政提供了基本遵循。

---

① 中共中央党史和文献研究院：《十九大以来重要文献选编》上，中央文献出版社 2019 年版，第 16 页。

② 本书编写组：《〈中共中央关于坚持和完善中国特色社会主义制度、推进国家治理体系和治理能力现代化若干重大问题的决定〉辅导读本》，人民出版社 2019 年版，第 19—20 页。

③ 本书编写组：《〈中共中央关于坚持和完善中国特色社会主义制度、推进国家治理体系和治理能力现代化若干重大问题的决定〉辅导读本》，人民出版社 2019 年版，第 20 页。

④ 中共中央党史和文献研究院：《十九大以来重要文献选编》上，中央文献出版社 2019 年版，第 3 页。

4. 对共产主义理想目标的笃信坚守

按照马克思的社会形态演进理论，人类终究要走向共产主义社会，共产主义社会是社会主义社会发展的高级形态和必然归宿，是人类认识所可能及的最美好的理想目标。基于马克思主义经典作家的理论阐述，中国共产党人确信"共产主义社会，将是物质财富极大丰富，人民精神境界极大提高，每个人自由而全面发展的社会"①。共产主义社会所呈现的美好愿景，为中国特色社会主义事业发展提供了正确航向和内驱动力。进入新时代，以习近平同志为核心的党中央以共产主义社会的美好愿景为航向，通过多措并举、多方发力，加速中国特色社会主义的进步发展，以此为最终实现这一美好愿景积蓄力量。习近平总书记指出："实现共产主义是我们共产党人的最高理想，而这个最高理想是需要一代又一代人接力奋斗的。"② 作为新时代的中国共产党人，绝不能做共产主义最高理想的局外人、旁观者，也不能只做这一最高理想的信仰者、呐喊者，而应增强担当意识与务实精神，坚持脚踏实地、从自我做起，把对共产主义的最高信仰转化为投身新时代中国特色社会主义建设的实际行动。鉴于此，须在中国特色社会主义新时代重点加强以下三大环节：第一，加强理想信念教育，补足共产党人精神上的"钙"。习近平总书记多次强调，革命理想高于天，"理想信念就是共产党人精神上的'钙'，没有理想信念，理想信念不坚定，精神上就会'缺钙'，就会得'软骨病'"③。对马克思主义的信仰是中国共产党人的精神根基，对共产主义的追求是共产党人的初心使命。没有对马克思主义和共产主义的信仰追求，中国特色社会主义事业就会迷失方向、步入歧途。进入新时代以来，中国共产党面对复杂多变的世情、国情、党情，不忘初心、牢记使命，将坚定共产主义远大理想和践行中国特色社会主义共同理想实现有机结合，把对全党、全民的理想信念教育视为中国特色社会主义成功发展的精神法宝。第二，推进党的建设新的伟大工程，永葆马

---

① 《江泽民文选》第 3 卷，人民出版社 2006 年版，第 293 页。
② 《习近平谈治国理政》第 2 卷，外文出版社 2017 年版，第 142—143 页。
③ 中共中央文献研究室：《十八大以来重要文献选编》上，中央文献出版社 2014 年版，第 80 页。

克思主义政党的革命本色。坚持共产党对社会主义事业的正确引领，是共产主义得以实现的必要前提。中国共产党人作为中国社会主义事业的引领者，理应坚定不移地推进社会革命和自我革命。历史事实表明，社会革命是中国社会形态演进和社会进步发展的重要动力，自我革命是中国共产党巩固执政地位、永葆先进性的重要法宝。新时代标明新方位，新方位开启新征程，新征程提出新任务。在当前形势下，不断提高党的长期执政能力和领导水平，对于推进新时代中国特色社会主义，进而实现共产主义至关重要，为此则必须强化党的自身建设。新时代党的建设以党的政治建设为统领，强化政治纪律和政治规矩，深入推进反腐败斗争，持之以恒正风肃纪，使全体党员牢固树立"四个意识"，带头做到"两个维护""四个服从"；同时，健全党和国家监督体系，积极开展批评与自我批评，加强和规范党内政治生活，增强党的自我修复力与免疫力。

第三，坚持以人民为中心的发展思想，为实现人的自由全面发展持续发力。马克思、恩格斯坚信，未来社会"将是这样一个联合体，在那里，每个人的自由发展是一切人的自由发展的条件"[1]。换言之，共产主义社会是以追求人的彻底解放、实现人的自由全面发展为旨归的社会形态。在党的十九大报告中，"不断促进人的全面发展、全体人民共同富裕"[2]作为中国特色社会主义建设的根本目标也被再次重申。在新时代中国特色社会主义建设过程中，中国共产党真正践行以人民为中心的发展思想，进一步彰显人民群众的发展主体、利益主体地位，在努力促进经济高质量发展的同时，大力繁荣教育文化事业，落实各项惠民举措，切实提高和改善民生水平，为实现人的自由全面发展提供良好的保障条件。

（二）新时代中国特色社会主义的研判是对马克思社会形态演进理论的创新与发展

"马克思的整个世界观不是教义，而是方法。"[3] 在坚持继承马克思

---

[1] 《马克思恩格斯选集》第 1 卷，人民出版社 2012 年版，第 422 页。
[2] 中共中央党史和文献研究院：《十九大以来重要文献选编》上，中央文献出版社 2019 年版，第 14 页。
[3] 《马克思恩格斯选集》第 4 卷，人民出版社 2012 年版，第 664 页。

主义的精神要义和科学方法的同时,结合时代变迁形势和本国具体国情对其予以创造性发展,才是对待马克思主义的应有科学态度。新时代中国特色社会主义在遵循马克思所揭示的社会形态演进一般规律的基础上,立足我国经济社会发展实际、历史文化传统和时代变化要求,在社会主义发展道路、发展阶段、发展布局、发展动力等多个层面进行了创新和发展,形成了独具"中国特色"的社会主义发展样态。正如习近平总书记所指出的:"当代中国的伟大社会变革,不是简单延续我国历史文化的母版,不是简单套用马克思主义经典作家设想的模板,不是其他国家社会主义实践的再版,也不是国外现代化发展的翻版。"[1] 作出中国特色社会主义进入新时代的理论研判,以及对新时代中国特色社会主义建设的顶层设计与科学规划,生动体现了对马克思社会形态演进理论的创新与发展。

1. 在社会主义发展道路上彰显中国特色

社会形态演进的普遍性和特殊性表明,不同国家由于自身发展状况的差异会选择不同的社会主义道路。正如列宁所指出的,虽然一切民族都将走向社会主义,"但是一切民族的走法却不会完全一样","每个民族都会有自己的特点"[2]。一个国家走什么样的社会主义发展道路,关键取决于这个国家所面临和要解决的历史性课题。新时代中国特色社会主义作为根植于中国大地、反映中国人民意愿的科学社会主义,在其发展道路上具有鲜明的"中国特色",其突出表现为以下三点:第一,是以中国共产党为引领的民族复兴之路。实现中华民族伟大复兴的中国梦是新时代中国特色社会主义的根本目标任务,而中国共产党的领导是完成这一任务的"主心骨"。习近平总书记明确指出:"中国特色社会主义最本质的特征是中国共产党领导,中国特色社会主义制度的最大优势是中国共产党领导。"[3] 中国特色社会主义道路是在中国共产党的领导下,把马克思主义的基本原理以及科学社会主义的基本原则同中国的具

---

[1] 《习近平谈治国理政》第2卷,外文出版社2017年版,第344页。
[2] 《列宁全集》第28卷,人民出版社1990年版,第163页。
[3] 中共中央党史和文献研究院:《十九大以来重要文献选编》上,中央文献出版社2019年版,第14页。

体实际相结合而探索走出的一条适合中国国情的发展道路。中国共产党领导是中国特色社会主义最本质的特征，也是中国社会主义道路最鲜明的特色。新时代中国特色社会主义强化了"东西南北中，党是领导一切的"科学理念，进一步加强和改善党的领导。正是在中国共产党的领导下，新时代中国特色社会主义在经济、政治、文化、社会、生态等各方面都拓新和拓宽了具有中国特色的发展道路，并朝着实现中华民族伟大复兴的目标坚定迈进。第二，是以人民为中心的美好幸福之路。习近平总书记指出："人民既是历史的创造者、也是历史的见证者，既是历史的'剧中人'、也是历史的'剧作者'。"[1] 满足人民群众对美好幸福生活的向往与追求，是新时代中国特色社会主义建设的根本价值取向，而"我将无我，不负人民"是这一价值取向和中国共产党执政理念的集中表达。新时代中国特色社会主义坚持以人民为中心，强化人民主体地位，以维护人民利益为出发点、以人民的满意度为衡量标准、以满足人民对美好生活的向往为奋斗目标，真正做到一切为了人民、一切依靠人民，发展成果由人民共享。第三，是以合作共赢为旨归的开放包容之路。新时代中国特色社会主义坚持以"构建人类命运共同体"为理念引领，立足中国、放眼世界，在紧紧依靠中国人民自力更生、艰苦奋斗的基础上，注重加强与世界的交流互动，积极实施"一带一路"战略，致力于推动世界各国的普惠共赢，始终做世界和平的建设者、全球发展的贡献者、国际秩序的维护者。目前，中国已成为世界经济增长的重要稳定器和动力源，并通过全方位的对外开放为各国分享"中国红利"创造更多机会，为世界各国尤其是广大发展中国家的政党治理、国家治理乃至全球治理提供了可资借鉴的中国经验和中国智慧。总之，从我国社会主义发展的历史脉络来看，由"以俄为师"到"以苏为鉴"，再到"走自己的路，建设有中国特色的社会主义"，中国共产党领导人民在长期探索中把成功的实践上升为理论、以正确的理论指导新的实践，同时把实践中卓有成效的政策举措及时上升为党和国家的制度，并注重发挥文化更基本、更深沉、更持久的作用，从而从"道

---

[1] 《习近平谈治国理政》第2卷，外文出版社2017年版，第314页。

路—理论—制度—文化"四个维度形成了新时代中国特色社会主义的逻辑架构。历史和实践证明，马克思社会形态演进理论不是神圣化的教条，世界上没有千篇一律的发展道路样式，也不存在普适性的发展道路模版。从本国实际出发，开辟具有民族特色和时代特色的社会主义发展道路，无疑是对马克思社会形态演进理论的创新和完善。

2. 在社会主义发展阶段上的及时调整与深化

按照马克思的社会形态演进理论，社会主义社会是从资本主义社会迈入共产主义社会的必由中介。共产主义社会作为人类历史上最美好的社会形态，其实现不可能一步到位，而必然先要经历一个初级阶段即社会主义社会。马克思1875年在《哥达纲领批判》中，第一次明确划分了共产主义社会的初级阶段和高级阶段，指出高级阶段实行的原则是"各尽所能，按需分配"[①]。但是对于共产主义社会的初级阶段——社会主义社会，马克思因历史条件的限制而未能在其阶段划分、时间跨度、生产力特征以及民族或国家差异等方面进行详细阐述。1956年中国社会主义制度确立后，从毛泽东提出社会主义可能要分为"不发达的社会主义"和"比较发达的社会主义"两个阶段，到邓小平提出社会主义初级阶段理论，我们党历经艰辛探索，终于厘清了中国在漫长社会主义发展阶段中的历史方位。随着我们党对社会主义发展阶段认识的日趋具体化、科学化，中国特色社会主义建设事业阔步前进，社会面貌发生了全方位的良性变化，突出表现为社会生产力迅速发展、经济社会发展质量明显改善、人民实际生活水平全面提升、我国在国际上的地位和影响力显著提升。面对这一系列新的发展和变化，以习近平同志为核心的党中央立足实际、审时度势，将当前我国社会主义发展阶段命名为"新时代"，这一新的历史定位意味着我国开启了全面建成小康社会，继而冲刺"第二个百年奋斗目标"的新征程。对"第二个百年奋斗目标"的科学规划，是党中央立足于新时代的基本国情而对社会主义发展阶段理论的及时完善和具体化：一是在目标的内容设计上，为社会主义现代化强国赋予了"美丽"这一新的内涵和要求，对生态环境的重

[①]《马克思恩格斯选集》第3卷，人民出版社2012年版，第365页。

视程度前所未有；二是在目标的完成时限上，将原有的"基本实现社会主义现代化"这一要求提前至 2035 年，并提出了在 2050 年建成"富强民主文明和谐美丽的社会主义现代化强国"的新要求；三是在目标的实现步骤上，要求以 15 年为一个周期，分两个阶段向实现强国梦迈进。显然，党中央对新时代中国特色社会主义所处阶段的界定和战略目标的设计，都是立足于我国生产力发展的客观现实而作出的。马克思主义认为，社会形态演进是以生产力发展为根本动力的量变性与质变性的辩证统一过程。党的十八大以来，党和国家事业发生了历史性变革，中国特色社会主义进入了新的发展阶段，对此进行科学认识要坚持现实性与前瞻性的统一：一方面，我国现在仍处于并将长期处于社会主义初级阶段的基本国情没有变，中国特色社会主义事业的发展规划绝不能脱离这一最大实际；另一方面，在脚踏实地、努力完成现阶段社会主义各项目标任务的同时，要面向未来、为实现向社会主义更高阶段的飞跃质变而进行量的积累。

3. 在社会主义发展布局上统筹推进"五位一体"建设

"社会形态作为与一定生产力相适应的经济基础与上层建筑的统一体，客观上要求社会诸要素协调发展。"[①] 社会主义发展是由社会各层面协调联动而构成的有机整体，是以经济发展为龙头，政治建设为保障，文化、社会、生态共同发力的系统工程。改革开放四十多年来，我们党对社会主义发展整体性、协同性的认识也是一个逐步深化的过程。由最初邓小平强调"两个文明一起抓"到江泽民提出"三个文明建设"，再到胡锦涛提出"四位一体"总体布局，党的十六大和十七大分别对社会主义"一体化建设"有了新认识、新发展。党的十八大以来，随着中国特色社会主义进入新时代，我们党对社会主义发展布局的认识进一步细化，对"一体化建设"赋予了更新的内涵，从而制定了新时代统筹推进社会主义建设的"五位一体"总体布局。"五位一体"总体布局着眼于社会要素的系统协同和社会发展的整体推进，旨在强化社会

---

① 肖潇：《马克思的社会形态理论及其在当代中国的运用与发展》，《武汉大学学报》（人文科学版）2009 年第 5 期。

主义建设的最大合力和总体质量，着力破解各发展领域的不平衡、不充分问题。第一，总体布局始终强调经济建设是根本，积极践行新发展理念，坚持以创新为导向，努力深化供给侧结构性改革，加快构建社会主义现代化经济体系，从而使转方式、调结构、重质量、提效益成为经济发展的新常态。第二，总体布局强调政治建设是保证，坚持党的领导、人民当家作主、依法治国有机统一，保障权利与约束权力并行推进，发挥制度优势，创新治理体系，发展和完善中国特色社会主义民主政治。第三，总体布局强调文化建设是灵魂，坚持以马克思主义为指导，以社会主义核心价值观为统领，致力于实现中华优秀传统文化的创造性转化和创新性发展，推动社会主义文化繁荣兴盛。第四，总体布局强调社会建设是条件，着眼于提高民生水平，固基础、促公平、稳秩序、强设施、建机制，加强和创新社会治理，并坚持和践行总体国家安全观，构建国家安全体系，以使全体人民在共建共治共享发展中享受更多的获得感、幸福感和安全感。第五，总体布局强调生态文明建设是基础，加快生态文明体制改革，强观念、改方式、建制度、设机构、重监管、共防治、促和谐，推动人与自然和谐的美丽中国建设。总之，新时代中国特色社会主义建设的"五位一体"总体布局，不仅体现了对社会形态纵向演进规律的遵循，更体现了对社会形态横向结构安排的优化，旨在实现社会有机体各要素的协调平衡发展，因而无疑是对马克思社会形态演进理论的创新发展。

4. 在社会主义发展动力上强调全面深化改革

社会形态的演进发展不仅表现为由低级形态向高级形态的质的飞跃，也表现为同一种社会形态的自我革新的量变过程。社会形态的质变与量变，是生产方式的矛盾运动、阶级斗争、社会革命、自我改革等多种因素和力量综合作用的结果。具体到社会主义社会而言，也应当通过不断改革而实现自我完善。恩格斯早就指出："所谓'社会主义社会'不是一种一成不变的东西，而应当和任何其他社会制度一样，把它看成是经常变化和改革的社会。"[①] 我国古人亦云：苟利于民，不必法古；

[①] 《马克思恩格斯选集》第4卷，人民出版社2012年版，第601页。

苟周于事，不必循俗。改革作为社会主义制度的自我革新和自我完善，是助推中国特色社会主义发展进步的无可替代的强大动力。改革是有计划、有目的的自我调整，它主要针对生产关系和上层建筑中与生产力不相适应的部分，以达到社会结构优化、社会运转协调之目的。进入新时代以来，党和国家对改革提出了更高层次的要求，进一步强调"全面""深化""均衡""统筹"：第一，在广度上，强调"全面"。"注重系统性、整体性、协同性是全面深化改革的内在要求，也是推进改革的重要方法。"① 这就要求实现改革的总目标与具体目标的内在统一，"全面深化改革的总目标是完善和发展中国特色社会主义制度，推进国家治理体系和治理能力现代化"②，而具体目标包含政治、经济、文化、社会、生态和党的建设体制等各个方面。总目标规定了根本方向，具体目标规定了在根本方向指引下的具体要求，两方面的目标明确完备、措施系统得力，才称得上是全面的改革。第二，在深度上，强调"深化"。"深化"就是要在原有的改革成就基础上实现再突破，以逢山开路、遇水架桥的决心，以敢于啃硬骨头、敢于涉险滩、敢于向顽瘴痼疾开刀、敢于突破利益固化藩篱的勇气与魄力，将改革进行到底，推动中国特色社会主义制度自我完善和发展。第三，在速度上，强调"均衡"。全面深化改革要在保持改革发展稳定的均衡点上展开，把改革的力度、发展的速度和社会可承受的程度协调统一起来，在动态和稳态之间保持恰当的均衡。第四，在高度上，强调"统筹"。全面深化改革是关系党和国家事业发展全局的重大战略部署，不是某个领域某个方面的单项改革。因此，要统筹考虑、全面论证，坚持整体推进和重点突破相促进，提高改革决策的科学性，以广泛凝聚共识、形成改革合力。我国目前已经全面建成了小康社会，并开启了建设社会主义现代化强国的新征程，在此新形势下，更要坚定不移地统筹推进政治、经济、文化、社会、生态、党建等各领域的体制机制改革，在常改常新中开创新时代中国特色社会主

---

① 《习近平谈治国理政》第2卷，外文出版社2017年版，第109页。
② 中共中央文献研究室：《十八大以来重要文献选编》上，中央文献出版社2014年版，第512页。

义建设的新局面。

综上所述，社会主义并没有定于一尊、拘于一格的发展套路，科学社会主义也绝不是一成不变的僵化教条。新时代中国特色社会主义作为社会主义的本质没有改变，它在实践发展中坚持以马克思社会形态演进理论为理论指南，并立足于中国特色社会主义的具体实际和时代要求而不断对其进行创新与丰富，为其赋予了新的时代内涵，从而彰显了马克思社会形态演进理论在当今世界和中国的历史穿透力、理论解释力与实践指导力。坚持和发展新时代中国特色社会主义，是坚持和发展马克思社会形态演进理论以至整个唯物史观的应有之义和生动体现。

三　中国特色社会主义新时代的乡村社会治理道路选择

乡村社会治理是中国特色社会主义建设事业的重要内容，我国乡村社会治理道路的选择，不能脱离社会主义新时代这个宏观背景，必然受新时代中国特色社会主义建设战略安排的影响与制约。笔者认为，在"中国特色社会主义新时代"这个现实背景下、在"马克思社会形态演进理论"这个理论视域中，去审视和分析乡村社会治理的道路选择，可以自然得出的结论是：我国乡村社会治理应坚持中国特色之路、互鉴共享之路、渐进发展之路。

（一）乡村社会治理的中国特色之路

党的十九大作出了中国特色社会主义进入新时代的重要论断，"这个新时代是中国特色社会主义新时代，而不是别的什么新时代"[1]。新时代的社会主义建设，无疑应继续凸显"中国特色"，坚持走符合我国实际国情的"自己的路"。习近平总书记指出，"独特的文化传统，独特的历史命运，独特的国情，注定了中国必然走适合自己特点的发展道

---

[1] 《习近平谈治国理政》第3卷，外文出版社2020年版，第70页。

路"①。同时，按照马克思社会形态演进理论，就某个具体的国家来看，由于其社会历史起点、经济发展水平、所处外部环境等诸多方面的特殊性，其社会形态演进与社会发展道路选择绝不可能完全等同于其他国家，而必然表现出各自的特点。根据各国具体的实际状况去谈论如何建立和发展社会主义，也是马克思主义的基本理论观点。这启示我们，在中国这个有着特殊历史背景和现实社会制度的国度、在新时代中国特色社会主义这个新的历史征程中，中国的乡村社会治理道路选择必然应该是符合现实国情、富有中国特色的。正如习近平总书记在谈到"加强和创新社会治理"问题时特别强调的，"要坚定不移走中国特色社会主义社会治理之路"②。笔者认为，乡村社会治理道路的"中国特色"，至少体现在如下两个方面。

1. 以中国共产党的领导保障乡村社会治理

社会主义事业应该由无产阶级及其政党来领导，社会主义的一个基本特征和基本原则在于坚持无产阶级政党领导，这是马克思、恩格斯在确立和坚持唯物史观过程中的始终如一的理论主张。早在《共产党宣言》中，马克思、恩格斯就科学分析了社会各阶级的性质、特点及其前途，认为只有无产阶级才是能够肩负彻底改造旧世界的历史使命的革命阶级，资产阶级、小资产阶级、农民等其他阶级都无力承担起实现社会主义与共产主义的重任。当然，无产阶级不可能自发地、无组织地实现这一重任，而必须组织成为坚强有力的无产阶级政党，这是社会主义事业顺利发展和最终成功的根本保障。而无产阶级政党之所以有资格、有能力作为社会主义事业的领导力量，是因为"在理论方面，他们胜过其余无产阶级群众的地方在于他们了解无产阶级运动的条件、进程和一般结果"③。无产阶级政党对无产阶级运动的"了解"，集中体现在该党坚持以科学理论为指导，并能够在科学理论指导下制定和施行正确的

---

① 习近平：《在布鲁日欧洲学院的演讲》，《人民日报》2014年4月2日第2版。
② 《习近平在会见全国社会治安综合治理表彰大会代表时强调 坚持走中国特色社会主义社会治理之路 确保人民安居乐业社会安定有序　李克强张高丽出席》，《中国应急管理》2017年第9期。
③ 《马克思恩格斯选集》第1卷，人民出版社2012年版，第413页。

第五章 马克思社会形态演进理论视域下的乡村社会治理道路合宜化

纲领。马克思、恩格斯认为,能否确立科学的纲领,是攸关无产阶级政党的外在形象与内在发展的极为重要的因素。1875 年,马克思在《给威廉·白拉克的信》中明确指出,对于无产阶级政党而言,制定出一个原则性的纲领"就是在全世界面前树立起可供人们用来衡量党的运动水平的里程碑"①;恩格斯在《给奥·倍倍尔的信》中也强调:"一个新的纲领毕竟总是一面公开树立起来的旗帜,而外界就根据它来判断这个党。"② 1882 年,恩格斯在致信伯恩施坦时严厉批判了"圣艾蒂安党",认为它"不仅不是工人党,而且根本不是一个党,因为它实际上没有任何纲领"③。通过马克思、恩格斯的这些论述,足见确立科学纲领对于无产阶级政党的重要意义。众所周知,世界上第一个国际性的无产阶级政党——共产主义者同盟,就是以科学社会主义理论为指导而成立的,成立后又在马克思、恩格斯的引导与帮助下确立了《共产党宣言》这一科学纲领,而这恰恰是它能够成功引领无产阶级革命事业的根本原因之所在。

纵观世界社会主义运动史可知,科学纲领是一个无产阶级政党的良好形象标识和正确航向保障。一个没有科学纲领为遵循的政党,是不可能成为社会主义事业的坚强领导核心的。回首苏联东欧国家无产阶级政党的垮台、社会主义事业的葬送,重要原因在于这些政党的纲领发生了严重异化、步入了理论歧途。而坚持中国共产党的正确领导、在中国社会主义建设的不同时期制定并施行符合实际的正确的党的纲领,正是中国特色社会主义事业蓬勃健康发展的根本"秘籍"之所在。习近平总书记明确指出:"中国最大的国情就是中国共产党的领导。什么是中国特色?这就是中国特色。"④ "中国特色社会主义最本质的特征是中国共产党领导,中国特色社会主义制度的最大优势是中国共产党领导。"⑤

---

① 《马克思恩格斯选集》第 3 卷,人民出版社 2012 年版,第 355 页。
② 《马克思恩格斯选集》第 3 卷,人民出版社 2012 年版,第 350 页。
③ 《马克思恩格斯选集》第 4 卷,人民出版社 2012 年版,第 550 页。
④ 中共中央文献研究室:《习近平关于社会主义政治建设论述摘编》,中央文献出版社 2017 年版,第 28 页。
⑤ 中共中央党史和文献研究院:《十九大以来重要文献选编》上,中央文献出版社 2019 年版,第 14 页。

在当下社会主义新时代，中国共产党的基本纲领即领导全国各族人民建设富强民主文明和谐美丽的社会主义现代化国家。坚持党的领导、遵循党的纲领，具体体现在乡村建设上，就是要坚决落实中央提出的乡村振兴战略，推动乡村实现产业兴旺、生态宜居、乡风文明、治理有效、生活富裕。

乡村社会治理作为乡村振兴战略的重要内容，在其道路选择与实践进程中，无疑也必须坚持中国共产党的领导，这是乡村社会治理的"中国特色"的首要表现。党政军民学，东西南北中，党是领导一切的。中国共产党作为中国特色社会主义事业的领导核心，既是有效开展乡村社会治理的根本保障，也是战胜乡村社会发展中一切艰难险阻的"定海神针"。习近平总书记明确要求："要把加强基层党的建设、巩固党的执政基础作为贯穿社会治理和基层建设的一条红线。"[1] 以党的领导保障乡村社会治理，是在社会治理创新中恪守"党委领导"原则的必然体现，也是开展农村工作的基本经验和优良传统。"党管农村工作，是我们的一个传统，也是一项重大原则。"[2]

坚持党的领导具体体现在乡村社会治理中，就是要坚持乡村"两级党委"的组织领导。在乡村社会治理的组织体系中，"两级党委"是指乡镇党委和村党委（支部），它们在乡村社会治理中占据主导地位，是乡村社会发展的领导核心，掌控着乡村社会治理的正确航向。根据《中国共产党农村基层组织工作条例》之规定，乡镇党委领导乡镇政权机关和群众组织，支持和保证这些机关和组织依照国家法律法规及各自章程充分行使职权。乡镇党委不仅是党的路线方针政策在乡村的贯彻落实者，也是乡村基层党员干部的管理者，它对乡村社会治理活动负有领导责任，有权讨论决定本乡镇社会发展中的重大问题，在把握乡村社会治理方向、引领乡村社会治理进程、聚合乡村社会治理主体以及协调各方利益等方面发挥着"领头羊"作用。而村党委（支部）作为乡村最

---

[1] 中共中央文献研究室：《习近平关于社会主义社会建设论述摘编》，中央文献出版社2017年版，第129页。

[2] 《江泽民文选》第2卷，人民出版社2006年版，第220页。

基层的党组织和乡村事业发展的战斗堡垒，它直接与广大农民面对面，肩负着密切联系农民群众、领导村务治理、维护乡村稳定的重要职责。同时，村党委（支部）作为村民和政府的联结纽带，是连接国家政策与农民意愿的重要载体，是平衡"乡政"和"村治"的关键点。总之，乡村"两级党委"在乡村社会治理中具体担负着举旗定向、总揽全局、协调各方的重要职责，健全和完善乡村"两级党委"的领导体制与运行机制，是实现乡村社会治理现代化的组织保证和政治保障。[①]

2. 以城乡互动促进乡村社会治理

乡村社会治理的道路选择，必须立足中国国情、从中国的实际出发。而不论过去还是现在，我国国情的一个基本方面是我国农村人口众多，农民是我国人口中占比很大的一个社会群体，这就要求我们党必须在思想和行动上高度重视农村发展问题，做到始终尊重农民、充分依靠农民、紧密团结农民、竭力服务农民。早在中华人民共和国成立之初，毛泽东就告诫全党："城乡必须兼顾，必须使城市工作和乡村工作，使工人和农民，使工业和农业，紧密地联系起来。决不可以丢掉乡村，仅顾城市，如果这样想，那是完全错误的。"[②] 农村改革开放之后，邓小平在谈到"走出一条中国式的现代化道路"[③] 时，就强调了中国国情的两个基本特点：一是底子薄；二是人口多、耕地少。"耕地少，人口多特别是农民多，这种情况不是很容易改变的。这就成为中国现代化建设必须考虑的特点。"[④] 显然，农民多、大部分人口在农村，城乡发展差距大，这是我国国情的一个基本方面。着眼于农村和农民问题而设计中国式的现代化道路，是邓小平中国特色社会主义现代化思想的一个重要特点，而这一思路同样适用于对社会治理现代化道路的设计。值得强调的是，虽然我国改革开放和中国特色社会主义现代化建设持续了四十多年，但农村人口多、我国是一个农业大国和农民大国的基本国情尚未根

---

① 蔡文成：《基层党组织与乡村治理现代化：基于乡村振兴战略的分析》，《理论与改革》2018 年第 3 期。
② 《毛泽东选集》第 4 卷，人民出版社 1991 年版，第 1427 页。
③ 《邓小平文选》第 2 卷，人民出版社 1994 年版，第 163 页。
④ 《邓小平文选》第 2 卷，人民出版社 1994 年版，第 164 页。

本改变，这就决定了当前谋划中国的发展道路包括乡村社会治理之路，必须从这一基本国情出发，注重城乡之间的相互促进、协调发展。国际经验表明，城乡关系问题是任何一个国家在实现现代化包括乡村社会治理现代化的过程中都必然面临和需要解决的问题，其要害是消除城乡对立、促进城乡融合问题。

其实，消除城乡对立，进而促进城乡融合发展，也是马克思主义经典作家预想的未来美好社会的重要目标，是马克思主义的重要理论原则。马克思、恩格斯在谈到未来社会的自由人联合体时强调"消灭城乡之间的对立，是共同体的首要条件之一"①，因而在《共产党宣言》中明确提出了"把农业和工业结合起来，促使城乡对立逐步消灭"② 的思想。列宁在谋划苏俄社会主义建设时也意识到，"城乡对立是农村经济和文化落后的最深刻的原因之一"③，因而主张应该"把消灭城乡对立当作我们的理想"④。尤其是对于农民占人口很大比重的社会主义中国而言，城乡关系问题更是一个需要正确认识和妥善处理的重大理论问题与实践问题，这一问题关系着对社会主义发展道路和发展战略的选择。我国改革开放以来社会主义事业发展的成功经验充分表明，如果把乡村与城市隔离开来、仅就乡村论乡村、城市不对乡村予以应有的支持，那么，乡村乃至全国必然不会协调发展，乡村社会治理也必会受到严重制约。诚如邓小平所强调的："工业支援农业，促进农业现代化，是工业的重大任务……工业支援农业，农业反过来又支援工业，这是个加强工农联盟的问题。"⑤ "以农村的改革和发展推动城市，又以城市的改革和发展支持农村，这是中国改革的成功之路。"⑥ 进入 21 世纪以来，随着城镇化进程的加快和农村经济结构的调整，工农城乡之间的人员流动性与资源互补性不断增强，工农城乡之间越发显现出唇齿相依、

---

① 《马克思恩格斯选集》第 1 卷，人民出版社 2012 年版，第 185 页。
② 《马克思恩格斯选集》第 1 卷，人民出版社 2012 年版，第 422 页。
③ 《列宁全集》第 36 卷，人民出版社 1985 年版，第 113 页。
④ 《列宁全集》第 5 卷，人民出版社 1986 年版，第 132 页。
⑤ 《邓小平文选》第 2 卷，人民出版社 1994 年版，第 28—29 页。
⑥ 《中共中央关于农业和农村工作若干重大问题的决定》，人民出版社 1998 年版，第 5 页。

休戚相关的紧密关系。因此,在党的十九届五中全会上,中央再次强调指出,为全面推进乡村振兴战略、加快农业农村现代化建设,必须"强化以工补农、以城带乡,推动形成工农互促、城乡互补、协调发展、共同繁荣的新型工农城乡关系"。党的十九届五中全会关于工农城乡关系的这一新论断,集中体现了目的性与工具性的统一:其目的性在于,旨在构建"协调发展、共同繁荣"的新型工农城乡关系;其工具性在于,须坚持农业农村优先发展的原则,通过"以工补农、以城带乡"的方式,使相对落后的农业农村尽快实现与现代化水平较高的工业城市的接轨,并在此基础之上进一步推动"工农互促、城乡互补"。

当前,推动建立新型工农城乡关系,既是补齐农业农村发展短板、推进新时代中国特色社会主义建设的现实需要,也是乡村社会治理中急需着力解决的重要课题。为此,党和政府理应科学规划,做到"三个统一"。

第一,坚持"两点论"与"重点论"的统一。工业与农业、城市与农村,本身就是相互依存、不可分割的,二者都是经济社会发展版图中的重要部分。构建新型工农城乡关系,必须坚持"两点论",兼顾工农、统筹城乡,促进工农城乡的均衡协调发展,绝不可顾此失彼、厚此薄彼。但我们必须承认的是,农业尽管是"国民经济的基础"、地位极其重要,但它事实上是风险性较大的弱质产业和薄利产业,农业生产的自然特性是:基本的生产资料是土地,而土地是不可再生甚至不断减损的;劳动对象是活生生的动植物,它们表现出明显的自然性、易损性和脆弱性;劳动者主要是农民,而农民一般而言是文化程度、技术水平相对较低的社会群体;农产品的生产具有很强的季节性、地域性、周期性和连续性。农业生产的这些自然特性,意味着工农业之间的实质性差别。而工业生产相对稳定安全且获利较高,因而从事农业生产的农民的收益就会比从事工业生产的工人低,以农业为主业的农村的发展就会比以工商业为主业的城市慢,由此就会在工农之间和城乡之间形成较大的经济落差,农业农村客观上已经成为制约我国经济社会科学发展的最大短板和瓶颈。鉴于此,在构建新型工农城乡关系的过程中,必须突出重点,优先发展农业农村,积极强化"以工补农、以城带乡"。只有这样,才有助于实现"工农互促、城乡互补",进而在"抓好重点、抓牢两点"的基础上实现工农城乡的协调发展与共同繁荣。

第二,坚持"以人为本"与"问题导向"的统一。农业农村发展长期滞后,既是对广大农民的感情和利益的伤害,也有损工业城市发展和城镇居民利益。党的十九届五中全会提出构建新型工农城乡关系,是着眼于维护全国科学发展和全民共同利益的,是践行以人民为中心的发展思想和"坚持把解决好'三农'问题作为全党工作重中之重"的科学理念的必然要求与现实体现。在构建新型工农城乡关系的过程中,必须坚持以人为本,努力增进工农群众福祉,特别是要把广大农民的根本利益实现好、维护好、发展好。当然,实现此目标不能靠"一厢情愿式"的"为民做主""先入为主",而必须坚持问题导向,通过深入城乡基层、工农群众,广泛了解其真实意愿与利益需求,科学把握工农群众广为关注、急需解决的现实利益问题,并针对这些问题精准施策、适当发力。只有在坚持以人为本、问题导向的基础上构建起来的新型工农城乡关系,才会是社会认同、人民受益、科学有效的。

第三,坚持"制度完善"与"资源注入"的统一。鉴于我国曾长期存在工业城市偏向的思维惯性和城乡二元分治的体制弊端,因此,要构建起长效而稳固的新型工农城乡关系,不可单凭政治号召和文件规范,而必须确立起有助于工农城乡协调发展的相应的制度体系,包括城乡一体化的市场经济制度、财政收支制度、金融信贷制度、社会保障制度、公共服务供给制度、社会治安防控制度、人居环境治理制度等。在强化制度保障的同时,要针对农业农村发展中的"软肋",营造有利于各类经济资源优先、自愿流向农业农村的环境与机制,为农业农村持续注入其发展所需的资金、技术、人才、信息、组织等资源要素,从而在资源追加基础上增强农业农村发展的动力与后劲。在此过程中,要切实推动以人为中心的城镇化,高度重视城乡之间的人口融合,不可离开人口融合而偏重生产要素融合。正如列宁早就指出的:"只有农村居民流入城市,只有农业人口和非农业人口混合和融合起来,才能使农村居民摆脱孤立无援的地位。"①"正是农业人口和非农业人口的生活条件接近才创造了消灭城乡对立的条件。"② 易言之，城乡对立归根结底是城乡之间的人口对立，城乡融合主要是促进城乡之间的人口融合。只有大力发展非农产业并在此基础上加快工业化和城市化进程，才能为农民提供更多的在工业和城市中就业和生活的机会，进而促进农业人口与非农业人口的产业融合和地域融合，实现城乡的融合发展。

（二）乡村社会治理的互鉴共享之路

新时代中国特色社会主义虽然强调"中国特色"，但它首先是"社会主义"，必须遵循社会主义的基本原理和基本原则，符合社会主义的基本规律和基本特征。由此，处于中国社会主义新时代、作为新时代中国特色社会主义事业重要组成部分的乡村社会治理，其道路选择也必然应放眼世界、国际互通，汲取国际社会进行乡村社会治理的通行智慧和成功经验，坚持走"互鉴共享"之路，而这也是马克思社会形态演进理论给予我们的重要启发。按照马克思社会形态演进理论，任何国家的社会形态演进都必然遵循着基本进路、体现出一般规律，只有"特殊性"而不具"普遍性"的社会形态与社会形态演进是不存在的。同理，乡村社会作为某一社会形态下的重要社会单元，作为农民生于斯、长于斯的共同家园，也必然是社会治理的重要领域，其治理道路选择与治理进程，也不可能囿于资本主义或社会主义的社会制度之异和意识形态之别，而必然有其互鉴性、融通性和共享性。正如习近平总书记所强调的："社会建设要以共建共享为基本原则。"③ 我国作为一个乡村人口占很大比重的发展中国家，乡村社会建设和社会治理的任务繁重艰巨、面临诸多问题，因而更应以"海纳百川"之胸怀，虚心学习和借鉴世界各国特别是乡村社会治理水平较高的西方发达国家的成功经验，以助益我国的乡村社会治理。

---

① 《列宁全集》第 2 卷，人民出版社 1984 年版，第 197 页。
② 《列宁全集》第 2 卷，人民出版社 1984 年版，第 197 页。
③ 霍小光：《干在实处永无止境 走在前列要谋新篇》，《人民日报》2015 年 5 月 28 日第 1 版。

环顾当今世界，许多国家尤其是农业较为发达的国家，在长期的治理实践中探索出了一系列行之有效的乡村社会治理方式、方法。通过总结相关国家的乡村社会治理经验，将其与中国特色乡村社会治理之路有机结合，对于提升我国乡村社会治理效能具有重要借鉴意义。

1. 不断提升乡村公共产品供给质量和供给效率

一般而言，公共产品是为提升社会成员的生活质量、促进资源合理利用而由政府、企业、社会组织等供给主体通过一定方式提供的用于整个社会共同消费的产品。公共产品以其消费的非排他性、非竞争性、非营利性等特征，成为各个国家履行社会治理职能的重要方面。对于乡村社会治理而言，同样离不开公共产品的有效供给。尽管不同国家在乡村公共产品的供给方面采取的措施有所差异，但也有一些值得我国借鉴的共同做法与一般经验。

第一，促进乡村公共产品的多元化供给，满足农民多样化的公共生活需求。乡村公共产品与农民的日常生产生活有着密不可分的关系，一些国家为满足农民的各项公共生活需求，不断在乡村公共产品供给方面寻求创新，持续促进乡村公共产品供给主体、供给手段和供给内容的多元化。比如，德国在乡村公共产品供给方面实行政府采购与私人供应相结合的方式，通过特许经营、政府委托、凭单生产等渠道将部分乡村公共产品交由社会组织、指定企业或个人提供，并设立专门的监督机构对整个供给流程进行监督，以此提高乡村公共产品供给效率，满足广大农民对乡村公共产品的多元需求。日本则在乡村公共产品供给方面形成了以政府为主、以个人和社会组织为辅的供给模式。在日本乡村地区，囊括绝大多数农户的农协组织是日本政府进行乡村公共产品供给的重要合作对象，农协与政府的相互配合确保了日本乡村医疗、信贷、社会保障、教育、文体娱乐等各方面公共产品的高效供给，进而大幅度提升了农民的生产生活质量。韩国在乡村公共产品供给中则实行以政府为主导、以农民需求为导向的策略，先由政府草拟出一系列乡村公共产品供给项目，然后由农民根据自身需求自主进行选择，这些项目既包括乡村基础教育等纯公共产品，也包括乡村卫生保健等准公共产品；既涵盖电网、水利、文体设施等"硬"公共产品，也涉及技能培训、技术推广等"软"公共产品，以充分满足农民多样化的公共生活需求。①

第二，加大政府财政投入，实现城乡公共产品供给均等化。在绝大多数国家，政府在公共产品供给方面都起着主导性的作用，各国政府为改善乡村公共产品供给的弱势地位、促进城乡公共产品供给均等化发展，在该方面的资金投入呈现出明显的上升态势。就美国而言，大规模的乡村道路、桥梁、河道、垃圾收集和处理设施、排污设施等的建设，都是由联邦政府和州政府投资兴建的，中小规模的乡村基础设施建设，如公墓维护和路灯提供等，则由地方政府投资兴建并由公共服务部门或乡（镇）委员会监管维护。据统计，美国联邦农业部专门设立了乡村地区发展局以及驻各州的47个农业经济发展办公室，这些部门在乡村社区基础设施项目的投资建设方面发挥着决定性作用，是乡村公共产品供给项目申请、审核、拨款、监管的具体执行机构。② 正是在各级政府的大力资助下，美国有效解决了乡村公共产品的供需矛盾问题，实现了乡村公共产品供给的全面化、均等化、高效化发展。日本政府在乡村公共产品供给方面的财政投入同样在逐年递增，以日本乡村基础设施投资为例，从1960年到2000年，日本农、林、水产业经费年平均增长15.25%，其中1/3的经费投入用于乡村基础设施建设。③ 此外，日本政府还通过支持资助农协组织参与乡村公共产品供给，如对农协组织实行减税或免税政策，降低其所得税、营业税以及各项税费的缴纳水平，对其参与的乡村公共产品供给项目给予各项补贴、津贴等。凭借这些间接方式进一步扩大了对乡村公共产品的财政投入力度，有效推动了日本公共产品供给的城乡一体化发展。

2. 建立城乡一体化的乡村社会保障体系

为免除广大农民对于疾病、养老、意外等重大事件的后顾之忧，保障农民生存生活需求，各个国家都制定了以立足实际为基础、以服务农

---

① 孙磊、陈端颖：《国外农村公共产品供给：借鉴与启示》，《农业部管理干部学院学报》2013年第2期。
② 赵杰等：《美国乡村地区公共产品供给情况考察》，《中国财政》2010年第1期。
③ 匡远配、汪三贵：《日本农村公共产品供给特点及其对我国的启示》，《日本研究》2005年第4期。

民为根本、以灵活多样为特征的乡村社会保障体系。所谓乡村社会保障体系，就是国家为保障广大农民基本生活、促进社会公平公正而制定的一系列制度、政策、措施等的总称。世界上绝大多数国家都根据自身实际建立形式多样的乡村社会保障体系，尽管其具体内容、标准、要求不尽相同，但都竭力追求乡村社会保障体系的全面性、完备性、公平性，综合考虑农民多方面需求，这也为我国乡村社会保障体系的发展完善提供了重要借鉴。

在欧洲国家中，德国是实行乡村社会保障制度较早的国家，最早可以追溯到19世纪80年代《关于农业企业中被雇佣人员工伤事故保险办法》的制定与实施，这是德国探索建立乡村社会保障体系的开端。而后德国的乡村社会保障体系日益完善，1957年颁布的《农民老年救济法》、1972年颁布的《自雇农场主法定医疗保健法》、1986年颁布的《事故保险法》和《联邦养育子女法》、1995年颁布的《社会护理保险法》等一系列社会保障法律文件，标志着德国独立、全面的乡村社会保障体系的基本建成。现在的德国已形成了集乡村养老保险、乡村医疗保险、农业事故保险、乡村护理保险、乡村生育保险于一体的完备的乡村社会保障体系，其覆盖群体之广、保险项目之全都居于世界领先水平。尤为突出的是，在保障资金的筹集与使用中，德国采取政府、乡村雇主、乡村雇员三者共同承担的方式，并针对不同的保险人群灵活设定保险费缴纳标准，确保农民在比城市雇员少缴纳保险费的前提下享有同等保障水平，从而为农民提供了一个从出生到死亡覆盖全面的周密安全网。

日本、韩国等亚洲国家也建立了较为完善的乡村社会保障体系，为农民提供养老、医疗以及各项福利保障。其中，日本的乡村社会保障体系在第二次世界大战后开始逐步建立，以应对当时贫弱交加的乡村社会状况，其在1961年颁布的《国民健康保险法》明确规定，国民健康保险资金由政府和保险人共同承担，且政府保险补贴占70%以上，有效减轻了农民的生活负担。此后经过数十年的补充完善，到20世纪末，日本已建立起包括乡村公共医疗保险、养老保险、护理保险以及各项援助和福利制度在内的乡村社会保障体系，实现了全体农民享有与城市劳动者几乎同等的社会保障待遇。相比日本，韩国的乡村社会保障体系建设起步相对较晚。20世纪80年代，为适应政治民主化、经济全球化发展的需要，韩国才逐步把乡村地区纳入社会保障范围，但经过短短二三十年的发展，韩国在乡村医疗保险和养老保险领域均取得了显著成效：在医疗保险方面，韩国实行城乡统一的国民健康保险制度，保险资金绝大部分来源于政府补贴和烟草税收，其余小部分由农民根据自身收入和财产状况分层次进行缴纳，并依法享有与城市居民同等水平的医疗保险待遇；在养老保险方面，韩国实行国民年金制度，国库每月向每位农民援助2200韩元，相当于最低保险费的1/3，以此减轻农民的养老负担。[①]

从上述国家的实践经验中可以看出，全覆盖、高标准、一体化是现代乡村社会保障体系发展的主流方向，也是切实解决农民生产生活难题、保障农民基本生活需求的重要手段。因此，我国在进行乡村社会保障体系建设的过程中，也应当注重在更高水平上实现城乡一体化发展的目标要求，在充分考虑我国乡村地域广阔且人口众多这一客观实际的基础上，做好顶层设计，完善法律保障体系，加大国家财政扶持力度，紧密结合各地区现实状况推行多元化、分层次、广覆盖的乡村社会保障模式，逐步实现乡村社会保障体系与城镇社会保障体系的一体化发展。

3. 大力发展乡村文化教育事业

提高乡村文化教育水平，是乡村社会治理的重要目标和重要内容。近年来，我国乡村经济取得长足发展，农民物质生活水平不断提高。但与此同时，乡村文化教育发展却相对滞后，农民受教育水平整体偏低，乡村优秀传统文化传承乏力，社会主义先进文化植根困难，从而使得整个乡村文化氛围淡薄、文化活力不足，严重阻碍了我国乡村社会治理的现代化进程。反观国际社会，众多国家在乡村教育事业与乡村文化发展方面采取了卓有成效的措施并取得了显著成就，这些措施对于我国乡村文化教育事业发展具有重要借鉴意义。

---

① 毕红霞：《国外农村社会保障财政支持的实践及启示》，《经济研究导刊》2013年第7期。

第一，在政府主导下，充分利用社会力量发展乡村文化教育事业。一般而言，政府是乡村文化教育事业发展的主导力量，但仅凭政府一己之力是远远不够的，还需借助企业、公益机构、行业协会等社会组织的力量。在日本，政府为推进乡村文化教育事业发展、传承弘扬地方特色文化，先后实施了城乡一体化的义务教育机制、"家乡文化再兴事业"计划、乡村文化艺术活动中长期计划以及各种培训计划等策略，并在这一过程中，大力提倡社会力量的积极参与。日本政府通过制定多种优惠政策和免税政策，鼓励企业和个人积极为乡村文化教育事业和各项文化活动捐资捐款，倡导相关企业直接为乡村居民提供文化教育设施，并以政府资助形式支持日本农协组织广泛开展乡村文化教育活动，丰富农民精神文化生活，从而有力支援了乡村的文化教育事业发展，大大提高了农民的文化素质和劳动技能。法国亦是如此，除直接的财政投入之外，法国政府还通过签订行政合同和实行税收优惠等形式，鼓励各种非政府组织积极向乡村文化教育事业捐献物资，尤其提倡营利性的文化企业积极为乡村社会提供多种公共文化服务，并制定专门的政策，鼓励教师和专业人才到"教育优先区"的学校任教，定期向"教育优先区"的教师发放特别津贴，有力促进了法国文化教育事业的城乡一体化发展。

第二，注重构建系统完善的乡村文化教育事业监管机制。发展乡村文化教育事业，不仅需要政府和社会各界力量的广泛参与，也需要加强顶层设计，建立起一整套从政府机构设置到法律法规制定再到政策制度落实的乡村文化教育事业监管机制，这是在乡村文化教育事业方面取得较大成就的众多国家的通行做法。以日本为例，日本在中央设置了文部科技省，并设文部卿或文部大臣以及直属文部省的文化厅，负责制定包括乡村在内的整个国家的文化发展规划和相关政策法律；在地方则建立文化行政机构，具体负责地方居民的公共文化生活和教育活动，乡村社区则设有综合性的公益文化机构，对农民的文化教育活动进行监督与管理。[1] 另外，日本在乡村文化教育方面还形成了一套健全的法律体系，

---

[1] 宋元武、徐双敏：《国外农村公共文化服务供给实践与经验借鉴》，《学习与实践》2016年第11期。

日本政府先后制定了《古迹名胜天然纪念物保存法》《文化艺术振兴基本法》《日本文物保护法》等法律法规以保证乡村文化的繁荣发展，维护农民的文化权利。针对偏远乡村地区，还颁布实施了《偏远地区教育振兴法》《孤岛振兴法》等，大力促进偏远乡村地区的教育发展与文化振兴，提升教育的公平性与文化发展的均衡性。

4. 改善乡村生态环境

对于各个国家而言，乡村承载着涵养生态环境、确保食品安全、供给工业原料等多重功能，乡村生态环境的优劣事关整个国家的长远发展。不仅如此，乡村作为广大农民生产生活的所在区域，其生态环境质量直接决定着农民的生活质量和发展状况。因此，加强乡村环境治理，确保乡村生态宜居，成为众多国家在乡村社会治理中竞相追逐的目标，并在健全法律制度保障、促进资源循环利用、发展乡村特色旅游等方面为我国优化乡村生态环境提供了重要经验借鉴。

第一，加强法律法规建设，严把乡村生态环境质量关。法律约束是规正人们行为的有效手段，也成为众多国家保护乡村生态环境的首要举措。综观世界上乡村生态环境治理良好的国家，都有着周密完善的法律制度保障。英国为保障乡村生态环境质量，推动乡村的可持续发展，先后制定了《2007—2013 农村发展七年规划》《乡村供水和污水处理法》《第 7 号规划政策文件：乡村地区的可持续发展》《乡村发展计划》等一系列政策法规，有效遏制了乡村地区的过度开发，充分保留了乡村的历史风貌。美国则相继出台了《联邦农药、杀真菌剂和灭鼠剂法案》《联邦水污染控制法案》《水质量法案》《清洁水质法案》《资源保护回收法》《固体废弃物法》等法律法规，在全国实行统一的环保标准，严格控制资源的开发利用，从而在防治乡村生态环境污染方面取得显著成效。[1] 相比其他国家，日本更是出台了严密细致的法律体系以应对环境污染，例如适用于垃圾分类的《废弃物处理法》《关于包装容器分类回收与促进再商品化的法律》《家电回收法》《食品回收法》、致力于净化空气的《废弃物处理法》《恶臭防治法》《家畜排泄物法》、旨在提升

---

[1] 杨述明、马德富：《中国乡村社会治理》，湖北人民出版社 2016 年版，第 202 页。

用水质量的《下水道法》《净化槽法》等，这些事实表明日本环保法律体系在全面性、完备性、实效性方面堪称世界典范。

第二，注重资源循环利用，实行乡村垃圾分类回收。随着环保技术的发展，可再生资源的范围越来越广，也为各个国家有效治理乡村地区的垃圾、废弃物、植物秸秆、动物粪便等提供了现实可行性。近年来，日本政府致力于在生物发电、地热发电、垃圾发电、燃料电池生产等方面进行科研攻关，实行对有机废弃物、家畜排泄物、生活垃圾、植物秸秆等资源的循环再利用，在降低电力成本的同时，有效防止了乡村环境的污染。在垃圾回收方面，日本更是出台了精细严苛的规定，仅垃圾分类指导手册就长达数十页，其中条款多达500多项，每项条款都对垃圾分类进行了详细的说明。[1] 以饮料瓶为例，其瓶盖、瓶身、瓶身外包装纸分属不同的垃圾类别，必须按要求清理干净后投进指定的垃圾箱，仅这一细节，就足见其制度设计之严密。

第三，保护乡村景观，因地制宜发展乡村特色旅游。乡村景观并非千篇一律、"所见略同"的，不同地区的乡村在地理、人文、物产等方面各具特色，注重保护乡村的自然景观和人文景观是优化乡村生态环境、实现乡村特色发展的关键路径。世界上许多国家正是在保护发展乡村特色景观的基础上，实现了乡村地区生态环境与经济效益的平衡发展。德国在"我们的乡村应更美丽"行动计划的推动下，注重保护乡村传统人文与自然景观，发展乡村休闲旅游，逐步形成了以古堡、教堂、森林、风车、湿地等为代表性的乡村特色景观，有力推动了德国乡村生态环境与旅游产业的同步发展。英国为保护乡村景观，严格控制乡村历史建筑的拆除，明确规定只有"建筑本身不具有历史意义或者为非特色建筑"才允许被拆除，且新建筑在"规模、形态、位置、设计和材料"等各方面必须符合所在乡村地区的建筑标准[2]。法国同样注重挖掘乡村本土特色，确保当地人文景观、传统建筑、自然风光、特色美

---

[1] 杨述明、马德富：《中国乡村社会治理》，湖北人民出版社2016年版，第208页。
[2] 于立、那鲲鹏：《英国农村发展政策及乡村规划与管理》，《中国土地科学》2011年第12期。

第五章　马克思社会形态演进理论视域下的乡村社会治理道路合宜化

食的原汁原味性，依托当地特色资源发展休闲娱乐、美食品尝、旅馆住宿等多元化的旅游项目，在不断优化乡村环境质量的同时，也提升了法国乡村在全球的知名度。

综上所述，在乡村社会治理方面，国际社会已然形成了一系列行之有效的治理经验。对于这些有益经验，我国应当善于进行学习和借鉴。当然，这种学习和借鉴不是单纯的"拿来主义"，必须要讲方法、重实效，结合我国实际将这些治理经验进行一定的改造和转化，实现中国特色治理之路与国外一般治理经验的有机结合。特别是在社会主义新时代，"中国开放的大门不会关闭，只会越开越大"[1]，"对丰富多彩的世界，我们应该秉持兼容并蓄的态度，虚心学习他人的好东西，在独立自主的立场上把他人的好东西加以消化吸收，化成我们自己的好东西，但决不能囫囵吞枣、决不能邯郸学步"[2]。一方面，应立足本国实际，不能照搬照抄其他国家的治理模式。各个国家的国情不同，其历史背景、自然条件、经济发展、文化传统都具有显著独特性，生搬硬套别国的乡村社会治理模式是行不通的，必须扎根本国土壤、汲取本土养分、孕育本地特色，探索形成适合自身发展的乡村社会治理道路。另一方面，应坚持以我为本、为我所用的原则，对国外乡村社会治理经验进行本土化改造。任何一种乡村社会治理模式，无论对我国的适用性程度有多么显著，都不能生搬硬套、照单全收，否则只会导致"画虎不成反类犬"，原因正在于各个国家所形成的乡村社会治理模式必然带有这个国家自身的经济、政治、文化等方面的独特印记。因此，我国在吸收借鉴其他国家的乡村社会治理经验时，必须对其进行本土化改造，消除其所附带的原生国家的独特印记，使其在我国乡村社会的土壤中落地生根、开花结果，实现与我国乡村社会治理之路的有机结合。

（三）乡村社会治理的渐进发展之路

马克思社会形态演进理论启示我们，旧的社会形态向新的社会形态

---

[1]　《习近平谈治国理政》第3卷，外文出版社2020年版，第194页。
[2]　《习近平谈治国理政》第2卷，外文出版社2017年版，第286页。

的过渡、低级社会发展阶段向高级社会发展阶段的跃升,都具有渐进性、长期性。即便在某一社会形态之下,其经济社会事业也是渐进发展的,不大可能有一步到位、一步登天式的突进发展。中国特色社会主义进入新时代以来,各项事业发展驶入"快车道"、我国日益走近世界舞台的中央,其发展目标定位于把我国建成富强民主文明和谐美丽的社会主义现代化强国,实现第二个"百年目标",进而为实现中华民族伟大复兴奠定良好基础。这一目标的实现,显然不是短期的、轻易的,而是需要至少几十年的长期实践过程。因此,乡村社会治理作为新时代中国特色社会主义事业的重要组成部分,本身也是一项系统性工程,是一个多因素、多方面共同起作用的实践过程,因而不可避免地带有渐进性、长期性。这一点,既贴切了马克思社会形态演进理论,又契合新时代中国特色社会主义事业全局。具体从目前的乡村社会治理实践来看,在完善治理主体、强化治理内容、实现治理目标的过程中,仍存在诸多问题与短板,这些问题的解决和短板的补足尚需时日,这就决定了乡村社会治理进程必将是一个渐进的、长期的发展过程。易言之,我国乡村社会治理主体的孱弱性、治理内容的复杂性以及由此导致的治理目标的艰巨性,决定了治理进程必然带有显著的长期性特征。

1. 乡村社会治理主体的完善具有长期性

如前所述,乡村社会治理的主体应该是多元化的,具体包括县乡政府、村(居)"两委"等权威型治理主体和乡村社会组织、农民个体等非权威型治理主体。乡村社会治理主体的多元化,有助于优化乡村社会治理结构,对推进乡村社会治理现代化、加快乡村振兴步伐具有重要意义。但我们应该看到,多元化治理主体的形成与完善,必然是一个长期的过程。究其原因,主要在于多元化主体中的各个主体自身的发展建设存在诸多现实问题与障碍,具体如下。

第一,就县乡政府这一治理主体而言,优化治理理念、实现从管控型政府向服务型政府的转变是其堪当乡村社会治理重任的必要前提。但在其转变的过程中,仍存在许多问题:一是某些县乡政府及其工作人员仍存在明显的管制型思维与倾向,缺乏构建服务型政府的思想意识,而习惯于把对乡村社会的工作指导变为"发号施令";二是某些乡镇政府迫于上级政府的压力，为完成相应任务与指标，常常不顾乡村社会实际、为其提供"强制性"服务，结果费力不讨好、做了许多不该做也做不好的事；三是某些县乡政府特别是乡镇政府用以服务乡村社会的财力有限，因此导致其"心有余而力不足"，难以真正落实其建设乡村、服务农民的理念。

第二，就村（居）"两委"这一治理主体而言，其现实表现也不尽人意：一是有些村（居）"两委"的公信力不强，甚至有些村（居）"两委"成员是通过不正当手段进入"两委"的，他们在现实生活中不为农民群众服务而只为自身及其亲属谋利，由此导致农民对他们的极度不信任；二是村（居）"两委"或迫于上级党委政府的压力，或囿于自身的经济实力，往往无法"在其位谋其政"，难以根据农民实际需求进行社会治理与服务；三是有些地区的村（居）"两委"的民主观念不强，不能充分尊重农民的主体地位，难以凝聚广大农民的智慧和力量进行乡村社会治理，甚至无视农民的存在，大搞"一言堂""一把抓"，把自己变成了乡村社会事务的决策者、操控者。

第三，就乡村社会组织这一治理主体而言，其发展质量与治理能力也不尽人意：一是乡村社会组织总体发育不良、数量偏少，国家统计局数据显示，截至2018年我国共有542019个行政村，但乡村社会组织仅有200万个左右，每个行政村平均拥有社会组织不足4个；二是乡村社会组织发展缺乏应有的独立性，其所需经费主要依靠政府财政拨款或者村（居）"两委"筹资，因此往往受制于政府与村（居）"两委"，不能充分遵从组织成员意愿而依规依法开展经营服务活动，甚至可能受到政府与村（居）"两委"的严格管控，致使其因农而生、为农服务的宗旨落空；三是乡村社会组织发展的制度保障不完善，缺乏系统、完备的运行机制，部分社会组织在乡村中的群众基础较弱，其成员缺乏相应的团体意识、合作观念与治理能力，由此引发民众对社会组织的反感甚至排斥，"社会组织参与乡村治理面临着来自政府和社会公众的信任危机"[①]。

---

① 刘蕾等：《社会组织参与乡村社会治理的合法性获取策略研究》，《河海大学学报》（哲学社会科学版）2020年第3期。

第四，就农民个体这一治理主体而言，他们参与乡村社会治理的数量规模、意愿能力都有待提高：一是虽然我国农民人数众多，但受传统思想以及落后生产方式的影响，农民的组织性与合作力不强，无法有序地、有组织地参与乡村社会治理。二是很多农民的小农思想浓厚，习惯于传统的自给自足的生产方式，竞争意识、市场思维、品牌意识较为薄弱，经营管理能力较差。三是农民的受教育程度总体偏低、整体素质不高，乡村学校数量减少，义务教育发展动力不足。据统计，"2000 年到 2010 年 10 年间，我国农村平均每天消失 63 所小学、30 个教学点、3 所初中，几乎每 1 小时就消失 4 所农村学校。农村小学减少 22.94 万所，减少 52.1%；教学点减少 11.1 万个，减少 6 成。农村初中减少 1.06 万所，减幅超过 1/4"①，由此导致农民子女入学难、上学成本高的问题。四是"掌握一定优势资源的农民企业家、具有较高素质的新生代乡村青壮劳力以及出身农村家庭的大学生、技术人才等，无疑是当前的乡村精英"②，他们虽然能够在乡村社会治理与发展中发挥出重要的组织聚合、示范引领、资源注入等积极作用，但为了获取更大的发展空间与更多的优势资源，乡村精英一般会选择去往城市发展，由此造成乡村人才外流，导致其参与乡村社会治理的应有功能难以发挥出来。

综上所述，乡村社会各治理主体目前存在的不足与问题，决定了其自身的发展与完善必将是一个长期过程。而治理主体作为影响乡村社会治理现代化的关键要素与前提条件，其发展完善的长期性也必然决定整个乡村社会治理进程的长期性。

2. 乡村社会治理内容的强化具有长期性

如前所述，乡村社会治理的内容繁多、任务艰巨，仅就乡村社会事业建设来看，就包括社会保障制度体系建设、基本公共服务体系建设、公共物品供给体系建设、社会治安防控体系建设等诸多内容，而这些内容的建设都不是短期内能够完成的，而是需要一个长期过程。以下，仅

---

① 郝文武：《重建乡村小规模学校的战略和策略》，《中国教育科学》（中英文）2021 年第 2 期。

② 陈会谦、薛晴：《乡村精英流失背景下农村致富带头人的选育研究》，《农业经济》2019 年第 11 期。

以乡村社会公共服务保障机制建设的长期性为例加以说明。

恩格斯在《反杜林论》中指出："政治统治到处都是以执行某种社会职能为基础，而且政治统治只有在它执行了它的这种社会职能时才能持续下去。"① 在这里，"某种社会职能"便包括了社会公共服务供给职能。同理，我国县乡政府要想真正履行其在乡村社会治理中的"负责"主体职能，也需组织提供乡村社会公共服务。然而在现实中，乡村社会公共服务保障机制建设因诸多因素的限制而必然带有长期性：首先，用于乡村社会公共服务的资金投入不足。在分税制改革以后，"中央对地方的财政控制加大，地方可支配财力迅速下降，政府的自利性造成'财力上收，支出下移'，经过层层截留后处于行政链条最低端的县乡基层政府陷入财政困境"②，由此导致县乡政府用以加强当地乡村社会公共服务供给的资金不足。其次，乡村社会公共服务供给总量不足、结构失衡。如在医疗卫生方面，尽管乡村地区的社会医疗保险覆盖范围较广、涉及内容较多，但医疗卫生硬件设施供给不足，看大病难以及因大病致贫的问题仍广泛存在，据国家统计局数据，2018年医疗卫生机构床位共有845万张，其中医院有656万张，而乡镇卫生院仅有134万张；在教育方面，当前农民更多关注的是孩子的教育质量问题，而不是单纯的教育硬件设施改善问题；在社会福利与失业救助方面，虽然国家一直致力于覆盖更大范围内的乡村社会，但是救助标准低、救助标准差异大仍是亟须解决的难题。③ 最后，乡村社会公共服务建设缺乏相应的反馈机制。一是政府在供给乡村社会公共服务之后，对于服务的质量与水平，缺乏一个系统性、及时性的反馈机制；二是农民的有些公共服务需求"有求无应"，这些需求或者难以及时反馈到县乡政府一级，甚至在反馈的过程中便被村（居）委会阻拦下来，或者即便反馈给了县乡政府，但因未引起县乡政府重视而致使其相关诉求被忽略。

---

① 《马克思恩格斯选集》第3卷，人民出版社2012年版，第559—560页。
② 董筱丹、温铁军：《农村财税体制与公共服务问题》，《甘肃理论学刊》2008年第3期。
③ 沈忻昕：《城镇化进程中城乡基本公共服务政策存在的问题》，《农业经济》2020年第6期。

乡村社会治理内容在乡村社会治理体系中具有承上启下的重要地位，它既是乡村社会治理主体的对象所指和任务所在，也是乡村社会治理目标的必要基础和实现条件。乡村社会治理内容的繁杂性及其建设的长期性，必然决定实现乡村社会治理目标即"民之安""民之利""民之善"的长期性。

综上而言，乡村社会治理主体的完善、内容的强化、目标的实现，都不是一蹴而就的轻易之举，而是都需要较为长期的历史过程，由此决定了乡村社会治理的渐进性特征。尽管我们在推进乡村社会治理过程中会不断取得阶段性成果、局部性胜利，但随着这些成果和胜利的取得，必然还会出现需要解决的新问题和新任务，因而需要进一步推动和优化乡村社会治理。从这个角度而言，乡村社会治理只有"现在进行时"，没有"彻底完成时"。在未来长期的实践中，我们应充分认清和科学把握乡村社会治理的渐进性特征，不应该企望"毕其功于一役"、在短期内彻底实现乡村社会治理目标，更不应该"拔苗助长"、人为地"超越"或降低乡村社会治理目标，而应该坚持实事求是、充分尊重乡村社会实际，以锲而不舍的韧劲和抓铁有痕的实劲，不断推进乡村社会治理进程、不断优化乡村社会治理目标，直至乡村社会治理现代化目标的真正实现。

结　　语

近十多年来，党中央一再强调，必须把解决好"三农"问题当作全党工作的重中之重。自 2004 年到 2022 年，党中央、国务院连续 19 年针对"三农"问题发布了"中央一号文件"，由此凸显了"三农"问题在党和国家全局工作中的极端重要性。而创新优化乡村社会治理、实现乡村社会"治理有效"，进而推动落实乡村振兴战略，则是解决"三农"问题的一个重要抓手和重要任务。乡村社会治理就是在党的领导下，县乡政府、乡村社会组织、农村社区以及农民个体等多元主体，通过共治、自治、法治、德治、智治等多种方式，对乡村社会行为、社会事务和社会生活进行规范、协调和服务的过程。较之于城市社会治理而言，乡村社会治理的任务更重、短板更多、难度更大，因而必须予以高度重视。适应推进国家治理体系和治理能力现代化的时代要求，乡村社会治理也必然要走向现代化。乡村社会治理现代化内含于国家治理现代化的宏观战略之中，是全国社会治理现代化的难点和关键所在。深刻认识乡村社会治理现代化的特殊地位，深度剖析乡村社会治理中存在的现实问题，深入探索乡村社会治理现代化的目标内涵、内在规律和实现策略，对于推进乡村治理现代化进而实现国家和社会治理现代化具有重要意义。

乡村社会治理现代化作为一项系统工程，是治理理念科学化、治理主体协同化、治理目标系统化、治理方式复合化、治理路径合宜化的有机统一。这"五化"逐一应答"因何进行治理""由谁进行治理""治理为了什么""怎样进行治理""治理应走何路"五个基本问题，分别是乡村社会治理现代化的逻辑前提、核心环节、关键所在、必要保障、应有之义。实现乡村社会治理现代化，既需要缜密合理的实践设计，也需要科学有力的理论指导，特别是需要到马克思唯物史观中汲取智慧、寻求指导。唯物史观作为马克思的一个伟大理论发现和马克思主义理论体系的重要理论基石，具有十分丰富的理论内涵，而人民主体思想、国家与社会关系理论、社会有机体理论、历史发展动力理论、社会形态演进理论无疑都属于其重要维度和理论内容。这五部分理论内容，与乡村社会治理现代化"五化一体"的目标内涵存在较强的逻辑契合性，对乡村社会治理现代化实践具有重要指导意义和现实启示。本书基于对这五大理论内容的文本回溯、深入解读、观点提炼与现实运用，依次对接乡村社会治理现代化的"五化一体"目标内涵，由此构成了本书研究的主体内容。

治理理念科学化，应答的是"因何进行治理"的问题，它是乡村社会治理现代化的逻辑前提。马克思人民主体思想作为唯物史观的重要内容，为实现乡村社会治理理念科学化提供了理论指导。在乡村社会治理中践行马克思人民主体思想，就是要恪守以农民为中心的治理理念、落实农民的治理主体地位。马克思关于人民是历史主体、实践主体、利益主体的思想，启示我们在乡村社会治理中应坚持以农民为中心的价值取向，应重视发挥农民的主体作用，应坚持以增进农民根本利益为根本归宿。同时，为了避免农民参与乡村社会治理的个体化、分散化、无序化，需要为农民打造合作社这一组织载体。依托合作社落实农民在乡村社会治理中的主体地位，绝非出于单纯的学术假设和理论推演，而是有着确凿的理论依据和充分的实践依据。

治理主体协同化，应答的是"由谁进行治理"的问题，它是乡村社会治理现代化的核心环节。在实现乡村社会治理主体协同化，进而推动乡村社会治理现代化的过程中，核心问题是正确处理县乡政府与乡村社会力量的关系。马克思国家与社会关系理论为实现乡村社会治理主体协同化提供了理论指导：马克思的社会决定国家理论表明，在乡村社会治理中要重视以社会组织为代表的社会力量参与，这是乡村社会治理现代化的必要条件和重要特征；马克思的国家反作用社会理论表明，在乡村社会治理中要重视县乡政府负责，但"政府负责"绝非"政府全托"

或"政府管制",而应是"负总责""放细权""增服务";马克思的国家与社会统一论表明,在乡村社会治理中要正确处理政社关系,县乡政府与乡村社会力量的良性互动是影响乡村社会治理现代化的重要变量。

治理目标系统化,应答的是"治理为了什么"的问题,它是乡村社会治理现代化的关键所在。乡村社会治理目标不可能是单一的,而必然具有多重性。治理目标的多重性,又决定着治理客体的多元性与治理内容的多维性。各治理目标、治理客体、治理内容之间紧密联系、互辅互促,具有显著的系统性特征。马克思社会有机体理论与增强乡村社会治理的系统性高度契合,它启示我们:应该对乡村社会治理目标进行全盘性考量、整体性设定,实现"民之安""民之利""民之善"三者的有机统一;应该着眼于乡村社会的整体发展,集乡村社会治理与乡村经济治理、乡村政治治理、乡村文化治理等多维治理于一体;应该把乡村社会治理与乡村环境治理统一起来,以正确处理人与自然的关系作为乡村社会治理目标的关联性支撑。

治理方式复合化,应答的是"怎样进行治理"的问题,它是乡村社会治理现代化的必要保障。乡村社会治理方式不应该也不可能是单一的,而应该是复合的,必须做到自治、法治、德治、智治等多种方式的协同运用。马克思历史发展动力理论的要义在于:社会历史的发展动力不是单个的、孤立的具体实体,而是多因素、多层次的集成系统,社会历史发展是多种因素合力推动的结果。以马克思历史发展动力理论去观照乡村社会治理方式复合化问题,可以得出的有益启示和基本结论是:乡村社会作为一个错综复杂的有机整体,其治理须综合运用民主、法律、道德、科技等多种手段,特别是要坚持德法共治,注重德治与法治的互补融合、协同发力。

治理路径合宜化,应答的是"治理应走何路"的问题,它是乡村社会治理现代化的应有之义。合宜中国国情的乡村社会治理道路的探寻与开辟,可以从马克思社会形态演进理论中得到有益的指导和启发。新时代中国特色社会主义不仅在理论上与马克思社会形态演进理论具有共契性,而且在实践中对马克思社会形态演进理论进行了创新和丰富。将乡村社会治理置于马克思社会形态演进理论视域中加以审视,置于新时代中国特色社会主义背景下加以考察，必然得出如下结论：乡村社会治理应坚持中国特色之路，以党的领导和城乡互动作为必要保障；应坚持互鉴共享之路，合理汲取国际社会进行乡村社会治理的通行智慧和成功经验；应坚持渐进发展之路，充分认识因治理主体的孱弱性、治理内容的复杂性、治理目标的艰巨性而必然导致的治理进程的长期性。

当然，马克思唯物史观有着极为丰富的思想理论内涵和广阔的实践应用空间，乡村社会治理现代化的目标内涵和实现策略也可以从不同维度去理解与设计。本书区区二三十万字，不可能也没必要对马克思唯物史观的所有理论内容都面面俱到，更难以将马克思唯物史观的理论内容与乡村社会治理现代化的目标内涵一一对接融合，以之全面地观照和指导乡村社会治理现代化实践。因此，本书仅择取了唯物史观的五个主要内容即马克思人民主体思想、马克思国家与社会关系理论、马克思社会有机体理论、马克思历史发展动力理论、马克思社会形态演进理论，并用这五个理论内容去审视和解读乡村社会治理的"五化"基本目标。这样做，虽或有"抓大放小"之效，但亦有"顾此失彼"之嫌，这可能是本书在内容上的一个缺憾。此缺憾，唯待后续研究中加以弥补。

参考文献

一　经典文献

《马克思恩格斯全集》第1卷，人民出版社1995年版。
《马克思恩格斯全集》第2卷，人民出版社2005年版。
《马克思恩格斯文集》第1卷，人民出版社2009年版。
《马克思恩格斯文集》第2卷，人民出版社2009年版。
《马克思恩格斯文集》第3卷，人民出版社2009年版。
《马克思恩格斯文集》第4卷，人民出版社2009年版。
《马克思恩格斯文集》第5卷，人民出版社2009年版。
《马克思恩格斯文集》第6卷，人民出版社2009年版。
《马克思恩格斯文集》第7卷，人民出版社2009年版。
《马克思恩格斯文集》第8卷，人民出版社2009年版。
《马克思恩格斯文集》第9卷，人民出版社2009年版。
《马克思恩格斯文集》第10卷，人民出版社2009年版。
《马克思恩格斯选集》第1卷，人民出版社2012年版。
《马克思恩格斯选集》第2卷，人民出版社2012年版。
《马克思恩格斯选集》第3卷，人民出版社2012年版。
《马克思恩格斯选集》第4卷，人民出版社2012年版。
恩格斯：《自然辩证法》，人民出版社1984年版。
《列宁选集》第1卷，人民出版社2012年版。
《列宁选集》第2卷，人民出版社2012年版。

《列宁选集》第 3 卷，人民出版社 2012 年版。

《列宁选集》第 4 卷，人民出版社 2012 年版。

《毛泽东选集》第 1 卷，人民出版社 1991 年版。

《毛泽东选集》第 2 卷，人民出版社 1991 年版。

《毛泽东选集》第 3 卷，人民出版社 1991 年版。

《毛泽东选集》第 4 卷，人民出版社 1991 年版。

《邓小平文选》第 1 卷，人民出版社 1994 年版。

《邓小平文选》第 2 卷，人民出版社 1994 年版。

《邓小平文选》第 3 卷，人民出版社 1993 年版。

《习近平谈治国理政》第 1 卷，外文出版社 2018 年版。

《习近平谈治国理政》第 2 卷，外文出版社 2017 年版。

《习近平谈治国理政》第 3 卷，外文出版社 2020 年版。

中共中央宣传部：《习近平新时代中国特色社会主义思想三十讲》，学习出版社 2018 年版。

中共中央文献研究室：《习近平关于社会主义社会建设论述摘编》，中央文献出版社 2017 年版。

中共中央文献研究室：《习近平关于社会主义政治建设论述摘编》，中央文献出版社 2017 年版。

中共中央文献研究室：《十八大以来重要文献选编》上，中央文献出版社 2014 年版。

中共中央文献研究室：《十八大以来重要文献选编》中，中央文献出版社 2016 年版。

中共中央党史和文献研究院：《十九大以来重要文献选编》上，中央文献出版社 2019 年版。

中共中央党史和文献研究院：《习近平关于"三农"工作论述摘编》，中央文献出版社 2019 年版。

二 著作

陈晓莉：《新时期乡村治理主体及其行为关系研究》，中国社会科学出版社 2012 年版。

陈新夏:《唯物史观价值取向当代建构》,首都师范大学出版社 2021 年版。

崔丽娜:《良序的公共生活何以可能——基于唯物史观视域的考察》,中国社会科学出版社 2019 年版。

邓大才:《小农政治:社会化小农与乡村治理》,中国社会科学出版社 2013 年版。

杜姣:《村庄治理现代化的实现路径》,中国社会科学出版社 2021 年版。

樊红敏:《政府行为与地方社会治理现代化》,中国社会科学出版社 2018 年版。

范拥军:《乡级治理现代化研究》,中国社会科学出版社 2018 年版。

房冠辛:《"淘宝村"兴起与乡村现代化转型》,中国社会科学出版社 2021 年版。

冯景源:《唯物史观的形成和发展史纲要》,中央编译出版社 2014 年版。

高利华:《乡村治理与文化重构》,中国社会科学出版社 2019 年版。

古洪能:《中国县域治理体系现代化研究》,中国社会科学出版社 2020 年版。

李勇华:《乡村治理现代化中的村民自治权利保障》,中国社会科学出版社 2015 年版。

刘刚:《乡村治理现代化:理论与实践》,经济管理出版社 2020 年版。

刘忠友:《〈资本论〉中的历史观研究》,中国社会科学出版社 2017 年版。

孟庆仁:《现代唯物史观大纲》,中国社会科学出版社 2015 年版。

牛先锋:《国家治理现代化的唯物史观基础》,社会科学文献出版社 2019 年版。

秦晖:《传统十论——本土社会的制度、文化及其变革》,复旦大学出版社 2003 年版。

饶静:《农村组织和乡村治理现代化》,中国农业大学出版社 2019 年版。

宋珊珊、田英:《唯物史观专题研究》,北京理工大学出版社 2020 年版。

孙承叔:《资本与历史唯物主义》,复旦大学出版社 2013 年版。

孙要良：《资本逻辑视野中的唯物史观——马克思〈1861—1863年经济学手稿〉哲学探掘》，中国社会科学出版社2019年版。

汪杰贵：《农民自组织公共参与与村庄治理现代化》，中国社会科学出版社2020年版。

吴锦良：《基层社会治理》，中国人民大学出版社2014年版。

徐铜柱：《乡村治理现代化研究》，中国社会科学出版社2021年版。

徐勇、邓大才：《思明提升：共同缔造中的基层治理现代化》，中国社会科学出版社2015年版。

徐勇：《乡村治理的中国根基与变迁》，中国社会科学出版社2018年版。

杨述明、马德富：《中国乡村社会治理》，湖北人民出版社2016年版。

应小丽：《农村个体私营经济发展与乡村治理研究》，中国社会科学出版社2021年版。

俞可平：《治理与善治》，社会科学文献出版社2000年版。

张艳国：《史学理论：唯物史观的视域和尺度》，中国社会科学出版社2015年版。

张艳玲：《论"以人为本"：从马克思的唯物史观到科学发展观》，中国社会科学出版社2010年版。

周庆智：《乡村治理：制度建设与社会变迁——基于西部H市的实证研究》，中国社会科学出版社2016年版。

周少来、张君、孙莹：《党政统合与乡村治理——从精准扶贫到乡村振兴的南江经验》，中国社会科学出版社2019年版。

周少来：《乡村治理：结构之变与问题应对》，中国社会科学出版社2018年版。

三　期刊

安启念：《马克思唯物史观思想的两个维度——从〈1857—1858年经济学手稿〉谈起》，《中国人民大学学报》2011年第2期。

蔡青竹：《马克思社会结构理论的整体性》，《重庆社会科学》2016年第3期。

蔡文成：《基层党组织与乡村治理现代化：基于乡村振兴战略的分析》，

《理论与改革》2018 年第 3 期。

蔡潇彬：《新时代社会治理现代化：治理类型、框架建构与政策理路》，《宏观经济研究》2021 年第 6 期。

陈文胜：《以"三治"完善乡村治理》，《农村工作通讯》2018 年第 5 期。

陈新夏：《唯物史观的科学认识与价值取向》，《马克思主义理论学科研究》2018 年第 2 期。

陈一新：《"五治"是推进国家治理现代化的基本方式》，《求是》2020 年第 3 期。

程又中、张勇：《城乡基层治理研究述评》，《当代世界与社会主义》2010 年第 5 期。

杜玉华：《论马克思社会结构理论的基本涵义及其特征》，《湖南师范大学社会科学学报》2012 年第 2 期。

冯仕政：《中国道路与社会治理现代化》，《社会科学》2020 年第 7 期。

高惠珠、徐文越：《论唯物史观视域中的社会治理》，《思想理论教育》2015 年第 5 期。

高健、秦龙、杨乃坤：《论习近平中国特色社会治理思想的核心内容》，《学术探索》2017 年第 8 期。

公维友、刘云：《当代中国政府主导下的社会治理共同体建构理路探析》，《山东大学学报》（哲学社会科学版）2014 年第 3 期。

龚廷泰、常文华：《政社互动：社会治理的新模式》，《江海学刊》2015 年第 6 期。

郭苏建、王鹏翔：《中国乡村治理精英与乡村振兴》，《南开学报》（哲学社会科学版）2019 年第 4 期。

郭夏娟、秦晓敏：《"三治一体"中的道德治理——作为道德协商主体的乡贤参事会》，《浙江社会科学》2018 年第 12 期。

韩国明、王凯曦：《农民合作社参与村委会选举：基于政府行为转变的分析》，《广西社会科学》2016 年第 12 期。

韩国明、张恒铭：《农民合作社在村庄选举中的影响效力研究——基于甘肃省 15 个村庄的调查》，《中国农业大学学报》（社会科学版）2015 年第 2 期。

何增科:《国家治理及其现代化探微》,《国家行政学院学报》2014 年第 4 期。

何增科:《理解国家治理及其现代化》,《马克思主义与现实》2014 年第 1 期。

黄磊、谢志强:《唯物史观视域下创新社会治理的几点思考》,《中国工商管理研究》2014 年第 11 期。

贾义保:《论新时代农村社会治理创新的逻辑进路》,《南京师大学报》(社会科学版) 2021 年第 3 期。

江必新、王红霞:《社会治理的法治依赖及法治的回应》,《法制与社会发展》2014 年第 4 期。

姜晓萍:《国家治理现代化进程中的社会治理体制创新》,《中国行政管理》2014 年第 2 期。

焦冉:《马克思主义社会有机体理论的多维透析》,《理论与改革》2017 年第 6 期。

李聪:《马克思社会形态演进动力论研究》,《马克思主义理论学科研究》2017 年第 5 期。

李枚娜:《基层政府社会治理困局亟待上下协同破题——以广东省部分乡镇为观察样本》,《中国发展观察》2019 年第 10 期。

李萍、童建军:《德性法理学视野下的道德治理》,《哲学研究》2014 年第 8 期。

李全鹏:《中国农村生活垃圾问题的生成机制与治理研究》,《中国农业大学学报》(社会科学版) 2017 年第 2 期。

李万钧:《关于创新基层社会治理的实践与思考》,《科学社会主义》2017 年第 5 期。

李小妹:《农村社会协同治理运行机制的整合创新与逻辑建构》,《河南师范大学学报》(哲学社会科学版) 2015 年第 1 期。

梁宇:《新时代中国特色社会治理内涵的四重向度》,《东南学术》2019 年第 2 期。

刘海江:《马克思"虚幻共同体"思想的存在论基础》,《南京政治学院学报》2010 年第 1 期。

刘军：《从马克思主义国家理论看中国国家治理现代化》，《中国特色社会主义研究》2014年第5期。

刘蕾、董欣静、蓝煜昕：《社会组织参与乡村社会治理的合法性获取策略研究》，《河海大学学报》（哲学社会科学版）2020年第3期。

刘伟、彭琪：《结构洞理论视角下的乡村精英与乡村振兴》，《江汉论坛》2020年第11期。

卢福营：《论农村基层社会治理创新的扩散》，《学习与探索》2014年第1期。

陆益龙、王枫萍：《乡村治理中乡镇政府的双重困境及其成因——甘肃省C镇的个案经验》，《西北师大学报》（社会科学版）2017年第5期。

陆益龙：《从农民的社会心态看乡村社会的发展态势——基于"千人百村"调查》，《探索与争鸣》2013年第10期。

陆益龙：《乡村社会治理创新：现实基础、主要问题与实现路径》，《中共中央党校学报》2015年第5期。

马金芳：《社会组织多元社会治理中的自治与法治》，《法学》2014年第11期。

马良灿：《中国乡村社会治理的四次转型》，《学习与探索》2014年第9期。

倪咸林：《城乡再平衡进程中的乡村社会治理及其路径：以新型城镇化为背景》，《理论月刊》2019年第10期。

乔惠波：《德治在乡村治理体系中的地位及其实现路径研究》，《求实》2018年第4期。

邱春林：《国外乡村振兴经验及其对中国乡村振兴战略实施的启示——以亚洲的韩国、日本为例》，《天津行政学院学报》2019年第1期。

沈荣华、刘洋：《习近平社会治理思想创新与贡献》，《理论探讨》2019年第3期。

宋元武、徐双敏：《国外农村公共文化服务供给实践与经验借鉴》，《学习与实践》2016年第11期。

孙迪亮、丁冬雨：《马克思国家与社会关系理论视域下的乡村社会治理论析》，《新时代马克思主义论丛》2020年第1期。

孙迪亮、丁珊：《习近平国家粮食安全观论析》，《攀登》2020年第3期。

孙迪亮、杜茜：《列宁对城乡对立问题的审思与求解》，《沈阳师范大学学报》（社会科学版）2019年第4期。

孙迪亮、刘玮：《马克思人民主体思想视域下乡村社会治理的三维解析》，《经济与社会发展》2019年第3期。

孙迪亮、宋晓蓓：《试论新乡贤对乡村振兴的作用机理》，《桂海论丛》2018年第3期。

孙迪亮、宋晓蓓：《乡村振兴视野下新乡贤助力乡风文明建设的机理分析》，《广西师范学院学报》（哲学社会科学版）2019年第1期。

孙迪亮、宋晓蓓：《新乡贤参与乡村社会治理的理据分析》，《科学社会主义》2018年第1期。

孙迪亮、孙泽玮：《马克思国家与社会关系理论视域下乡村社会治理共同体构建》，《桂海论丛》2020年第1期。

孙迪亮、吴晓雨：《习近平关于意识形态工作重要论述的人民性探析》，《思想政治教育研究》2019年第4期。

孙迪亮、杨烁：《马克思社会有机体理论视域下的乡村社会治理》，《辽宁行政学院学报》2020年第3期。

孙迪亮：《恩格斯"自然报复"思想探究》，《云梦学刊》2021年第2期。

孙迪亮：《改革开放以来党的农民合作社政策：历史变迁与现实启示》，《社会主义研究》2020年第6期。

孙迪亮：《近十年来我国农民合作社发展政策的实践创新与理论思考——以"中央一号文件"为中心的考察》，《中国特色社会主义研究》2017年第4期。

孙迪亮：《论乡村社会治理的系统性》，《齐鲁学刊》2019年第4期。

孙迪亮：《马克思恩格斯的农民合作理论初探》，《当代世界与社会主义》2015年第4期。

孙迪亮：《农村高额彩礼的道德治理：理据与路向》，《兰州学刊》2020年第9期。

孙迪亮：《农村社会组织参与供给农村社区公共服务研究》，《天津行政学院学报》2017 年第 4 期。

孙迪亮:《农村社区社会组织参与提供社区公共服务的理据与价值》,《天津行政学院学报》2015 年第 3 期。

孙迪亮:《农民合作社参与供给农村社区公共服务的绩效与问题》,《齐鲁学刊》2017 年第 2 期。

孙迪亮:《推动构建新型工农城乡关系》,《山东干部函授大学学报》(理论学习)2020 年第 11 期。

孙小萍:《当前乡村社会治理面临的挑战及应对策略》,《人民论坛》2018 年第 20 期。

谭诗赞:《走向社会协商:社会治理进程中的"政社互动"建构》,《治理现代化研究》2018 年第 6 期。

唐爱军:《国家治理方式现代化的四条标准》,《中国党政干部论坛》2015 年第 11 期。

唐皇凤:《中国国家治理体系现代化的路径选择》,《福建论坛》(人文社会科学版)2014 年第 2 期。

唐鸣、陈鹏:《政社互动:十八大以来农村社区社会组织的发展路径》,《社会主义研究》2016 年第 4 期。

田鹏颖、綦玮:《当代中国马克思主义对唯物史观的创造性发展》,《中国人民大学学报》2020 年第 2 期。

童星:《论社会治理现代化》,《贵州民族大学学报》(哲学社会科学版)2014 年第 5 期。

王春光、赵玉峰、王玉琪:《当代中国农民社会分层的新动向》,《社会学研究》2018 年第 1 期。

王国勤:《走向公共性的农村治理现代化——以浙江省为例》,《科学社会主义》2014 年第 5 期。

王进、赵秋倩:《合作社嵌入乡村社会治理:实践检视、合法性基础及现实启示》,《西北农林科技大学学报》(社会科学版)2017 年第 5 期。

王伟光:《捍卫和宣传马克思主义社会形态演变规律理论》,《红旗文稿》2019 年第 9 期。

王晓君、何亚萍、蒋和平:《"十四五"时期的我国粮食安全:形势、问题与对策》,《改革》2020年第9期。

吴新叶:《农村社会管理何去何从:整体性治理视角的尝试性解读》,《理论探讨》2013年第2期。

吴莹:《现代化进程中乡村社会治理模式的困境与出路》,《北方论丛》2017年第2期。

伍治良:《良法善治:推进社会治理现代化的重要途径》,《学习月刊》2014年第9期。

肖立辉:《乡村治理现代化的由来与出路》,《观察与思考》2015年第2期。

徐猛:《社会治理现代化的科学内涵、价值取向及实现路径》,《学术探索》2014年第5期。

徐祥临:《如何充分发挥农村土地集体所有制优势》,《国家治理》2019年第27期。

徐勇:《民主与治理:村民自治的伟大创造与深化探索》,《当代世界与社会主义》2018年第4期。

许耀桐:《习近平的国家治理现代化思想论析》,《上海行政学院学报》2014年第4期。

燕继荣:《协同治理:社会管理创新之道——基于国家与社会关系的理论思考》,《中国行政管理》2013年第2期。

杨承训:《治理现代化:马克思主义新篇章——学习习近平同志关于"国家治理"的论述》,《河南社会科学》2014年第6期。

杨烁、孙迪亮:《马克思社会结构理论视域下乡村治理的三维解析》,《宁夏党校学报》2019年第6期。

杨新荣、杨勇军、黄大乾:《乡村社会治理的框架、模式与路径研究——以广东省为例》,《农业经济问题》2019年第8期。

杨旭东:《新时期农村移风易俗的历史观照与现实思考》,《中州学刊》2019年第11期。

杨宜勇、曾志敏:《社会治理现代化的政策设计:着眼"十三五"》,《改革》2016年第8期。

俞可平：《让国家回归社会——马克思主义关于国家与社会的观点》，《理论视野》2013 年第 9 期。

俞可平：《重构社会秩序 走向官民共治》，《国家行政学院学报》2012 年第 4 期。

郁建兴、任泽涛：《当代中国社会建设中的协同治理——一个分析框架》，《学术月刊》2012 年第 8 期。

张盾：《马克思唯物史观视域中的法治问题》，《中国社会科学》2021 年第 2 期。

张凯兰：《价值·目标·途径：社会治理创新的系统思考》，《中国井冈山干部学院学报》2014 年第 3 期。

张新文、张国磊：《农村治理如何从传统化向现代化演变——中共十八届三中全会〈决定〉到十二届全国人大二次会议政府工作报告》，《北京社会科学》2014 年第 3 期。

张艺：《乡贤文化与农村基层治理——以广东云浮乡贤理事会为例》，《广东行政学院学报》2015 年第 5 期。

张瑜、倪素香：《乡村振兴中农村基层党组织的组织力提升路径研究》，《学习与实践》2018 年第 7 期。

张振、陆卫明：《新时代加强和创新社会治理的理论与实践——学习习近平关于社会治理的重要论述》，《党的文献》2019 年第 4 期。

赵安之：《法治缺席下乡村彩礼之怪现状》，《中国乡村发现》2017 年第 4 期。

赵泉民：《合作社组织嵌入与乡村社会治理结构转型》，《社会科学》2015 年第 3 期。

赵树凯：《基层政府：体制性冲突与治理危机》，《人民论坛》2014 年第 15 期。

赵霞：《传统乡村文化的秩序危机与价值重建》，《中国农村观察》2011 年第 3 期。

甄小英：《探索乡村治理现代化的新方向》，《人民论坛》2014 年第 22 期。

周辉、卢黎歌：《新时代道德治理的理论定位与实现探究》，《理论导刊》2019年第9期。

周庆智：《社会治理体制创新与现代化建设》，《南京大学学报》（哲学·人文科学·社会科学）2014年第4期。

朱凤霞、陈俊天：《国家与社会关系视角下的农村社会治理转型》，《科学社会主义》2021年第1期。

祝利民、何中华：《马克思唯物史观作为历史的体认方式》，《东岳论丛》2021年第3期。

邹诗鹏：《唯物史观与经典社会理论》，《学术研究》2010年第1期。

四　报纸文章

陈进华：《健全自治法治德治相结合的乡村治理体系》，《光明日报》2018年10月23日第6版。

樊鹏：《"政社互动"领跑社会治理创新》，《光明日报》2016年2月22日第11版。

侯学元：《推进"政社互动"改进社会治理方式》，《学习时报》2014年6月2日第8版。

江必新：《推进国家治理体系和治理能力现代化》，《光明日报》2013年11月15日第1版。

孙艳华、刘湘辉：《当前农村社会治理的四大挑战》，《光明日报》2014年8月20日第13版。

涂燕、邓俐：《凝聚乡贤力量 涵育文明乡风》，《农民日报》2017年8月31日第4版。

习近平：《认真贯彻党的十八届三中全会精神 汇聚起全面深化改革的强大正能量》，《人民日报》2013年11月29日第1版。

习近平：《在深度贫困地区脱贫攻坚座谈会上的讲话》，《人民日报》2017年9月1日第2版。

习近平：《在省部级主要领导干部学习贯彻党的十八届五中全会精神专题研讨班上的讲话》，《人民日报》2016年5月10日第2版。

徐俊忠：《"人民主体地位"再强调的深远意义》，《光明日报》2016年4月16日第1版。

张颐武:《重视现代乡贤》,《人民日报》2015年9月30日第7版。
周天勇、卢跃东:《构建"德治、法治、自治"的基层社会治理体系》,《光明日报》2014年8月31日第7版。

后　　记

　　本书是笔者主持申报的国家社科基金一般项目"马克思唯物史观视阈下的乡村社会治理现代化研究"（项目批准号：16BKS027）的最终成果。自项目获准立项至本书付梓，共 5 载有余。期间，项目研究顺利完成预期目标任务，并通过评审专家的结项评审和全国哲学社会科学规划办公室的结项鉴定。在本项目研究过程中，笔者作为独立作者或第一作者陆续在《社会主义研究》《科学社会主义》《齐鲁学刊》《兰州学刊》《思想政治教育研究》等学术刊物发表论文 23 篇，这些论文在发表时均已标识为本项目的前期研究成果，且多数论文经删改、完善后，有机融入到书的文稿之中。当然，本书并非一本论文集，而是在合理吸收前期研究成果的基础上，又加入了其他一些尚未公开发表的研究内容后，所形成的一本逻辑体系较为严密的学术专著。

　　在本书的写作过程中，笔者参阅了大量的文献资料，尽管这些文献资料均已在页下脚注和文末参考文献中逐一注明，但笔者在此还是要向这些文献资料的作者（编者）谨表谢意。同时，感谢我的研究生潘金倩、丁冬雨、杨烁、刘璐、刘玮等人，他们在资料整理、引文核实、文字校对等方面做了大量工作；感谢从未谋面的五位评审专家在项目结项评审中给予的较高评价和提出的修改意见，感谢全国哲学社会科学规划办公室对本项目的支持与肯定，感谢曲阜师范大学社科处在项目申报和项目结题时给予的帮助；感谢中国社会科学出版社对本书出版的支持关爱，特别是感谢该社的责任编辑刘艳女士的耐心指导与辛勤付出。正因为得益于以上各方人士的无私帮助，笔者才能完成项目研究、顺利出版此书。本书的出版，还得到了山东省泰山学者工程专项经费资助项目

（编号：TS201712038）和"山东省重点马克思主义学院"曲阜师范大学马克思主义学院的资助，在此一并表示感谢。

众所周知，解决"三农"问题向来是我国在革命、建设、改革过程中所面临的一个根本任务，进入新时代以来又被确立为"全党工作的重中之重"。而实现乡村社会治理现代化，则是解决"三农"问题的重要切口和重要抓手，也是国家治理现代化的重要内容和重要任务。虽然目前国内学术界对乡村社会治理现代化的研究不乏其人、成果亦丰，但鲜见有基于马克思唯物史观的视域对此予以系统探究者。故此，笔者不揣浅陋，就此展开研究并著成此书，虽不失为一种有益的学术尝试，但囿于本人的学识与能力，书中难免存在不足与错漏之处，恳请专家学者及有缘阅读此书的读者不吝指教。

孙迪亮

2022年春于曲园